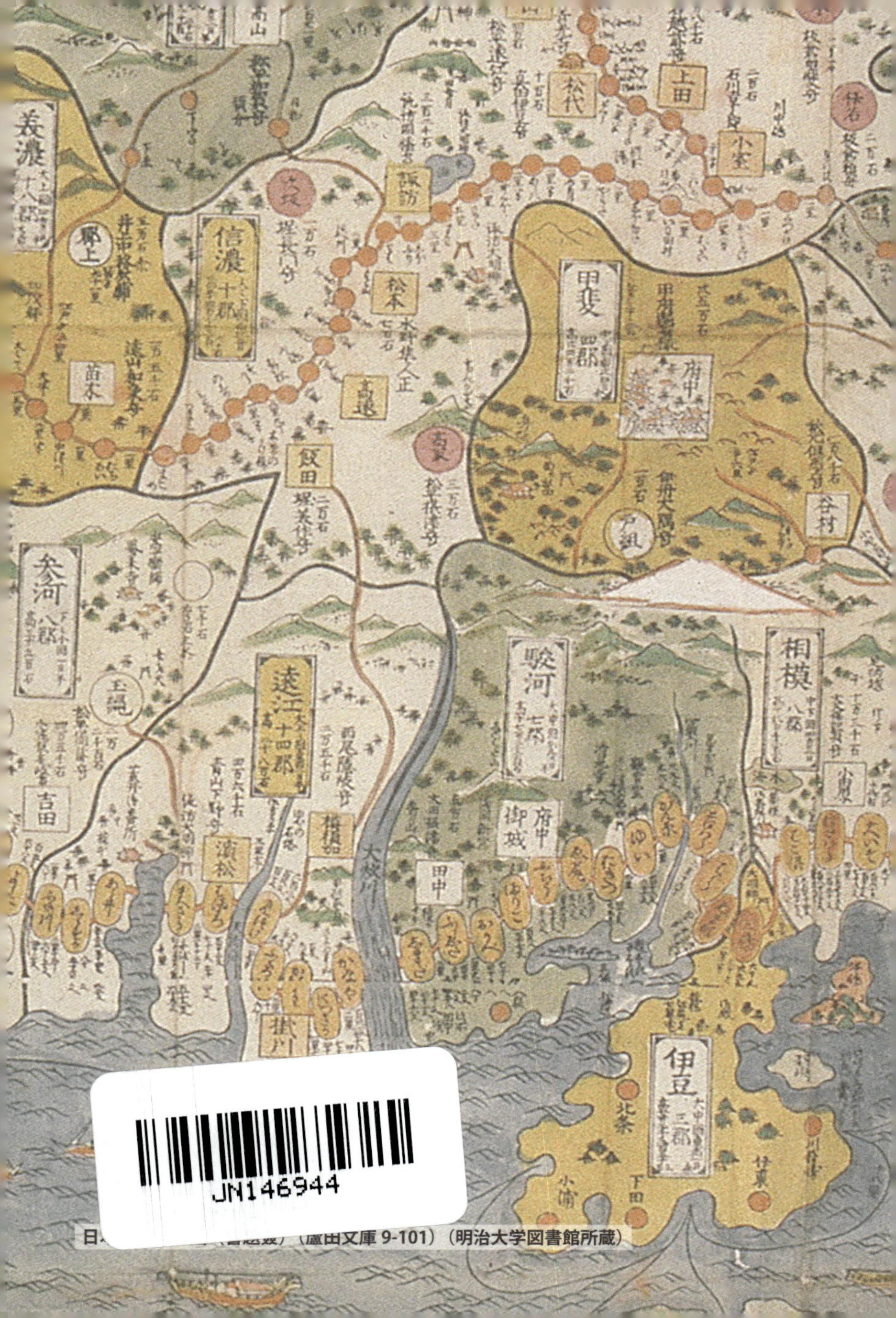

日本…（…）（蘆田文庫 9-101）（明治大学図書館所蔵）

▶龍潭寺山門／静岡県浜松市北区引佐町井伊谷（龍潭寺提供）
山門と本堂の扁額の揮毫は雪峰。雪峰は明暦元年（1655）、第６回朝鮮通信使の写字官・金義信の号。彦根市江国寺の扁額も雪峰が揮毫している

▶龍潭寺絵図（彦根城博物館所蔵）。井伊氏祖・共保出生の井戸が左下に描かれている

▶井伊氏祖・共保出生の井戸　遠景／静岡県浜松市北区引佐町井伊谷

▶井伊氏祖・共保出生の井戸

▶龍潭寺・井伊家墓所。左から、井伊直政・直親夫人・直親・直虎・直盛夫人の墓

▶井伊直親の墓／静岡県浜松市北区引佐町中川。直親は都田（みやこだ）川の河原で荼毘に付された。灯籠は嘉永４年（1851）、井伊直弼が寄進したもの

▶朱漆塗仏二枚胴具足（彦根城博物館所蔵）。井伊直政が関ヶ原合戦で用いたと伝わる

▶日月松の扇（臨済宗妙心寺派龍潭寺所蔵）。井伊直政が小牧長久手の戦で軍扇として使った

▶御城内御絵図（彦根城博物館所蔵）

14 Feudal Lords of Ii Family and Naotora

『井伊家十四代と直虎』刊行によせて

彦根井伊家第十八代当主　井伊　直岳

平成二十七年（二〇一五）八月、平成二十九年（二〇一七）のＮＨＫ大河ドラマが「おんな城主 直虎」に決まったという情報が全国を駆け巡りました。ＮＨＫ大河ドラマといえば歴史上の著名な人物が取り上げられることが多いので、「直虎って何者？」というのが大方の反応ではなかったでしょうか。

この直虎とは、彦根藩の初代藩主井伊直政のまたいとこにあたる井伊家一族の女性で、直虎の祖父と直政の祖父とが兄弟（つまり曽祖父が同じ）という関係です。ですから、現在の私どもの系図を遡っても直虎には直接はつながりません。しかし、井伊家が現在まで続いているということに関しては、大変重要な役割を果たした人物と伝わっています。

井伊家と申しますと、江戸時代において徳川将軍家を支えた彦根藩三十万石（江戸初期と幕末を除く）の譜代大名筆頭として知られています。初代藩主の直政は、徳川家康公のもと赤備え部隊を率いて活躍した武将で、後に徳川四天王にも数えられます。しかし、直政の幼少の頃には、家の継承という点で危機的な状況にありました。この危機を乗り越えることができたのは、直虎をはじめ井伊家を支えてくれた人々の助けがあったからでした。そして、直政が徳川家康公に仕えるようになって頭角を現わすと、井伊家の地位も大きく変化しました。井伊家の歴史は、初代・共保（ともやす）生誕から数えて千年余りとされますが、直政はまさに中興の祖といえると思います。

以後、井伊家は徳川家臣団の中で確固たる地位を築き、直弼をはじめ何人もの当主が大老職を務めました。また、井伊家は江戸時代二百六十年余り、彦根を拠点とし一度の国替えもなく明治維新を迎えました。その間、彦根は地域の政治・経済・文化等の中心として発展していきました。譜代大名井伊家の歴史は、彦根と不可分の関係にあるといえるでしょう。本書をお読みになった方々が、井伊家ゆかりの土地において先人たちの積み上げてきた歴史や伝統、文化により多くの興味・関心を向けられ、郷土愛をさらに深めていっていただければ幸いです。

最後になりましたが、本書は、井伊家をテーマにした様々な切り口で専門家の先生方にご執筆いただきました。ご多忙の中、ご寄稿賜りました先生方に厚く御礼申し上げます。そして、広く井伊家の歴史に光を当てた本書の企画にご尽力くださったすべての皆様に深く感謝申し上げます。

目次

井伊家十四代　彦根城博物館　203

井伊谷の直虎

小和田　哲男

井伊家受難の時代

井伊家の歴史は古く、各種系図では、備中守共資（ともすけ）の子共保（ともやす）が井伊谷（いいのや）に住んだので井伊氏を称するようになったという。『寛政重修諸家譜』では共保の誕生を寛弘七年（一〇一〇）としており、ちょうど、藤原道長の全盛期にあたっている。

系図や家譜ではなく、たしかな史料に井伊家があらわれるのは『保元物語』である。これは、保元元年（一一五六）におきた保元の乱を描いたものであるが、そこに、源義朝に従う兵として「井八郎」とみえる。井伊は「井」一字で書かれることがあるので、この「井八郎」は「井伊八郎」のことと思われる。ただし、『保元物語』からはその名乗りはわからない。

ついで鎌倉時代になると、鎌倉幕府が編纂した正史『吾妻鏡』の巻十一、建久二年（一一九一）四月三十日と五月八日の条に「井伊六郎直綱」の名がみえる。しかし、この直綱という名乗りは、井伊家の系図には出てこない。ただ、『吾妻鏡』には、そのあとも「伊井介（すけ）」「井伊介」の名で何度か登場するので、井伊家が鎌倉幕府の御家人として、井伊谷に居住する豪族だったことはまちがいない。

ちなみに、「井伊介」という「介」は、国司の四等官、守（かみ）―介―掾（じょう）―目（さかん）の上から二番目で、遠江の介を世襲していくうちに「井伊介」とよばれるようになったものと思われる。ほかに、千葉介・狩野介・富樫介などがある。

井伊家が歴史の表舞台に登場するのは南北朝内乱期である。南朝の後醍醐天皇方として活躍するのである。このとき、井伊家がなぜ南朝方となったかであるが、どうやら地理的な要因があったらしい。というのは、井伊家の勢力範囲に、南朝方大覚寺統の荘園および御厨（みくりや）が集中していたからである。後醍醐天皇の皇子宗良（むねよし）親王が井伊家に迎えられ、三岳（みたけ）城に入っている。

『太平記』にも、「世の危を見て、弥命（いよいよ）を軽（かろ）ぜん官軍」として、「遠江には井介」とみえる。「井介」は「井伊介」で、井伊家の人物であることは疑いない。しかし、それが誰なのかについては問題がある。明治以降、南朝史観によって書かれたものは井伊道政とするが、道政ではなく、行直の可能性が大である。三岳城を攻めたのが北朝足利尊氏方の今川範国であり、このあと、井伊家が今川家と敵対を続けることになる。

南北朝内乱は北朝優位の形で推移し、今川家が駿河・遠江守護を世襲していくことになり、井伊家はしばらく逼塞する状態が続いた。その後、遠江守護が今川家から斯波家に代わったことで、井伊家は息をふき返し、遠江に侵攻してきた今川氏親と戦っている。その頃の井伊家当主は井伊直平である。

今川・斯波の本格的な戦いは永正七年（一五一〇）からはじまった。しかし、斯波軍の一員として今川氏親と戦った井伊直平は敗れ、三岳城も奪われ、三岳城には一時、三河の奥平貞昌が今川方の城番として入り、再び逼塞する状態だった。

今川家では、氏親から氏輝に代替わりがあったが、そのままの状態で推移した。変化があったのは、氏輝の死後、花蔵の乱を制し、家督をついだ義元のときである。直平は今川家の力がさらに強大になるとみて、ついに臣従することになった。そのとき、娘を義元に人質として出している。直平には何人も男子がいたにもかかわらず、娘を人質に出した理由はわからない。

ところが、義元は、人質として出された娘を気にいり、側室にしているのである。いつまで側室にしていたかはわからないが、やがて、義元の養妹（ようまい）ということにして、家臣の関口義広に嫁がせている。義広は親永とする史料もある。なお、この直平の娘と関口義広との間に生まれたのが瀬名姫、すなわち徳川家康の正室となる築山御前である。築山御前を今川義元の姪とするのは、「義元の妹の子だから」というわけであるが、実の妹ではなく、実際は養妹ということになる。

このあと、『寛政重修諸家譜』には、直平の子で家督をついでいた直宗が今川軍の一員として出陣しながら討死したことを記す。「天文十一年正月二十九日三河国田原城攻のとき討死す」とあるが、今川軍の三河侵攻、田原城攻めは天文十五年からなので、この年次については疑問がある。もしかしたら、田原城攻めではなく、ほかの戦いだったのかもしれない。いずれにせよ、当主直宗の死によって、家督は直宗の子直盛がつぐことになった。

直虎をめぐる井伊家家系図

※枠内の数字は井伊家当主の歴代

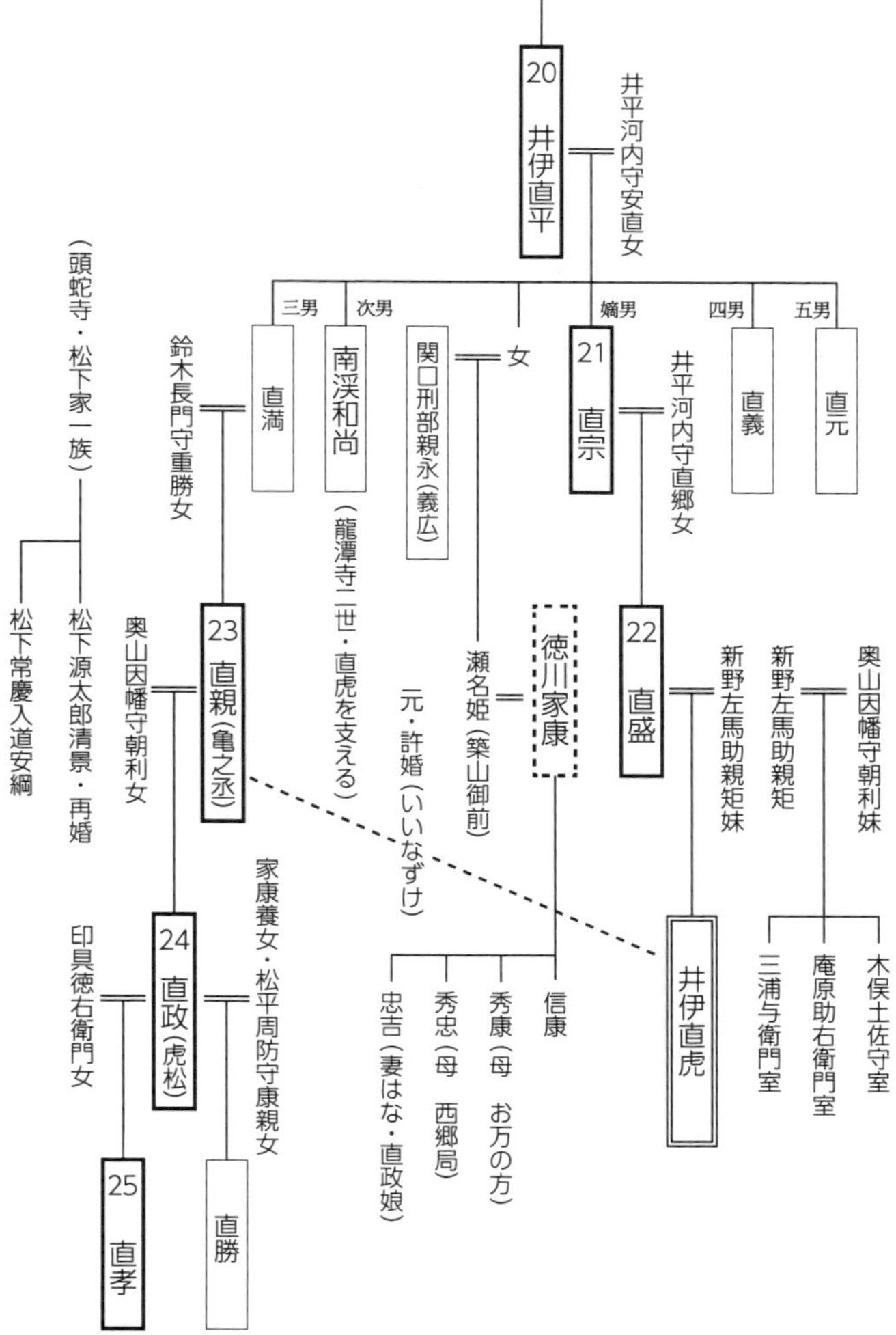

直盛の一人娘の出家

その直盛は今川家重臣新野(にいの)左馬助親矩(ちかのり)の妹と結婚していた。しかし、二人の間には女の子一人しかいなかった。そこで直盛は、父直宗の弟直満の子亀之丞(かめのじょう)と一人娘を結婚させて井伊家をつがせるつもりでいた。ところが、それに家老の小野和泉守政直が反対していたのである。そして、その政直が思いきった行動に出た。何と、今川義元に「直満とその弟直義が謀反を起こそうとしている」と訴え出たのである。

『寛政重修諸家譜』はそのときの様子を直満のところでつぎのように記している。

直盛いまだ年若しといへど、すゑぐ子なきにをいては、直満が男直親を嗣とせむことを契約せしところ、直盛が家臣小野和泉某、もとより直満と不和なりしかば、これをきらひて今川義元に讒し、直満・直義兄弟逆意ありと訴ふ。義元これを信じ、天文十三年十二月、兄弟を駿府にめして糺問す。直満申解といへども、和泉さまぐに讒言をかまへ、二十三日つゐに殺害せらる。

ここに「直親」とあるのが亀之丞である。天文十三年(一五四四)十二月二十三日に井伊直満・直義の二人が今川義元によって誅殺されたわけで、井伊家にとって大事件である。しかし、「直満・直義兄弟逆意あり」という「逆意」が具体的にどういうものだったかはわからない。

江戸時代の享保十五年（一七三〇）、井伊家菩提寺龍潭寺（りょうたんじ）の住職祖山（そざん）が著わした「井伊家伝記」では、遠江北部に攻めこんできた武田信玄の軍勢と直満・直義が勝手に戦いをはじめたのが原因とするが、天文十三年という年を考えるとそれはありえない。むしろ、今川義元が北条氏康と戦った第二次河東一乱が関係していたのではないかと考えられる。氏康が義元との戦いを有利に進めるため、遠江の井伊家に手をのばした可能性があるように思われる。

いずれにせよ、直満・直義兄弟が義元によって誅殺されたわけで、直満の子亀之丞にも身の危険が迫ったことになる。直平の子（養子か）で龍潭寺の住職だった南渓（なんけい）和尚のはからいで、信濃の市田（長野県下伊那郡高森町）の松源寺に逃がしているのである。

直盛は、自分の一人娘とこの亀之丞を結婚させ、婿養子として家督をつがせようと考えていたわけであるが、亀之丞の信州落ちでその話はご破算となってしまった。亀之丞の許婚者だった直盛の一人娘は悲嘆のあまり出家してしまうのである。『寛政重修諸家譜』の彼女の項では、「直親に婚を約すといへども、直満害せられ直親信濃国にはしり、数年してかへらざりしかば、尼となり、次郎法師と号す」とし、出奔直後の出家ではなく、数年待ってもどってくる気配がないので、世をはかなんで出家をしたという解釈をしている。

注目されるのは、この出家のとき、彼女は尼の名前ではなく、次郎法師と号している点である。ふつう、女性は尼となるが、尼とはいっていない。この点について、前述「井伊家伝記」はつぎのように記している。やや長文にわたるが、次郎法師という名の由来をうかがう上で興味深い内容を含んでいるので、引用しておきたい。

井伊信濃守直盛公息女次郎法師遁世の事、並に次郎法師と申す名の事

一、井伊直盛公息女壱人之有り。両親御心入には、時節を以て、亀之丞を養子に成され、次郎法師と夫婦に成さるべき御約束にし候所に、亀之丞信州え落行き候故、御菩提の心深く思召し、南渓和尚の弟子に御成なされ、剃髪成され候。両親御なげきにて、一度は亀之丞と夫婦に成らるべきに、様を替候とて、尼の名をば付け申まじく、南渓和尚え仰せ渡され候故、次郎法師は最早出家に成り申し候上は、是非に尼の名付け申したきと親子の間黙止難く、備中法師と申す名は、井伊家惣領の名、次郎法師は女にこそあれ、井伊家惣領に生まれ候間、僧俗の名を兼て次郎法師とは是非無し。南渓和尚御付け成され候名なり。

文意の伝わりにくいところもあるが、名付け親は南渓和尚だったことがわかる。たしか

に、井伊家では惣領が「次郎」を名乗っている例が多い。直盛の一人娘というわけで「惣領」である。「女にこそあれ、井伊家惣領に生まれ候間」というのはまさにその通りである。戦国時代には、女性でも家督をついでいるケースがあり、南渓和尚はあとあとのことを考え、尼という名にはしたくなかったものと思われる。

桶狭間の戦いとその後の井伊家

直盛の一人娘が出家し、南渓和尚の弟子となって次郎法師と名乗ってしばらくたった天文二十三年(一五五四)、直満・直義誅殺、亀之丞出奔の原因を作った小野政直が死に、子但馬守政次がついだ。ここにおいて、直盛は信州から亀之丞をよびもどすことを考えた。それが具体化したのは翌弘治元年(一五五五)二月のことであった。そこで亀之丞は直盛の養子に迎えられるとともに、元服して直親と名乗ることになった。

次郎法師が還俗(げんぞく)して直親の妻となったと考えたいところであるが、どうしたわけか彼女は還俗しなかった。僧侶を続けているのである。そこで直親は一族の奥山因幡守朝利の娘と結婚している。この二人の間に永禄四年(一五六一)に生まれたのが幼名虎松、のちの直政である。

亀之丞、すなわち直親が直盛の養子に迎えられた頃、今川家は全盛期だった。領国を三河からさらに尾張にまでのばしている。そして永禄三年五月、義元は二万五〇〇〇の大軍で尾張に攻め入った。このときの軍事行動を上洛のためとする説もあるが、むしろ、尾張奪取がねらいだったと思われる。

この尾張侵攻に先鋒を仰せつかったのが直盛だった。直盛は松平元康、すなわちのちの徳川家康とともに五月十日、駿府を出陣している。織田信長の兵力はわずか三〇〇〇ほどなので、負けるはずのない戦いだった。ところが五月十九日、桶狭間山で昼食休憩中、信長率いる二〇〇〇の精鋭が義元の旗本を急襲し、そこで義元は首を取られ、乱戦の中、井伊直盛も討死してしまったのである。「井伊家伝記」によると、このときの戦いで、直盛だけでなく、一族・重臣十六名が討死したという。桶狭間の戦いは井伊家にとっても甚大な犠牲を払う結果となった。このあとの井伊家たて直しは、養子に迎えられたばかりで家督をつぐ形となった直親にゆだねられることとなった。

桶狭間の戦いのとき、同じく先鋒として出陣していった直盛は討死したが、家康は大高城にいて無事だった。その家康が、岡崎城にもどったあと、今川家から独立する動きを取りはじめたのである。義元を討った織田信長と結び、今川領だった三河を奪いはじめた。義元の子氏真はそうした動きを「三州錯乱（さくらん）」と表現しているが、これといった手を打てないまま、今川家から離反する動きが遠江にもおよんできた。氏真はそれを「遠州忩劇（そうげき）」といっていた。遠江の今川家臣で、今川家を離れ、家康につこうとする動きがみえはじめたのである。

遠江の中でも一番三河寄りの井伊谷城の井伊直親にも家康からの働きかけがあったであろうことは容易に想像される。そこに悲劇がおきた。家老だった小野政直の子でやはり家老職にあった小野政次がひそかに駿府に出向き、氏真に「直親が松平元康と結んで謀反を起こそうとしている」と訴え出たのである。

小野政次が何らかの証拠をつかんで密告におよんだのかどうなのかはわからない。というのは、直親は氏真のよび出しに応じ、駿府へ向けて出立しているからである。本当に働きかけを受けていなかったのか、弁明できると考えていたのかどうなのかわからない。

ところが駿府に向かう途中、掛川にさしかかったとき、直親の一行二十名は掛川城主で氏真腹心の朝比奈泰朝の兵に囲まれ、全員討たれてしまったのである。永禄五年(一五六二)十二月十四日のことという。直親の遺児虎松はまだ二歳だった。井伊家は当主の相つぐ死によって存亡の危機を迎えることになる。

直親の死も今川家による誅殺なので、幼い虎松の身にも危険がおよぶ可能性がある。このときは新野左馬助親矩が虎松を引き取り、そこで養育することになった。ところが、二年後、今度はその新野親矩が討死してしまうのである。

永禄七年(一五六四)、親矩は今川氏真の命を受け、氏真に反旗を翻した引馬城の飯尾(いのお)豊前守連龍(つらたつ)を討ちに出陣したところ、引馬城の東、天間橋の戦いで討死し、さらに、このときの戦いで、虎松の後見役もつとめていた中野信濃守直由も討死してしまったのである。虎松の身にも危険が迫る事態となり、虎松は一族の奥山六左衛門に伴われ、三河の鳳来寺に難を避けることとなった。井伊家の当主が不在という異常事態である。

「女地頭」井伊直虎の誕生

ここで登場するのが直盛の一人娘だった次郎法師である。井伊家の男子不在の中、女性で井伊家の家督をつぐことになり、「女地頭」として井伊谷の井伊領支配に乗り出すことになる。井伊谷城の城主でもあるわけで、「女城主」などというい われ方もする。

江戸時代、大名家で男子の跡つぎがいないことにより、無嗣断絶という形でつぶされた家が

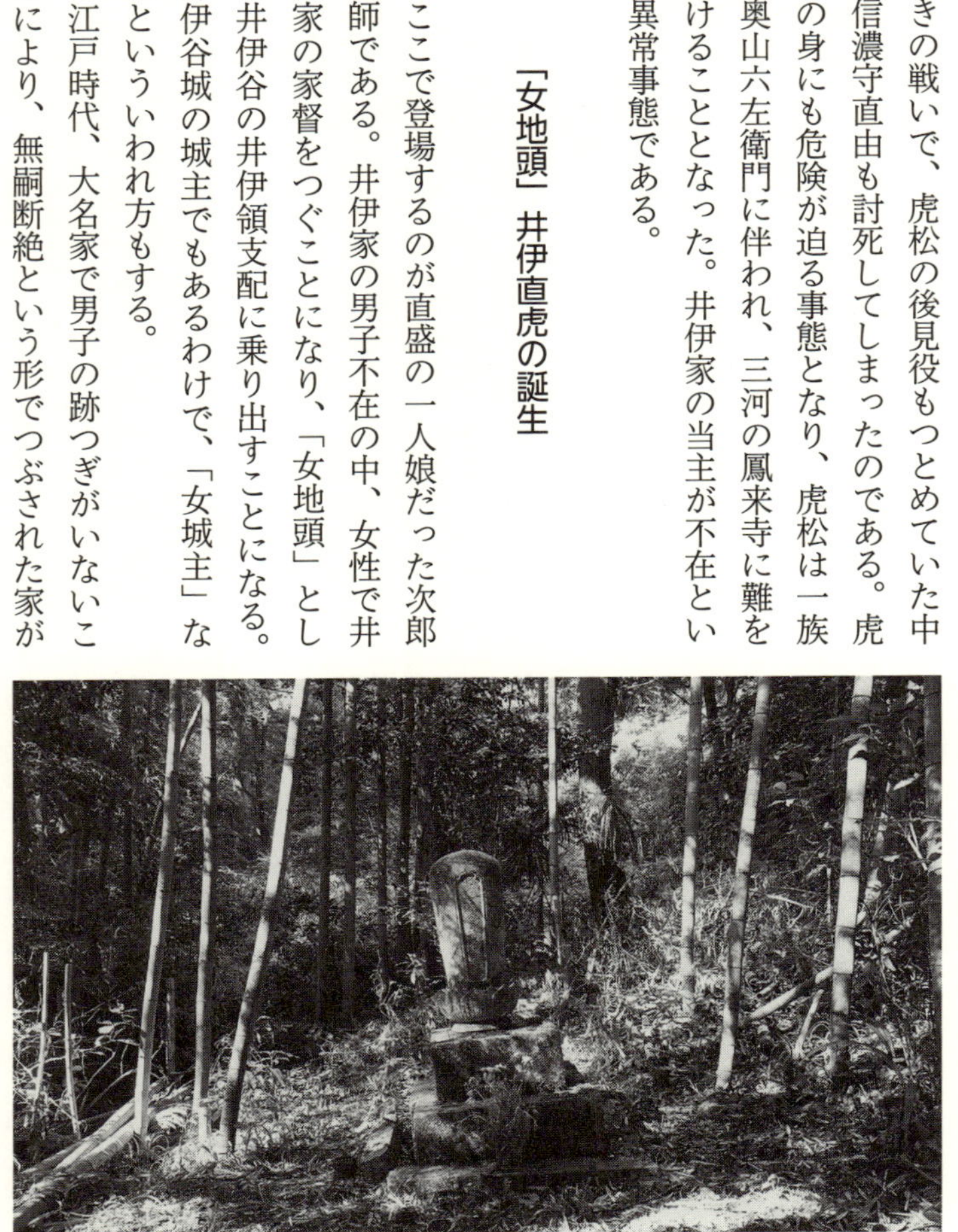

▶龍潭寺にある新野左馬助親矩の墓／滋賀県彦根市古沢町

多いため、女子が家督をつぐことなど考えられないということになるが、戦国時代には「女地頭」「女城主」は、数は少ないものの実在しており、次郎法師はその一人ということになる。実際、永禄八年（一五六五）九月十五日には、次郎法師の名で龍潭寺に寄進状を発給している。

この「女地頭」井伊次郎法師に、今川氏真も、井伊家家老の小野政次も異議をはさんだ形跡がないのである。今川家もそれを公認したということなのであろう。

次郎法師がこのあと、直虎と男の名を名乗り、井伊領を支配していくことになるが、実際にどのような支配を行っていたかは残された史料が少なく、くわしく追いかけることはむずかしい。ただ、井伊谷徳政をめぐる動きは注目される。

氏真は、「遠州忩劇」が一段落した永禄九年（一五六六）、井伊谷とその周辺、具体的には都田（みやこだ）・祝田（ほうだ）・瀬戸といった井伊谷および都田川流域の村々に徳政令を発布した。徳政令というのは、質入れされた土地の返還や貸借関係を破棄する命令で、貧民救済の一つとして取りくまれたものである。地域住民の要請を受けて、氏真が出している。

ところが、次郎法師は、井伊家の支配地域における徳政令の実施を押しとどめていたのである。つまり、上級権力である今川家の命令にもかかわらず、井伊家独自の判断で徳政令の実施を凍結させていた。逆のいい方をすれば、井伊家も、今川家の家臣でありながら独自の支配権限を持っていたことになる。

このとき、次郎法師が徳政令凍結に踏みきったのは、「銭主」の瀬戸方久（方玖、宝久とも書く）らの立場に立っていたからである。しかし、氏真にしてみれば、自分が出した命令が実施されないということは絶対許されることではなく、ついに、二年後の同十一年、圧力をかけて徳政令を実施させている。そのときの文書はいくつかの点で注目されるので、読み下しにしてつぎに引用しておきたい（「蜂前神社文書」）。

祝田郷徳政の事、去る寅年御判形を以て仰せ付けられ候と雖も、銭主方難渋せしめ、今に落着無きについて、本百姓訴訟せしむるの条、先の御判形の旨に任せ申し付くる所也。前々の筋目を以て、名職等之を請け取るべし。縦い銭主方重ねて訴訟を企つると雖も、許容すべからざる者也。仍って件の如し。

永禄十一辰　　関口
十一月九日　　氏経（花押）
　　　　次郎
　　　　　直虎（花押）
祝田郷
　祢宜
其外百姓等

▶蜂前神社文書　井伊直虎関口氏経祝田徳政連署状（蜂前神社所蔵）

▶文書に記された直虎の署名と花押

この文書によって、徳政令を井伊家が凍結し、実施を遅らせていた理由が「銭主方難渋」にあったことがわかる。それに対し、実施を迫り、訴訟をおこしたのが「本百姓」たちだったこともわかる。

そして、この文書で次郎法師が「直虎」と署名し、花押まで据えている点は特筆される。というのは、花押は、身分ある男性が元服してはじめて持てるものだったからである。中世文書によく、「元服以前により判形これなく候」などと、判形、すなわち花押を据えられない理由が断わり書きとして書かれていることによっても明らかである。女性には花押はなかった。

わずかに、平安時代でいえば藤原氏や紀氏の女性、鎌倉・室町時代でいえば足利貞氏室の上杉清子、足利義満母の紀良子などが花押を据えている程度である。その意味で、「直虎」と名乗り、花押を据えているのは異例である。

ただ、ここで、直虎が今川氏真の圧力に屈したことは事実で、この徳政令実施のときをもって井伊家による井伊領支配は終わったとみられる。直虎は城を出て、このあと龍潭寺の松岳院で暮らすことになる。そして、その直後の永禄十一年（一五六八）十二月、家康が、鈴木重時・菅沼忠久・近藤康用のいわゆる「井伊谷三人衆」を嚮導役として井伊谷に攻め入り、武田信玄と結んで今川家を滅亡に追いこむのである。

直虎と直政

梓澤 要

直虎の名

井伊直虎。いかにも戦国武将らしい、勇ましげな男名である。

誰が名づけたのか、『井伊家伝記』にも記述がないが、おそらくは、次郎法師自身が師である龍潭寺の南渓和尚と相談して決めたのであろう。南渓は直虎の曾祖父直平の子（養子とも）で、直虎にとっては大叔父にあたる。菩提寺の住職であるとともに、もっとも近い身内であり、彼女を当主にすることを決めたのも、彼と直虎の母（直盛後室祐椿尼）が相談してのことだった。

井伊家の男の諱（実名）の通字である「直」、それに「虎」は虎松の虎。

井伊直親の遺児虎松は井伊家の将来を担うただ一人の男子で、彼女が家督を継いだときはまだ五歳。男子の元服は十五歳前後だから、それまでの約十年、養母として後見し、地頭職を務める。いずれ虎松が元服して成人したあかつきには、その名ごと譲る。そう考えたのではなかろうか。

飛鳥時代から奈良時代にかけての古代、何人もの女帝が登場した。飛鳥時代の推古、皇極（重祚して斉明）、それに奈良時代中後期の、孝謙（この人も重祚し称徳）の三人は別にして、持統、元明、元正の三人の女帝は、次に継ぐべき男子が成長するまで皇統を他に渡さないための中継ぎだった。持統は孫息子の軽皇子（のちの文武天皇）、元明とその娘の元正は、若死にしてしまった文武の遺児である首皇子（のちの聖武天皇）、彼らが即位できる年齢と人格に成長するまで、みずから即位して後見した。女性が帝位に就くにはやはり、強い理由づけが必要だったのである。

大王から天皇へ、氏族連合体の大和朝廷から中央集権の律令国家へと、中国はじめ諸外国と対等に渡りあえる国家の体制づくりに懸命だった古代には、天皇はまさに国を束ねるリーダーであり、権威そのものでなくてはならなかった。それには、血統の正当性に加えて、トップにふさわしい資質・能力、そして群臣に信頼される人間的器量、人望が必要不可欠だった。飾りものの幼児が出る幕はなかったのである。

彼女自身が古代の女帝たちのことをどこまで知っていたか、さだかではないが、禅僧は古今の歴史に精通しているものだから、南渓和尚が教えて説得したとも考えられる。

彼女が十代の早い時期から名乗っている次郎法師という名も、南渓がつけた。彼女が両親を嘆かせてまで出家した際、南渓が双方の思いを組んで苦肉の策で無理やりひねり出したものである。「井伊宗家の惣領子であり、出家者でもある」という中途半端な立場がいまになって思いがけず役に立つことになった。なにより彼女自身に、惣領子としての自覚を持ちつづけさせ、自分がやらなくてはという気持にさせたのだった。

――直虎という名ごと、虎松に受け継がせる、その日まで。

その思いが彼女に決意させた。だから、男になりきっていたとか、彼女自身そうあろうと頑張っていたわけではなかろう。男である必要はない。ただ、務めを果たす。彼女の念頭にあったのはそれだけだったであろう。

ちなみに、家督を継ぐにあたって、還俗したのか否かだが、僧体のまま当主になるのは当時の社会的通例としてよくあることだし、虎松という後継者がすでにいるのだから、あえて還俗する必要はなかったはずである。

井伊谷龍潭寺に、直虎が南渓和尚に与えた寺領安堵の黒印状が残されている。それには、「次郎法師」の署名がある。その筆跡は決して男性的ではなく、聡明でおだやかな人柄を感じさせるものである。

直虎は地頭職の仕事に心血を注ぎ、徳政令を迫る今川氏真と渡りあって実施を凍結した。その厳しい攻防に追われるかたわら、養母として虎松の養育をおこたらなかった。自分が安堵状を認めたり、訴訟事を決済するかたわらで、習字をさせ、漢籍や経典を朗読させる。ときには、「おまえはどう思う?」「おまえならどうする?」と質問して考えさせる。井伊宗家の嫡子として、どこに出ても恥をかかないための礼儀作法と素養はもとより、人の上に立つ者の気構え、善悪の基準、領主たる者の義務を教え込んだ。甘えは許さず、厳しくしつけた。まだ十歳にも満たぬ幼さゆえ、帝王学というような大げさなものではなかったにせよ、直虎がしていることを側で見聞きした記憶は彼の中に刻み込まれ、その後の人格

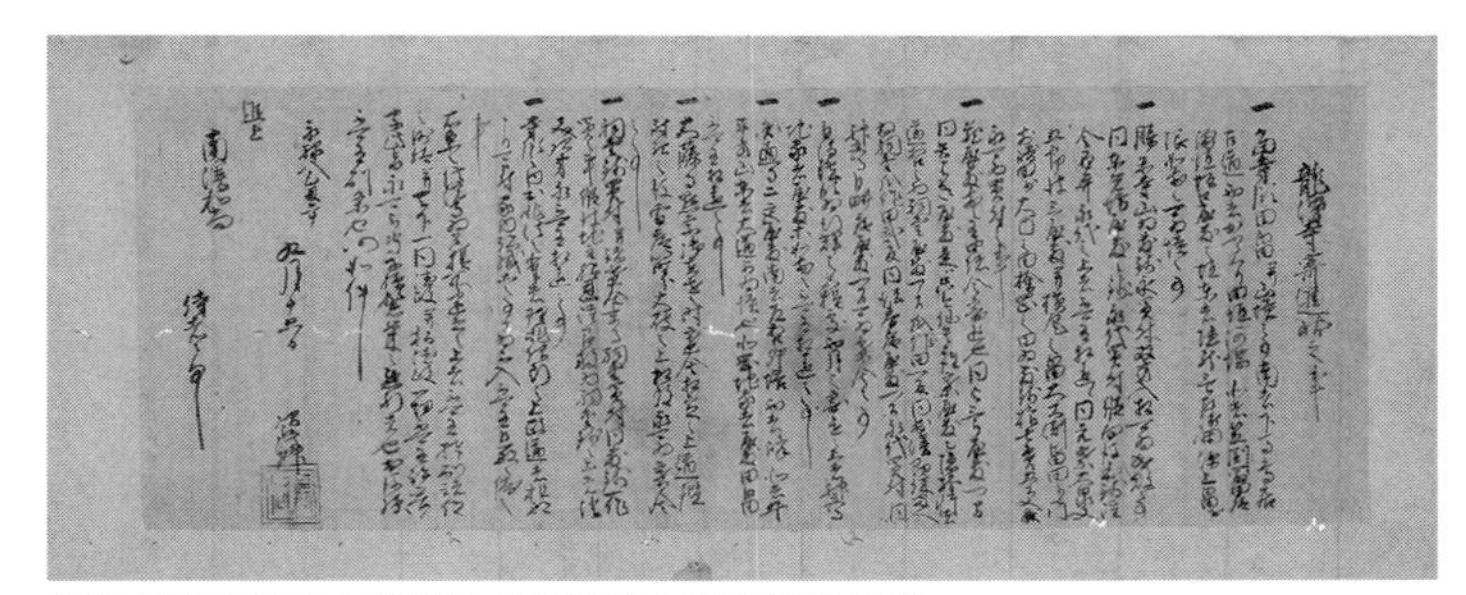

▶龍潭寺宛寄進状（黒印状）（臨済宗妙心寺派龍潭寺所蔵）

▶龍潭寺宛寄進状（黒印状）に記された次郎法師の署名

形成に豊かな栄養となったはずである。

直虎自身にとってもまた、虎松の養育は神経をすり減らす日々の中で、かけがえのない励みであり、楽しみであったに違いない。子供の思いがけない言動に驚き、他愛ないいたずらを叱りつけながら、笑いをこらえる。馬術や弓の稽古をはらはらしながら見守り、領民の家を訪れるときには連れていって、民たちの暮らしを見させる。虎松にとって直虎は、二歳で死に別れて顔も覚えていない父の代わりであり、やさしくも厳しい師でもあったのだ。

虎松を鳳来寺へ逃がす

だが、その水入らずの日々は、わずか四年で断ち切られた。永禄十一年（一五六八）十一月。

――次郎法師直虎、いままでの反抗、不届きにつき、合わせて統治能力不足の責を負わせ、地頭職罷免。領地没収の上、城の明け渡しを命ずる。

城は小野但馬守が乗り込んで横領した。徳政令実施に追い込まれたうえ、初代共保（ともやす）から井伊家が五百年にわたって守ってきた城まで奪われ、母が居住する龍潭寺内の松岳院（しょうがくいん）に引き移った。

地頭職に在ったのはわずか四年。だが、徳政令実施を三年にわたって引き延ばしてこられたのは、彼女がいかに領民たちに信頼され、慕われていたかの証しである。でなければ、一揆が起こり、それを口実に今川の武力介入という最悪の事態に陥っていたであろう。井伊領は戦場になって兵馬に踏みにじられ、多数の犠牲者が出たはずだ。それを免れたのは、直虎の領地と領民を護りたいという強い意志と懸命な説得ゆえだった。

今川氏真はなおも執拗だった。小野但馬守に虎松を殺せと命じてきたのである。

虎松八歳。かつて父親の直親（亀之丞）が信州に落ち延びざるを得なかったのより、さらに幼い。父子二代、今川によって命を狙われる運命の過酷さにおののきつつ、直虎は即座に決断した。虎松は井伊家再興の最後の切り札。これだけはなんとしても守り抜かねばならない。南渓と相談し、急遽、虎松を奥三河の鳳来寺（ほうらいじ）へ送った。

鳳来寺は、奈良時代の大宝年間創建とされる密教の山岳寺院である。鳳来寺山は鬱蒼とした深い森と峩々たる岩の絶壁がそびえ立ち、いかにも密教的な霊気が満ち満ちて、山岳修行の行場として信仰されていた。源頼朝が平治の乱で追われて東国へ逃れようとした際、ここの医王院に匿われたことから、後に再建したといい、源氏所縁の寺として近隣の武士層の崇拝を集めていた。松平広忠と正室於大の方もここに籠って薬師如来に男児出生を祈願し、家康が生まれたという。

源頼朝、徳川家康、死の直前の武田信玄、そして、井伊虎松。この四人が時空を越えて、そこに引き寄せられたというのも、奇しき偶然、歴史の面白さである。

禅僧の南渓和尚がどういうつてがあって虎松を密教寺院のここに預けたのか、まったくわからないが、野田城主菅沼定盈が帰依していたから、そのつてを頼ったのかもしれない。

虎松の実母ひよは浜松の松下源太郎清景という武士と再婚した。いつのころかはっきりしないが、直親が亡くなって間もなくか、もしくは、虎松が鳳来寺へ逃れた後か、どちらかであろう。いずれにせよ、ひよはまだ二十代。このまま井伊家にしばりつけておくのはあまりに不憫だ。身のふりかたを考えてやらねばならない。直虎たちはそう判断したのではないか。

松下氏は浜松城の東方、町と天竜川の中間の頭陀寺という地の武士である。

源太郎の弟は常慶といい、修験者のなりで秋葉山の札配りをしながら情報を集め、家康がまだ三河にいるころから遠州の情報を流して重宝されていた男である。

兄弟の妹は本家の松下加兵衛之綱に嫁いでおり、加兵衛の父はかつて引馬城代（城主とも）の飯尾豊前守に属していた。二十年以上も前のことだが、その加兵衛の家に十五、六歳の下男がいた。愛嬌のある小才者で、名は木下藤吉郎。のちの豊臣秀吉である。藤吉郎はその後まもなく無断で出奔して織田信長に仕え、いまやめざましく出世している。

源太郎との縁組がどういういきさつで成立したのか、誰かが持ちかけてきたのか、ひよの実家である奥山氏から申し出たのか、はっきりした記録がないのでわからないが、もしも、直虎や南渓がひよ本人と謀って決めたのだとしたら、先々を見据えての戦略だったのかもしれない。

家康、遠江侵攻

井伊城を乗っ取った小野但馬守の専横は、だが、わずか一ヶ月足らずで終わった。遠江進出を窺っていた徳川家康が、元井伊家被官の井伊谷三人衆に手引きさせて侵攻してきたのである。

井伊城の城兵たちは抵抗せず、無血開城。直虎が三人衆の近藤康用（やすもち）に命じて戦闘を回避させたのではなかったか。彼女自身が鎧兜に身を包んで勇ましく城を攻めて奪回したというような事実はない。彼女はその生涯で一度も、自ら合戦に出て戦うことはなかった。なんとしても合戦を回避し、犠牲者を出さない。それが彼女の闘いだったのである。

小野但馬守は逃亡し、その後約四ヶ月、井伊領内の山中に潜伏していたが、捕えられて、まだ幼い二子ともども処刑された。

徳川家康はそのまま井伊谷を去り、わずか数日で引馬城を制圧すると、翌永禄十二年（一五六九）年明けからさっそく今川氏真が逃げ込んでいる掛川城を攻め、その間、家臣たちが、佐久城、堀江城、堀川城を次々に攻め落とした。その快進撃に今川被官の遠江と駿河の武士たちはこぞって恭順。五月にはついに掛川城も開城させ、遠州平定はほぼ完了した。

氏真は北条氏が支配する伊豆に落ちていき、東海の雄と名を馳せた名門今川氏は事実上、滅んだ。永禄三年（一六六〇）五月の義元の死から、わずか九年。直平が義元に恭順してからちょうど丸三十年である。以来、次から次へと弾圧を受け、犠牲を強いられてきた。直平、直宗、直満、直義、直盛、直親、井伊家の男たちはすべて今川のために死に追いやられた。巻き添えになって死んだ家臣たちも数知れない。ようやくその桎梏（しっこく）から解放されたのだった。

だが、それで井伊領が取り戻せたわけではない。領地も城もいまは徳川の支配下にある。

――いつかかならず、ふたたび井伊家の手に。

その悲願だけが直虎や南渓を支えた。世間はすでに井伊家は滅んだものとみなしている。だが、虎松がいるかぎり井伊家は滅んではいない。

直虎としては、今川が滅んだからには、すぐにでも鳳来寺から虎松を呼び戻せると喜んだろう。しかし、これから先、遠州の地がどうなるか、まだ予断を許さない状況だった。駿河を手中に収めた信玄は、大井川の西へは侵攻しないと徳川家康と協定しているが、いつまでその均衡が保たれるか。徳川か武田、どちらに付くべきか。直虎たちもまだ去就を決めかねている。虎松の身が確実に安全になるまでは、焦りは禁物。逸る（はや）気持を抑えて、いましばらく今後の状況を見定めるしかなかった。

案の定、元亀三年（一五七二）十二月、信玄は協定を破って遠州に侵攻してきた。伊那から天竜川沿いに南下する本隊、それに東と西の三方から押し寄せてきたのである。

だが、三方原の戦いで家康を追いつめた信玄は、なぜか、浜松城を攻めようとせず、旧井伊領の刑部原で越年。三万余とも五万近いともいう大軍勢が井伊領唯一の平野部である豊かな穀倉地帯に駐屯したのである。田畑が踏み荒らされるのを黙って見ていなければならなかった直虎の悲痛は察するに余りある。

さらに悲劇が襲った。正月早々、武田軍は分散して西へと去ったが、その一隊は井伊谷を通り、徳川の追撃を恐れてであろう、人家や寺社を片端から焼き払っていったのである。龍潭寺も全焼。伽藍のほとんどすべてを失った。

武田軍はそのまま東三河の野田城に集結し、一ヶ月かかって落とした。だが、そこから西へ向かうことはなかった。方向を転じて北東へ向かい、奥三河の鳳来寺に入ったのである。信玄はもともと持病があり、それが野田城包囲中にぶり返して、もはや先に進めないほど重篤になっていたからだったが、そうとは知らぬ直虎と南渓はさぞ総毛立ったろう。

鳳来寺には虎松がいる。もしも井伊家の遺児と素性がばれたらどうなるか？　いまの井伊家など、信玄にとっては、さんざん踏み潰してきた虫けらほどの意味もないはずだ。まさか殺しはすまい。そう思いつつ、生きた心地がしなかったろう。すぐに脱出させたくても、へたに動けば敵の密偵ではないかと怪しまれ、捕えられる危険がある。大軍勢が埋め尽くしている中、こちらから迎えにいくこともできない。

信玄はそこでひと月ほど留まって静養したが、病状は好転せず、鳳来寺を出て甲斐へ撤退する途中、四月十二日、伊那の駒場でついに一命を終えた。五十三歳。

虎松は無事だった。井伊家の命運が途切れてしまうか、井伊家の人々はその瀬戸際に立たされ、絶望と希望の両岸を行き来した数ヶ月だった。

家康と織田信長も九死に一生を得た。もしも信玄死去がなかったら、信長が天下を取ることも、秀吉がその後を継ぎ、さらに家康が幕府を開くこともなかった。

旧井伊領をふくめて遠州全域はこれで完全に徳川領になった。直虎は完全に領主の座を失い、龍潭寺内で逼塞（ひっそく）。全焼した里と寺の再建に力を注ぐ。その使命感だけが彼女たちを支えた。

虎松出仕

天正二年（一五七四）十二月十四日、井伊直親の十三回忌法要が井伊谷龍潭寺でおこなわれ、それに際して、虎松を鳳来寺から呼び戻した。

直虎や南渓はその成長に目を見張ったことであろう。実に六年ぶりの再会である。まだ幼さの残る、数え八歳だった子が十四歳の少年になっている。

いつ帰れるか、その希望を支えにすることもできない歳月が少年を強くした。いまのうちに何を学んでおかなくてはいけないか。それをじっくり考え、実行する貴重な時間だった。あと半月で年が明ければ十五歳。いよいよ元服できる年齢である。直虎と南渓はこのまま鳳来寺には返さないことに決めた。

――さて、虎松の今後をどうするか。

南渓和尚は三人の女たちに諮った。

直盛後室祐椿尼(ゆうちんに)、次郎法師直虎こと祐圓尼(ゆうえんに)、松下家のひよ。虎松にとっては、義理の祖母、養母、それに実母の三人である。

いよいよ満を持して、虎松を世に出す。そのための相談である。

いまや名実ともに遠州の支配者となった徳川家康に仕えさせる。全員が賛成した。

その場にはもう一人、松下源太郎も同席したかもしれない。彼はいまでは家康に仕えており、家康の動向に詳しい。弟の常慶ともども頼もしい協力者となってくれている。

仮にひよが松下に嫁いだのがそれを見越してのことだったとしたら、井伊家はかなり頭の切れる女たちがそろっていたことになる。南渓をふくめて、彼女たちが心を一つにして協力し合っていたことがうかがえる。

虎松の仕官は井伊家再興の大事な第一歩。慎重の上にも慎重に事を進めなくてはならない。家康は毎年二月半ば、三方原での初鷹狩を恒例としている。かつて武田軍に大惨敗した屈辱を忘れぬため、あえて三方原でおこなうのである。しかも大の鷹狩好きだから、その日は終始上機嫌という。目通りはその日と決めた。

ただ、直虎には危惧していることがあった。小野但馬守が捕えられた際、井伊直親が家康と内通して今川を裏切っていたと主張したのを家康は事実無根と退け、根も葉もない讒言のために直親は謀殺されたとして、小野を断罪した。井伊城を攻める正統性があると言いたいがために偽ったのである。それなのに、いきなり井伊直親の子と名乗り出たら、家康はその嘘をいまさらほじくりかえされると不快に思いはしないか。そんなことになれば、家臣に取り立てられるどころではなくなる。そこで、松下源太郎の養子ということにして目通りすることにした。

後世、井伊直政は鷹狩の野で偶然、家康の前に現われたとか、家康がただものではないと見抜いて城へ連れ帰ったという話が信じられるようになった。小説や歴史読み物でもたいていそう描かれる。しかし実際は、周到に計画された目通りだった。その証拠に、直盛後室と直虎はその日のために、それぞれ一枚ずつ晴着の小袖を縫い、祝儀に贈ったと『井伊家伝記』は記している。一針一針万感を込めて縫いあげていく直虎母娘の姿が目に浮かぶ。

計画は成功した。虎松十五歳の春である。

虎松を城に連れ帰った家康は、家臣団の前で本人の口から直接、井伊直親の子と名乗らせ、その際、「わがために命を落とせし者の子じゃ。報いてやらずばなるまい」と語ったという。

だが家康は、井伊姓に復することを許して三百石で召し抱えたものの、万千代（まんちよ）と改名させて小姓として仕えさせた。自分の幼名の竹千代にあやかり、「井伊氏が万代千代まで続いていくように」とのありがたい思し召しだが、しかし、幼名を与えるということは子供のままということである。すぐにでも元服を許してもらえると期待していた本人や直虎らはさぞ落胆したであろう。元服しないことには、一人前の武士とは認められず、むろん結婚もできない。

家康に近侍して一年がすぎた天正四年（一五七六）二月、万千代は初手柄を上げた。芝原の陣において家康の休憩所に真夜中、武田の間者が忍び込んで寝首を掻こうとしたのを、宿直していた万千代が気づき、たった一人で討ち取ったのである。

主の窮地を救ったこの大手柄で、三百石から一挙に十倍の三千石に加増。合わせて、徳川の支配下にあった旧井伊領も与えられた。家名と領地、その二つがふたたび井伊家の手に戻ったのである。直虎らの喜びと安堵はいかばかりか。

次いで、天正六年（一五七七）三月、田中城攻めの手柄により、一万石に加増。さらに、八年には二万石になった。わずか五年の間にめざましい出世である。井伊万千代二十歳、いよいよ開化の時を迎えていた。しかしまだ元服を許されず、前髪姿の小姓のままである。

翌天正九年春、万千代はまた大手柄をあげた。一年前から攻めあぐんでいた高天神城を、水の手を断つことで陥落させたのである。かつて信玄が二俣城と三河の野田城を落した方法を利用し、戦略に長けた資質を発揮して一躍名を上げた。この高天神城の敗北で武田勝頼は遠江から撤退。急速に衰え、滅亡へと突き進むことになる。

二万石取りになったのを機に、万千代は井伊家旧臣を召し抱えることが許された。彼らは直虎が領主の座を失って以来、それぞれ本貫の地に引きこもって逼塞。武田にも徳川にも仕官せず、いつ叶うかもしれぬ井伊家再興を信じ、その時を待っていてくれたのである。その旧臣たちがふたたび万千代の元に集まった。

中でも、ひときわ目立ったのが万千代の従兄弟たちである。奥山六左衛門朝忠、中野越後守一定、鈴木石見守重好、それに小野亥之助朝之の四名。皆、万千代とほぼ同年輩、井伊家親族筆頭の奥山因幡守朝利の孫である若者たちで、奇しくも、四人と万千代をふくめた五人は、ともに幼くして父親を戦で失うという苦難を共有していた。彼らは皆、直政を支え、その強い絆は子々孫々、絶えることなく続いた。

直虎の死

天正十年（一五八二）三月、武田氏は滅んだ。信玄の死から九年。今川といい、武田といい、はたまた足利将軍家といい、滅びるときは実にあっけない。それまでの輝きが大きければ大きいほど、消えた後の闇は暗い。直虎は井伊領を蹂躙（じゅうりん）した武田の滅亡をどんな思いで見つめていたであろうか。

そして、それからわずか三ヶ月後、もう一つの巨星が墜ちるときが来た。天正十年六月二日、本能寺の変。

家康は堺から京へもどる途中でそれを知った。供はわずか十二人。酒井忠次、本多忠勝、榊原康政、石川数正、服部半蔵ら側近中の側近、それに、最年少の井伊万千代。

主従は危険な伊賀越えで命からがら岡崎に帰還。ただちに軍勢をととのえ、明智討ちに出陣したが、途中ですでに豊臣秀吉が討ちとったことを知るや、抜く手を返して甲斐に兵を進めた。信長がわがものとした旧武田領がいまや宙に浮いている。いち早くこれを手中に収める必要があった。その出陣にはむろん、万千代も随行していた。

案の定、後を追って北条氏直を総大将とする二万余の北条軍が上州から信州に侵攻。八月八日から若神子（わかみこ）に陣を構え、八千の徳川軍と対峙した。北条軍は圧倒的な数的有利にもかかわらず小競り合いに連敗し、膠着状態に陥ること二ヶ月余に及んだ。

その間の八月二十六日、井伊谷で次郎法師井伊直虎死去。法名・妙雲院殿月泉祐圓大姉（みょううんいんでんげっせんゆうえんだいし）。万千代はまだ元服しておらず、井伊家当主のまま、この世を去った。おそらく五十歳前後。

陣中にあった万千代は、最期に立ち会うことも、葬儀に出ることもできなかった。手紙で報らされたか、あるいは、彼が受ける衝撃の大きさを配慮して伏せられたかもしれない。

十月下旬、北条方はついに和睦を申し入れてきた。二十二歳のまだ小姓姿の万千代が家康側近の木俣守勝（きまたもりかつ）とともに徳川方の正使に選ばれ、見事大任を果たした。

この功により、二万石から一挙に倍の四万石に加増。それとともにようやく元服を許され、井伊兵部少輔直政（いいひょうぶしょうゆうなおまさ）と名乗ることになった。兵部少輔は、直政の曾祖父にあたる井伊直平（なおひら）が称していた官名である。南渓和尚がその井伊家中興の祖にあやかり、直政が井伊氏をふたたび隆盛に導いていくよう願いを込め、餞（はなむけ）としたのであろう。

直虎は念願のその晴れ姿を見ることはかなわなかった。彼女がもしも直虎の名を彼に引き継いでもらいたいと考えていたとしたら、その望みはかなわなかったが、しかし満足していたろう。直政は自分の力でのしあがってきたのだ。いまさら名を譲るまでもない。こうして直虎の名は彼女一人のものになった。

遠江から近江へ

家康は直政の元服にともなって士大将（さむらいだいしょう）に取り立て、若神子の和睦交渉でともに使者をつとめた木俣守勝はじめ、西郷正友（さいごうまさとも）、椋原政直（むくはらまさなお）の三人の側近を付家老に配した。

彼らの協力のもと、直政は武田遺臣や新参家臣の配属をとりしきる奉行役を命じられた。その頃、直政が発給した安堵状が数百通も残っており、いかに彼が精力的にその任を勤めたかうかがい知れる。

その功により、武田遺臣のうち、山県昌景隊ほか四部隊の従士七十四人が直政に付けられることになった。実に武田遺臣の約半数である。ことに、かつて井伊谷に侵攻した山県勢が家臣になったのは、まさに歴史のめぐりあわせの妙である。昌景自身はすでに長篠の戦いで戦死していたが、その赤備（あかぞなえ）軍団がそっくり直政のものとなった。それに加えて、関東の浪人武士、今川遺臣、三河の武士など、合わせて四十三人が付属され、直政は一挙に百五十人規模の将兵を抱える徳川家中きっての大部隊になった。

赤備はもとは昌景の兄である武田家家老飯冨虎昌（おぶとらまさ）が始めたことだった。直政の官名は、兵衛少輔と称したその飯冨虎昌にあやかって、家康が名乗るよう命じたと『井伊年譜』は

▶井伊直虎位牌
（臨済宗妙心寺派龍潭寺所蔵）

龍潭寺９世祖山和尚が追善供養のために作った位牌。左が直虎「妙雲院殿月舩祐圓大姉直盛息女」、右側は直虎の母「松岳院殿壽窓祐椿大姉直盛簾中」直虎の母である。

開山過去帳の直虎戒名は「月泉祐圓」。戒名については、後の時代の判断で意図して戒名の文字を変える場合がある。「泉」が「舩」に変わった理由はわかっていない。

記し、武田方の『甲陽軍鑑』も同様の説を伝えている。井伊直平か飯富虎昌か、いずれにせよ、直政にとっては偉大な先人の後を継ぐことになったのである。

とかく武功の活躍が目立つ直政だが、政治的な交渉能力や対人的知略、人心掌握にも秀でていた。直虎や南渓の薫陶の賜物である。

三河以来の譜代の臣たちは土豪上がりの武辺一辺倒で、読み書きすらあやしい者が多かったのに対して、直政は寺育ちで学がある。礼儀作法、立ち居振る舞いもしっかりしている。のちに関ヶ原の戦いの後、西軍の諸大名たちをして、「本人にその気がありさえすれば、天下をとれる器量」と感嘆させたほどだった。由緒ある藤原氏の本姓を持ち、平安時代からつづく名門の血と誇りは、直虎や南渓を通じてしっかり受け継がれたのである。家康が直政を鍾愛(しょうあい)したのもそれが理由だった。家康自身、駿府で太原崇孚雪斎(たいげんそうふせっさい)を師として学び、戦国大名きっての学問好きだったから、他の誰より直政と話があった。

あるとき、直政が南渓和尚に質問した。「禅宗の法は如何様(いかさま)の道理なるや」禅の教えでは、なにを真理とするのでしょうか。どういうことが悟りなのでしょうか。

南渓の答えは「生死の事、大無常迅速と心掛け、昼夜工夫、自然(じねん)と道理得る也」人の生き死には、無常の中の無常であり、死はあっという間にやってくる。そのことを絶えず念頭に置き、いかに生きるか、日々考えなさい。そうすれば、おのずと悟りの境地に至れます。

そう教え、一つの公案、考える課題を与えた。「夜深けて戦場を過ぎれば、寒月白骨を照す」すぐに答えを出そうとせず、じっくり考えればよい。そう諭し、参禅を指南したという。

直政はさらにこう願った。「武士たる者、戦場に臨んで生死を決するのは、常の事。いつ何方(どこ)にて命果てるか、計り難きことゆえ、いまここで、法名をつけて下され」死の覚悟を据えてこそ、怯むことなく戦える。必死の懇望に南渓は「祥壽院清凉奉安」という生前戒名を授けた。

これがいつのことかはっきりしないが、おそらく直政が実母の一周忌法要で龍潭寺に参詣した、天正十四年（一五八六）八月。直政二十六歳。石川数正が豊臣秀吉のもとに出奔し、直政は名実ともに徳川家中随一の将になり、側近中の側近として多忙を極めていた頃である。直政は積年の恩に報いるため南渓和尚に龍潭寺領再寄進を申し入れ、その一ヶ月後には徳川家康も判物を下している。南渓はそれから三年後に示寂。直政は直虎のとき同様、葬儀には出られなかった。

その後の直政の快進撃はとどまることを知らなかった。

慶長五年（一六〇〇）八月、関ヶ原の陣では先鋒の軍監を勤め、娘婿の忠吉に初陣の手柄を立てさせんと先手を切ってのけ、獅子奮迅の働きを見せつけた。西軍の殿(しんがり)島津軍を追撃して島津豊久を討ち取ったが、島津軍の必死戦法「捨て奸(かまり)」の襲撃を受け、右肘に被弾。戦後、監軍として石田三成の居城近江佐和山城を攻略。戦後処理でも黒田氏や毛利氏との講和に手腕を発揮し、その多大の功により、翌慶長六年、近江と上野に合わせて十八万石を与えられ、佐和山に移封となった。

――「遠つ淡海（あわうみ）」から「近つ淡海」へ。

井伊氏の歴史の新たな幕が開かれたのだった。

だが、直政は関ヶ原で受けた鉄砲傷から破傷風を発し、衰弱していった。死期を悟った直政は、伯母である中野信濃守直由（直之）の妻に、多忙な軍務で両親や養母直虎が眠る井伊谷の龍潭寺に墓参できなかった不孝を語り、代参を頼んだ。さらに、彦根にも井伊谷出身の家臣が大勢いることから、龍潭寺第三世昊天（こうてん）和尚（南渓和尚の弟子）に、彦根にもう一つの龍潭寺建立を遺言した。

慶長七年二月一日、没。四十二歳。遺骨は分骨され、昊天和尚の手で生まれ故郷井伊谷に運ばれ、龍潭寺に納め祀られている。彦根の龍潭寺が創建されたのは、十五年後の元和三年（一六一七）、昊天和尚が開山として迎えられた。すでに大坂の陣で豊臣氏が滅び、一年後に家康も没していた。

尚、井伊家歴代当主の系譜に直虎の名はなく、直盛―直親―直政としている。彼女の存在はただ、直盛息女次郎法師とのみ伝えられ、その実名も不明。直虎の名も井伊領内蜂前（はちさき）神社に伝わった徳政令発布の書状にただ一点、花押とともに署名が見えるのみである。

▶井伊直政像（臨済宗妙心寺派龍潭寺所蔵）

井伊家、もう一つの「開国」——初代直政、慶長の「開国」——

大石　学

はじめに

彦根藩井伊家と聞き、私たちがまず思い浮かべるのは、十三代藩主井伊直弼であろう。直弼は、安政五年（一八五八）六月、江戸幕府大老として、アメリカ総領事ハリスと、自由貿易を骨子とする日米修好通商条約を締結し、続けて、オランダ、ロシア、イギリス、フランスとも条約を締結した（安政五か国条約）。この政策は、当時「開国」とよばれたように、二百年以上続いた「鎖国」を終焉させ、日本社会を十九世紀グローバリズムの世界に飛び込ませることになった。

しかし、直弼よりも早く、近世初頭、井伊家はいま一つの「開国」をおこなっていた。それを実行したのは、戦国時代の「女地頭」として知られる井伊直虎の又従兄弟直政であった。ここでは、幕末の直弼に比べ、あまり取り上げられることのない、彦根初代藩主（実は佐和山藩主）の井伊直政の「開国」についてみていくことにしたい。

なお、以下の記述は、幕府編纂の家譜『新訂寛政重修諸家譜』（第十二、高柳光寿他編、続群書類従完成会、一九六五年、『寛政譜』と略す）をもとに、『寛永諸家系図伝』（第七、斎木一馬他編、続群書類従完成会、一九八四年、『寛永伝』と略す）、『新修彦根市史』（第二巻・近世）などによって補っている。

直政の出自

『寛政重修諸家譜』によれば、井伊直政は、永禄四年（一五六一）、遠江国井伊谷（静岡県浜松市）に生まれた。母は、奥山因幡守親朝の娘である。当時井伊家は、駿河の戦国大名今川家のもとにあったが、井伊谷の支配をねらった家臣小野氏（『寛永伝』によれば家老小野但馬守）は、直政の父直親が織田・徳川家に通じていると今川家当主今川氏真に密告した。永禄五年（一五六二）、直親は氏真に申し開きに向かう途中、遠江国掛川（静岡県掛川市）を過ぎたところで、今川家重臣朝比奈備中守泰能（『寛永伝』は泰能の子で遠江国守護代の泰朝とする）に討たれた。この結果、井伊家は領地を没収され、当時二歳の直政も死罪と決まった。しかし、今

▶井伊谷城跡からの眺望

川氏真一門の新野左馬助親矩が、「身にかへて一命をこひうけ、左馬助が家にをひて子とおなじく養育せらる」（『寛永伝』）と、命乞いをし、自分の家で直政を養育することになった。

永禄七年（一五六四）、遠江国引間（のちの浜松）城主が氏真に叛逆したため、親矩が討手に向かったが、逆に戦死した（『寛永伝』）。直政は四歳であった。その後、左馬助の妻が直政を養育したが、再び氏真が直政を殺そうと攻めてきたため、妻は親矩の叔父の浄土寺和尚に預けたと答え、ついに直政を渡さず、その日出家させ、死を免れたという。

永禄十一年（一五六八）、三河（愛知県東部）の徳川家康は井伊谷に進攻し、この地域を制圧した。氏真は没落したが、当時八歳であった直政は、浄土寺の和尚と、僧の珠源、乳母の三人とともに、三河国鳳来寺（愛知県新城市）に逃れ、さらに遠江国浜松に逃れた（『寛永伝』）。のち母が松下源太郎清景に再縁し、直政はその養子となったことから松下を名乗った。ただし、この経過について、「井伊家伝記」（龍譚寺文書）は、新野親矩没後、直政は龍潭寺（静岡県浜松市）に入り、同寺の南渓和尚の計らいで三河国鳳来寺に入ったとする。いずれにしても、直政は、一時出家するなど苦難の幼少時代を送ったことがうかがえる。

家康の家臣に

天正三年（一五七五）二月十五日、徳川家康（三十四歳）が浜松城下で鷹狩りをしたさい、道端にいた直政（十五歳）を見て、すぐに召し出したという。以後、直政は、家康の側を離れず、一生懸命、誠実に働いた。ある時家康が直政に先祖の由来を尋ねると、家康に内通したために殺された直親の実子であると答えた。家康は、大いに驚き、家名を井伊に戻すよう指示し、先祖歴代の旧地井伊谷を与えた。このとき家康は、直政に井伊万千代（まんちよ）と名乗らせたという。

家康の鷹狩りのさいの直政との出会いについては、対面に先だって井伊谷の者（この人物が次郎法師、つまり井伊直虎にあたる）が、直政に衣裳を調えて送ったともいわれ（「井伊家伝記」）、偶然ではなく準備された出会いとする説もある（『新修彦根市史』）。

天正四年（一五七六）二月七日、直政は、家康が遠江国芝原（静岡県袋井市か）で武田勝頼と対陣したときに従軍し、軍功をあげた、これが直政の初陣である。同九年（一五八一）三月、家康が、武田勢が籠る遠江国高天神城（たかてんじんじょう）（静岡県掛川市）を攻撃したさい、直政は城を偵察し、水の手を切り落して、軍功をあげた。

天正十年（一五八二）五月、家康の京都見物のさい直政は供をしていたが、六月二日、本能寺（京都府京都市中京区）で織田信長が殺されると、和泉国（大阪府南西部）から脱出した。途中一揆の噂などがあったが、直政の機転で、家康は無事帰国した。この功により、家康から孔雀の尾で織った陣羽織を与えられている。

「赤備え」家臣団の形成

天正十年（一五八二）十月、家康は甲斐（山梨県）に出陣し、武田家遺領に侵攻した北条氏直と対峙したが、氏直から和議の申し入れがあり、甲斐国都留（山梨県東部）、信濃国佐久（長野県東部）両郡を家康に譲るかわりに、上野国（群馬県）を氏直が支配する条件が示された。直政は、家康の使者として北条陣に赴き、家康が氏直の案を受け入れ、北条氏直のもとに、家康の二女督姫を嫁入りさせることを約束した。

直政は、この使者の功を認められ、今川旧臣と三河国挙母（愛知県豊田市）の高橋衆を附属された。同年、家康は、近侍の武士木俣清三郎守勝、西郷藤左衛門正友、椋原次右衛門政直の三名に、直政がいまだ若年であるので、補佐するよう指示して附属させた。

また、武田旧臣の一条右衛門大夫信龍、山県三郎兵衛昌景、土屋惣蔵昌恒、原隼人正昌勝の四隊の武士六十四名、関東の浪人四十三名、計一一七名を直政に附属し、その兵器（武具）をすべて赤色とすることを命じた。この家臣団形成の過程について、『新修彦根市史』

は「家康家臣の配属や武田遺臣が付けられた時期については不明な点が多い」とし、小宮山敏和『譜代大名の創出と幕藩体制』（吉川弘文館、二〇一五年）は『寛政譜』などで示された武田家旧臣などの人数は、後年、家譜編纂などの機会において認識できた人数が示されているに過ぎない」としている。その後、家康は直政に、駿河国安倍郡鷹峰（静岡市）で加恩地を与えて計四万石とし、一隊の将として兵部少輔を称させた（なお小宮山前掲書では、四万石には、直政に附属の同心衆の知行地も含まれるという）。ここに家康旧臣のほか、武田、今川、北条諸家の旧臣などからなる「赤備え」の井伊軍団が形成されたのである。

その後、家康は、井伊家臣の山下内記某、神戸平六某、渡辺式部丞吉繁、石黒将監某、三浦弥一郎某、成島勘五郎宗勝、広瀬美濃景房、岡市丞某、齊藤半兵衛昌賢、河西喜兵衛充良（みつよし）、三浦与三郎元貞、切刀助（功刀助）七郎某、河野内記某などに、自ら領地の朱印を与えた。家康が、井伊家家臣団の内部に介入して領地を与え、直政が家康の強い統制下にあったことが知られる。

井伊家の赤備えについては、近世中期の岡山藩士湯浅常山（ゆあさじょうざん）（一七〇八～一七八一）が著した軍談書『常山紀談（きだん）』（元文四年・一七三九成立）において、「井伊家のあかき物ノ具は、直政の時よりはじまれり、甲斐の武田家の士大将山県三郎兵衛昌景が一陣の軍兵、皆一色に赤かりしを、東照宮御覧じてこのませ給ひ、直政に仰られて、甲冑（かっちゅう）をはじめ、旗、指物、鞍、鐙、鞭にいたるまで、みな一色に赤いろなり、夫より後もかくの如くなりしゆゑ、井伊の家に新に奉公する士あれば、武具奉行軍令を見せて、物ノ具みな新に赤色にして、百石に二十両、具足びつに納め、奉行の士受取て、城中の庫に入置、其価は禄の内より返しけり、此ノ故に、井伊家の武備かぐることなし、若去て他国にゆく士あれば、奉行の士、武具を返しあたへけるとなり、井伊家の軍令とて、赤いろの武具の事しるせる書も、今ニ世ニ伝はりけり」（佐伯有義他『武士道全書』第九巻、国書刊行会、一九九八年）と、武田家家臣の山県昌景の隊全体が赤一色であったのを、家康が見て気に入り、直政に命じて彼の軍の軍装・軍備をすべて赤くさせたという。この結果、井伊家に新たに奉公する武士は、すべて装備を赤くし、百石につき二十両ずつを具足櫃に入れ、これを奉行が受け取り城の蔵に収め、その分は家禄の中から返済した。このため、井伊家の赤い武具は欠けることなく、井伊家を離れる者には、奉行が預かった元の武具を返したという。赤備えは、いわば井伊家仕着せ、配給の制服であった。そして、この井伊家赤備えの軍令は、常山の時代にも実在したとある。

さて、赤備えは天正十二年（一五八四）、家康が秀吉と戦った小牧長久手の合戦で、有効に機能した。『徳川実紀』によれば、「君（家康）は小牧山より三十余町勝川兜塚といふ所にて御甲冑をめさる、これ当家の御甲冑勝川と名付らるゝ事のもとなり、御湯漬を聞召ほどに夜は明はなる、こゝに先手の人々はや首取かへり、御覧ぜさせ奉る者も少からず、

▶小牧長久手合戦図屏風（名古屋市博物館所蔵）。第三扇に井伊直政の２場面が描かれている

▶第三扇下　井伊直政組討

▶第三扇上　井伊直政本陣

十人の鉄砲頭井伊萬千代直政が二千余兵を先とし、御旗下には小姓の輩并甲州侍のみ供奉(ぐぶ)し、直政が勢は富士の根の切通しより進めば、君も其跡より田の中をすぐに引つゞきかゝらせ給ふ、井伊が赤備長久手の巽の方よりゑいとうゑい〱とかけ声して堀が備に競ひかゝる」（第一篇五二頁）と、家康が鎧兜をつけ、湯漬けを食べると夜が明けてきた。このころ、先手の軍勢が首を取って帰陣し、家康にこれを見せる者も多数いた。鉄砲頭の井伊直政の二千人余を先陣とし、家康本陣には小姓と甲州武士だけが従った。直政の軍勢が富士の根から切通しを進むと、家康もあとに続き、田の中を歩いた。井伊の赤備軍団が、長久手の南東から「ゑいとう」の掛け声とともに、堀秀政の軍勢に攻めかかったとある。赤備の直政軍の活躍ぶりがうかがえる記述である。

その後、元和元年（一六一五）の大坂夏の陣のさいにも、井伊の赤備は機能した。先の『常山紀談』によれば、「木村（重成）が一陣敗北しける中に、青木七左衛門黒母衣(くろほろ)をかけ、長屋平太夫は、白母衣(しろほろ)かけて、直孝の兵の中にまぎれ入しに、井伊家の赤色の物ノ具たがひたれば、からめ取り、東照宮の御前に引キまゐる、長屋は、今福にて一番槍を合せ、青木は、けふ西郡にて一番首を取たりと名乗申す、其ノ体、あはれ剛の者よと見えしかば、二人共たすけられ、美濃にておの〱五百石の禄賜はりけり」と、大坂方の木村重成軍が敗北すると、木村家臣の青木七左衛門と長屋平太夫が、それぞれ黒と白の母衣をつけて、井伊直孝（直政の子、二代彦根藩主）の赤色の陣にまぎれたが、赤一色の軍団であったため、すぐに見つかり捕えられた。両名を尋問すると、それぞれ名乗り、武功を申告したので、家康はこれを許し、各五百石を与え家臣にしたとある。両名はあるいは、意識的に捕えられようと、井伊軍団にまぎれたのかもしれない。いずれにしても、赤一色で勇壮な井伊家臣団は、戦場で際だって目立つ集団であった。

歴戦とその功績

天正十一年（一五八三）正月、家康は信濃国高遠口（長野県伊那市）に出陣したが、その押えとして、甲州、信州の兵も従軍した。このとき、直政に附属された先の武田旧臣の四隊（一条、山県、土屋、原）の兵も動員された。十二日には、家臣の木俣清三郎守勝も援軍として派遣された。

翌十二年（一五八四）、直政二十四歳のとき、のちに井伊谷三人衆と呼ばれる菅沼次郎右衛門某（忠久）、近藤石見守秀用、鈴木平兵衛重好を附属された。四月、長久手合戦の先鋒となり、豊臣方の池田勝入（恒興）、森長一（長可）、堀秀政らの軍勢を破り首を取った。この戦いで、直政は黒母衣をまとった敵と戦った。安藤彦四郎直次は、直政を助けようとしたが、直政は、すでにその敵を組み伏せていた。しかし、安藤は、一軍の将たる者は、戦場で直接敵と戦うべきではないと説いて先に進んだ。直政は、これを聞き、速やかに戻り、軍勢を整えたという。直政が自らの武功を誇るよりも、一軍の将として気構えをもつようになったこと、また他人の忠告をしっかりと受け止める人物であったことがうかがえる逸話である。

六月、織田信長の二男で家康の盟友であった織田信雄（のぶお（のぶかつ））の家臣前田与十郎は、佐久間駿河守正勝に代わり尾張国蟹江（かにえ）城（愛知県海部郡）を守っていたが、主君信雄にそむいて滝川一益（かずます）らに通じ、その合図として狼煙（のろし）をあげた。家康は清洲（愛知県清須市）にいたが、この狼煙を見て、前田らの逆意を察し、まず直政を派遣して前田らを討たせ、自らも出馬して蟹江城に向った。

このとき、家康方の山口長次郎重政が大野城（愛知県愛西市）で、一益らに囲まれたため、清洲の家康に応援を求めた。直政は、松葉郷（愛知県海部郡付近）で、これを聞き、急ぎ兵をすすめて山口を救い、さらに蟹江城に向った。一益は、降伏を願い退却した。その後、家康が、桑名（三重県桑名市）に出かけ、清洲に戻ると、白子（しろこ）（三重県鈴鹿市）付近で一揆が起きた。しかし、これらも、直政の軍勢が制圧した。

天正十三年（一五八五）八月、真田昌幸が信濃国上田城（長野県上田市）に籠ったため、家康は直政の家臣木俣清三郎守勝と松下源左衛門某に攻めさせた。閏八月二十一日には木俣らに書を与え、昼夜の辛労を賞している。しかし、戦いは決着がつかず長引き、家康は直政を、大須賀康高や松平康重らとともに上田に向わせた。このさい、直政の家臣所藤内（ところとうない）

具勝らが、真田昌幸の家臣柳澤采女某を丸子（長野県上田市）で討ち取り、二十六日、家康はこれを賞し、具勝に感状を与えている。

その後、家康は豊臣秀吉と和睦し、上洛を約束した。これに応じて秀吉は、十四年九月、母大政所を人質として岡崎（愛知県岡崎市）に送った。他方、秀吉は、家康の家臣直政、本多忠勝、榊原康政らの親族各一人を人質として京都に呼び寄せている。家康と直政らの深い関係を知ったうえの要求であった。

十月、家康上洛のさい、直政は本多重次らとともに、岡崎城に残り秀吉の母大政所を警固した。十一月、大政所が京都に戻るさい、直政はこれに従い、大坂で秀吉に謁見し、丁重に饗応されている。

この大政所警固に関して、のちに京都町奉行所与力を務める神沢杜口『翁草』巻三（寛政三年・一七九一年成立、『日本随筆大成』第三期21）には、「公（家康）は寛々都に御滞在留有て、御帰国なり、御留守城（岡崎城）には、名におふ井伊兵部大政所を守護し、崇敬せらるる事不斜、而も御隔意なく御用を承計ひ、数多の侍女の自用迄も聊滞らぬ様に致されける故、兵部は日本一の御用達なりと、大政所の御意に入、附々の女中に口々に誉ける」と、井伊直政が大政所を敬い真面目に警固し、多くの侍女たちもしっかりもてなしたため、「日本一の御用達」と評価された話が記されている。

天正十六年（一五八八）、家康は秀吉の招きに応じて京都に赴いた。四月十四日、秀吉が自邸聚楽亭(京都府京都市上京区)に後陽成天皇を招いたさい、直政は家康の供をし、従五位下に叙され、侍従に任ぜられた。数多い家康家臣団のなかで、このとき侍従に任ぜられたのは直政一人であった(「聚楽第行幸記」『群書類従』)。十六日、直政は聚楽亭の和歌の会にも招待された。そこでは、寄松祝という題を与えられ、自詠一首を献上した。十七年七月二十六日、家康は直政の屋敷を訪れ、猿楽を楽しんでいる。

天正十八年(一五九〇)正月、家康の子秀忠が上洛するさい、直政は、酒井忠世、内藤正成、青山忠成らとともに秀忠に従い、十五日、聚楽亭で秀吉に謁見し、時服や黄金を与えられた。

二月、小田原(神奈川県小田原市)の後北条氏攻撃のさい、直政は秀吉が出した陣中掟の判物(花押のある文書)を与えられ、小田原に向った。箱根二子山(神奈川県箱根町)の北から嶮岨を越え、諸軍に先だち小田原の北宮城野(足柄下郡)を攻め、さらに所々の砦を攻めた。築井(神奈川県相模原市緑区)では、直政の家臣三浦十左衛門安久が、首二級を討ち取ったことから、四月十九日、直政は秀吉から感状を与えられている。甘(玉)縄城(鎌倉市)の城主北条左衛門大夫氏勝は、以前から家康の知り合いだったので、家康は降参をすすめたが、氏勝は覚悟を決めており、これを断った。そこで、直政は自ら、本多忠勝や榊原康政らと甘(玉)縄城に行き、家康の指示を伝えたところ、ついに氏勝はこれに応じ開城した。

六月、直政は、松平康重らとともに、北条方の山角紀伊定勝が守る小田原出城の篠曲輪（ささぐるわ）（神奈川県小田原市）を攻め、城外から穴をあけていたが、六月二十二日夜、風雨が激しくなり、城壁が崩れた。直政と康重は、これに乗じて、急ぎ兵を指揮し、城中に攻め入り、陣営に火を放った。このため、城兵らは持場をすてて防戦にまわった。このとき直政の家臣近藤勘助季用は、小屋甚内某の首を取り、同じく家臣長野伝蔵業真も首級を取った。その他、直政軍は敵三百余人を討ち取り、さらに進撃して奮戦したが、援軍が無かったため、城下に撤兵した。このとき、家康は業真に南蛮象眼の鉄砲を与え、その他、軍功をあげた井伊家臣らを褒賞した。一方秀吉も、業真に最上栗毛鞍置馬、季用に南部黒の馬、紅裏の胴服、渥美源十郎広勝に兜、加藤権大夫某に具足、石黒伝右衛門某、岡左近某に時服を与え、また三浦十左衛門安久の功を賞して、直政に内書を送った。家康、秀吉ともに井伊軍の活躍を高く評価したのである。

七月五日、北条氏直が降参したさい、井伊直政は榊原康政に副（そ）って小田原城に入り、城受け取りの役を果たしている。

関東入国

天正十八年（一五九〇）、小田原落城後の八月一日、家康は秀吉の命を受けて関東に入国した。直政も領地を加増され計十二万石となり、上野国箕輪（群馬県高崎市）城主となった。直政は、その後家康の命を受け、関東防衛のため、碓氷峠（群馬県安中市）に関所を設けた。翌十九年七月、直政は陸奥国南部氏一族の九戸政実が起こした九戸一揆鎮圧のため岩出澤（宮城県大崎市）に赴き、命令により蒲生氏郷に従い、堀尾吉晴とともに、昼夜にわたり城攻めをした。九戸修理政実は降参したものの、なお残党が城中にいたため、氏郷と直政はこれを急襲し、多数討ち取りついに落城させた。十月、その戦功により、家康から感状が与えられた。

文禄元年（一五九二）、秀吉の朝鮮侵略のさい、家康は肥前国名護屋（佐賀県唐津市）に在陣したが、直政は江戸城の留守を命じられ、江戸城普請をおこなっている。このさい、名護屋陣所の家康から、普請に精を入れたことを賞せられるとともに、家康の子秀忠が若年であるので、留守の間、万事取り計らうよう指示を受けている。

秀吉が没する直前の慶長三年（一五九八）六月十六日、直政は京都伏見（京都府京都市伏見区）の家康屋敷を警固するために藤森（同）にいたが、伏見城下で騒動が起こったため、家康は、直政に原因を調べさせた。直政は、現地で探索し、石田三成と大野治長が、俄に屋敷に武器を集めていたため、人々がこれをあやしみ、騒擾となったと報告した。

この年直政は、家康の命により、上野国箕輪の居城を同国和田（群馬県高崎市）に移され、高崎城と名付けた。慶長四年（一五九九）正月十九日、家康は伏見の有馬兵部卿法印則頼の屋敷を訪れていたが、饗宴が終らないうちに、直政が急ぎ屋敷に来て、側の人々を退けて、家康に密事を告げ、速やかに帰宅させたという。二月には、堀尾吉晴が、家康と三成らの仲介に動いたことに対して、直政は、家康の指示を受けて吉晴と盟約を結んだ。直政が家康の意を受けて、情報収集し、また多くの人々と接渉していたことが知られる。こののち、家康が伏見向島に移るさい、直政は豊後橋を警固し、その後家康が伏見城に移ると、直政は伏見屋敷を受け取っている。

関ヶ原の合戦

慶長五年（一六〇〇）、会津（福島県）の上杉景勝が、軍備増強をしているとの情報が入ると、家康は、六月十八日伏見を出発、七月には江戸を発ち、直政も従った。この隙をついて、石田三成は挙兵し伏見城を包囲した。家康は、下野小山（栃木県小山市）で軍議を開き、上杉と三成のどちらを先に攻めるか議論させた。本多正信は、ここにいる諸将の妻子はみな大坂にいるので、停戦し、各人の領地を安堵したうえで、箱根の関所を境に、歴代の旧臣たちに堅守させることを提案した。しかし、井伊直政は、天が与えたものを取らないと、かえって殃を受ける。時は至った、すみやかに大軍で畿内に進撃し、天下を平定すべきと主張し、再び拝謁したいと述べて席を退いた。家康は、結城秀康を呼び、直政の志を褒めたという。

家康は、さらに直政と本多忠勝を呼び、諸将の意見を尋ねた。秀吉子飼いの武将福島正則と黒田長政は、三成を討つことを希望し、諸将も同意したため、評議は決まった。直政の進撃論が、採用されることになったのである。

八月一日、諸将が西に向かって江戸を発したさい、直政と忠勝も、諸将の監使役として、ともに東海道を上った。先鋒が、尾張国清洲（愛知県清須市）にいたると、諸将は人質を三河国吉田城（愛知県豊橋市）にいれ、家康に対して異心がないことを示した。

諸将は、家康の進発を待ったが、これが遅れたため逆に不信感を持った。直政と忠勝は、家康に書を送り、はやく出馬するよう要請した。十九日、家康は清洲に使者の村越茂助直吉を送り、諸将を集めて、書を示し上旨を伝えた。これにより、諸将は安心し、いよいよ岐阜城（岐阜市）攻撃を相談し、軍列を定めた。

このとき、細川忠興は、池田輝政と浅野幸長らは抑えとして城の搦手に向かい、福島正則、加藤嘉明、黒田長政は直ちに洲俣（墨俣、岐阜県大垣市）を渡って進軍することを提案した。しかし、輝政は敵と戦わずに、抑え役に回ることを承知しなかった。監使の直政らは、輝政が家康の舅家でもあるので、私によって公を軽んじてはいけないと諭し、輝政は納得した。この結果、正則を先鋒に、細川忠興、藤堂高虎、加藤嘉明らが岐阜城の大手に向い、搦手には池田輝政をはじめ、浅野幸長らが河田（岐阜県各務原市）を渡り進撃し

▶関ヶ原合戦図（彦根城博物館所蔵）

た。直政と忠勝は、監使として行動をともにした。

　二十三日、直政と幸長は瑞龍寺砦（岐阜市）を攻め落とし、敵十人を討ち取った。岐阜城も落とし、正則と輝政は、先陣を争い入城した。直政と忠勝は、ここでも輝政に対して、前に敵の大軍がいるのに、強引に功を争うのは忠義ではないと諫めると、輝政は納得し、正則に岐阜城受け取りを譲った。岐阜落城の知らせをうけ、九月一日、家康はようやく江戸を出発、十四日、美濃国岡山（岐阜県大垣市）に着陣した。石田三成は、これを聞き、家臣の嶋左近勝猛と、宇喜多秀家の部下の軍勢を合流させ、戦いをしかけた。徳川方は、中村一学一忠と有馬豊氏らが応戦した。しかし、彼らが苦戦すると、岡山から見ていた家康は、直政と忠勝を呼び、この戦いは勝っても益無く、負けると損になると述べ、直政らに加勢を命じたうえで、すみやかに引き上げるよう指示した。両名は、急ぎかけつけ、軍を指揮して撤退した。

　十五日未明、いよいよ家康は関ヶ原（岐阜県不破郡関ヶ原町）に陣をすすめた。家康方東軍の先鋒は福島正則であったが、直政は家康四男の松平薩摩守忠吉とともに進軍し、正則の陣を抜こうとした。すると、正則の家臣、可児才蔵某がこれをとがめ、今日の先陣は正則が承っている。これを先んずるのは何者かと言った。直政は、偽って斥候であると応え、さらに忠吉とともに先に進み、敵陣に討ち入り奮戦した。直政は、戦い疲れたため、しばらく人馬を休ませていたが、おりしも三成方西軍の島津義弘軍が敗れ、五百余騎を率いて牧田（岐阜県大垣市）に退くのに遭遇した。直政はこれを追撃し、島津豊久を討ち取ったが、島津軍も矢や鉄砲で防戦したため、味方の被害も大きかった。直政も被弾し、二ヶ所に傷を受けた。これにより、直政軍は撤退したが、このとき討ち取った首は、二百余級に及んだ。この関ヶ原合戦が終わると、勝利した東軍諸将は家康本陣に戻った。

忠吉は、傷を覆って家康の前に出た。ついで、直政も疵を受けた手を靭（矢を入れる筒）にかけて出たので、家康は心配し、自ら薬を与えた。直政は、諸将に対して、今日の戦いで、忠吉が先鋒の福島軍をこえて開戦したことを、皆は遺憾に思うかもしれない。しかし、いざ合戦となると、止むを得ないこともある。あえて武功を争ったわけではないので、忠吉の無礼をとがめないで欲しいと述べた。すると、家康から、直政の戦功は今日だけではないと褒められ、赦されたという。

十六日、直政は、三成居城の佐和山城に残る兵を攻める先鋒となり、筑前（小早川）中納言秀秋、脇坂中務少輔安治、同淡路安元、小川土佐守祐忠、朽木河内守元綱らとともに城を包囲した。翌十七日、直政は城の水の手に回り、火を放って乱入した。城兵は狼狽して防戦できず、石田隠岐守（正継）、同杢頭正澄、宇多下野守頼忠らは自害して落城した。

関ヶ原戦後処理

八月二十一日、西軍総大将の毛利輝元が、井伊直政を頼り和平を乞うと、家康は許した。二十四日輝元は大坂城を退き、木津（京都府木津川市）に向かった。直政と忠勝は、諸将とともに大坂城に入り、家康を迎えた。このとき、直政は家康の命を受け、忠勝、康政とともに関ヶ原合戦での諸将の活躍ぶりを調べ、天下の政事を相談した。

『寛永諸家系図伝』は、この時期のこととして、次のような文章を記している。「同十月、大権現大坂の御城にいらせられ天下一統のうへ、諸将をのく国郡を封ぜらる、のち直政を御前にめされて、天下の大戦をあらそひ度々先手の将として勝利を得る事まことに開国の元勲なり、これによりて今度の敵将石田治部少輔が居城ならびにかの領地これを直政にたまハるのむね仰いだされ、佐和山の城、同江州にをひて領地十八万石拝賜す」（傍点は大石による、以下も同じ）、すなわち家康が、「天下一統」を果たし、諸大名に領地をあたえるさいに、直政を呼んで、「天下の大戦」で、たびたび先手の将として活躍し、勝利に導いたことは、「開国の元勲」であると賞し、関ヶ原合戦の敵の実質的総大将であった石田三成の居城を与えるので、ここに移るよう指示し、同時に十八万石を与えたという。家康は、直政を「開国の元勲」として、称賛したのである。

同様の記事は、弘化三年（一八四八）に編纂された「井伊家系譜」（彦根藩井伊家文書、『新修彦根市史』第六巻史料編近世一）の直政の項に類似の記述がある。すなわち、「一、大坂御入城之後、於権現様御前天下之大戦度々為先鋒得勝利、開国之元勲ニ候得者、今度之敵将石田治部少輔居城并領地之内被下之旨上意ニ而、江州佐和山城致拝領、御加増六万石被下之、都合十八万石に相成候」と、関ヶ原合戦勝利後の大坂入城ののち、たびたびの天下の大戦の先鋒を務め勝利したことから、「開国の元勲」と賞したというのである。

さて、『日本国語大辞典』（小学館）によると、「開国」とは、「① 初めて国を造ること。建国」と、「② 外国とまじわりを始めること。また、外国との交流をすること」の二つが記されている。幕末の井伊直弼の「開国」が②であるならば、直政の「開国」は、近世国家を造る、建設するという意味で①にあたる。また、「元勲」について、同辞典は、「国家に尽くした大きな勲功。また、その勲功のある人……特に日本では、明治維新に大きな勲功のあった西郷隆盛、木戸孝允、大久保利通らをいう」と説明している。すなわち、徳川家康は井伊直政を、「開国の元勲」＝徳川国家形成の功労者、と評価をしたのである。幕末の「開国」より二五〇年余り早く、井伊家には徳川国家を建設した「開国の元勲」が存在したのである。

十月十二日、毛利輝元は帰国したものの、家康の怒りはとけず、秀忠に攻撃させるとの話もあったため、再び直政が輝元に代わって詫びをいれた。すると家康はこれを許し、輝元にこれを記した文書を与え、直政も輝元に、これを証明する文書を与えている。

同じく慶長五年十一月、家康は西軍に味方した長宗我部宮内少輔盛親の領地土佐国(高知県)を没収し、これを山内一豊に与えた。このさい直政は、家康に命じられ、属臣の鈴木平兵衛重好らを派遣し、浦戸城(高知県高知市)受け取りの事務を担当させた。十九日、重好らが浦戸に着陣するや、さっそく一揆が蜂起し、鉄砲を放って抵抗し、重好軍は多数傷を負った。鈴木重好は、指揮して舳艫に火を燃やし、一揆の船を一艘ずつ呼び寄せ、すべてに家康の上意を達した。しかし、一揆勢は重好を案内して、その地の節慶寺(雪蹊寺、高知県高知市)に入れ、四方を囲み、その長竹内惣右衛門らが、土佐半国を長宗我部盛親に与えよ、もし認めないならば浦戸城は渡さないと訴えた。重好は、自分の

▶佐和山から彦根城夕景

判断ではどうにもできないと答えると、一揆勢は、一郡だけでも与えるよう訴えた。しかし、重好は計略をもって、盛親の家臣桑名弥次兵衛一孝、南岡四郎兵衛某など十七名を説得し、同意させた。

十二月、直政は一戦をもって一揆勢を追捕し、首二七三級を討ち取り大坂に送った。また、家康の命により、土佐一国の仕置を沙汰し、これを新領主の一豊に渡した。家康は、直政の活躍を喜び、本多正信に奉書を与え、重好に指示した。『寛政重修諸家譜』は、この時期のこととして、「そののち、直政を御前にめされ、天下の大戦にしばしば先鋒の将として勝利を得こと、誠に開国の元勲なり」と、家康が、直政を「開国の元勲」と絶賛し、上野国高崎城から三成の居城近江国佐和山城（滋賀県彦根市）へと移し、六万石を加増し、上野・近江両国において計十八万石を与えたとある。徳川家康が、直政を「開国の元勲」と言ったのは、先の『寛永伝』の関ヶ原合戦直後か、あるいは、この『寛政譜』の土佐平定後か、さらには二度とも言ったのか、不明であるが、いずれにしても、最高の賛辞を与えたのである。

彦根城築城

翌慶長六年（一六〇一）正月、直政は従四位下に叙され、はじめて暇（いとま）を与えられ佐和山に赴き、翌七年二月一日、同地において、四十二歳で没した。戒名は祥壽院清凉奉安。その後、直政の二男直孝が寛永年間（一六二四～四四）に直政墓所として開基した清凉寺（彦根市）に葬られた。妻は松平周防守（松井）康親の娘であった。

さらに、「直政卒してのち同（慶長）九年の春、台命にのたまはく、佐和山の城地よろしからざるのあひだこれを彦根山にうつすべし、とて、すなハち御人衆仰付られ、石壁を高し隍塹（こうざん）を深してあらたに城を築き、かたじけなくも直政が子孫すへをかせたまふ」（『寛永諸家系図伝』）と、佐和山城が不都合であるという理由で、居城を彦根に移すよう、幕府から命じられた。諸大名に普請を負担させ、石垣を高く積み、堀を深く掘り堅固な城に造り、ありがたくも直政の子孫がここを拠点としたという。

『徳川実紀』によれば、慶長八年二月のこととして、「又このほど井伊右近大夫直勝が家司木俣土佐守勝拝謁して、旧主直政磯山（いそやま）に城築かんと請置しかど、磯山はしかるべしとも思はれず、澤山（佐和山）城より西南彦根村の金亀山（こんき）は、湖水を帯て其要害磯山に勝るべしと聞え上しに御気色にかなひ、さらばその金亀山に城築くべしと命ぜられし上、今の直勝は多病なれば、汝主にかはりて其城を守るべしと命ぜらる、時に守勝又申けるは、直勝多病なりといへども、其弟弁之助直孝とて今年十四歳なるが、父直政が器量によく似て雄略すぐれて見え候、此者今少し成長して兄直勝が陣代つかふまつらんに、何のおそれか候はんと申ければ、その直孝召つれ来れと仰あり、守勝かしこみ悦ぶ事斜ならず、速にともなひ見参せしめしに、其面ざし父に似たり、いかさまものの用に立べきものぞ、直に江戸へまかりて中納言（秀忠）によく仕へよとの仰を蒙る」（第一篇七六頁）と、直政の子直勝の家臣木俣守勝が家康に対して、前藩主直政は、磯山（彦根市・米原市）に築城すると言っていたが、佐和山城の西南の地彦根村の金亀山の方が、琵琶湖に接し要害として勝っていると言上した。家康は、これを聞くと納得し、金亀山に築城するように命じたうえで、子の直勝は病気がちであるので、木俣が彦根城を守るように指示した。これに対して木俣は、たしかに直勝は病気がちであるが、弟直孝十四歳が父直政に似て器量があり武勇にたけている、もう少し成長すれば、兄直勝の代理が務まるであろうと述べた。家康は、ならばすぐに直孝を連れてくるように命じた。木俣は大いに喜び、直孝を連れてきたとこ

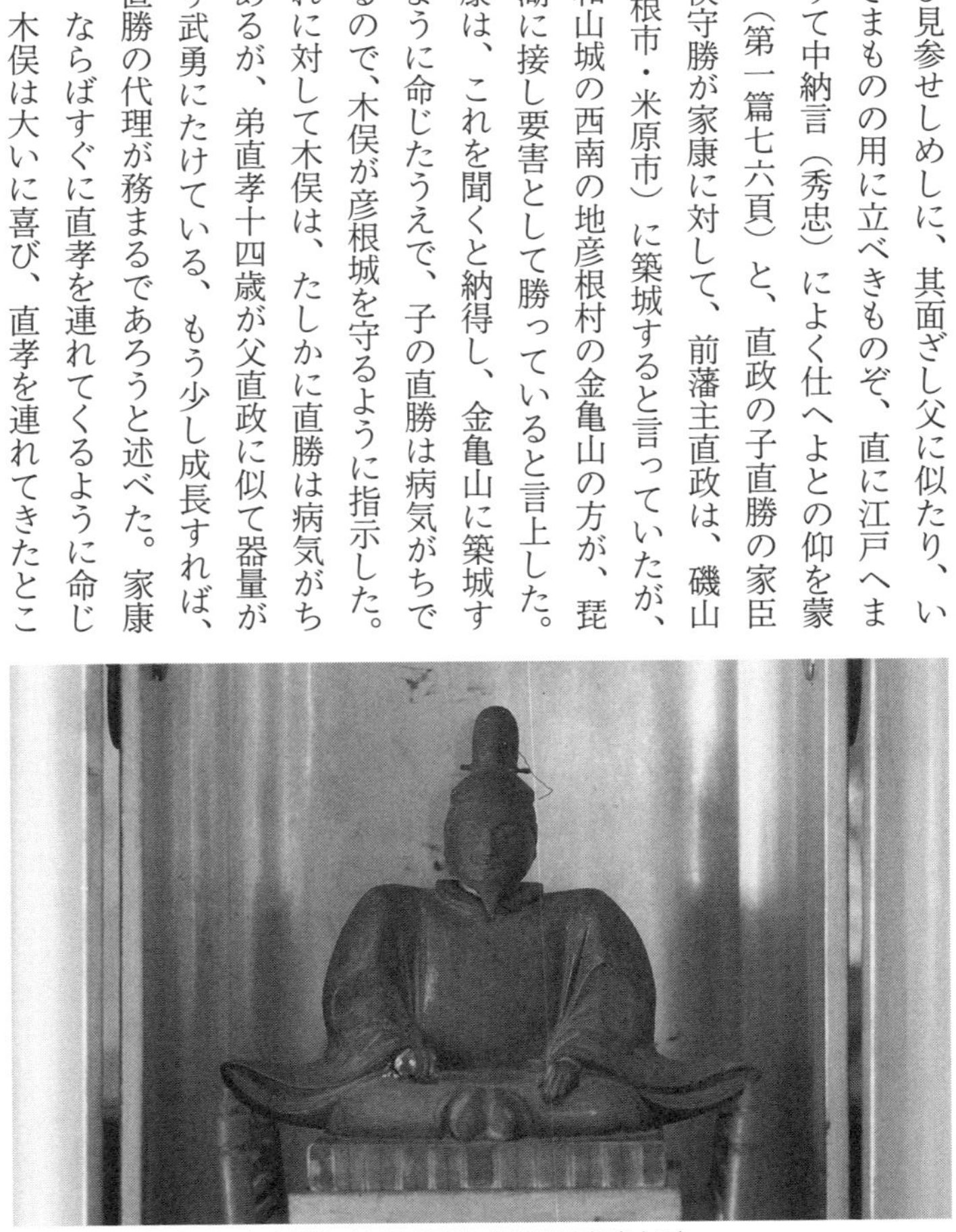

▶井伊直孝が自ら彫った直政像（大信寺所蔵／滋賀県彦根市本町）

ろ、家康は、直孝の顔立ちが父直政そっくりであることから、きっと役立つ人物と思い、すぐに江戸に赴き、二代将軍秀忠に仕えよと命じたことが記されている。

この彦根築城については、『寛政重修諸家譜』の直勝の項に、「(慶長)九年、佐和山の城地よろしからざるにより、同国彦根山にあらたに、城を築べきむね台命をかうぶり、尾張、美濃、飛騨、越前、伊勢、伊賀、若狭七国の諸将おほせをうけたまわりて、其経営を助く、七月十五日台徳院殿より小澤瀬兵衛忠重を御つかひとして、その事を労はせたまひ、御書を下さる、功なるの後、その城にうつり住す、慶長十年三月十四日台徳院殿洛にいらせたまふの時、彦根城に渡御あり、九月十六日東照宮伏見より江戸に帰御のときも、またこの城にわたらせたまふ……のち両御所御上洛の時、しばしばならせたまふ」と、佐和山城の立地が悪いので彦根山に築城するように秀忠から命じられ、尾張など七か国の大名たちに普請を手伝わせた。その後、秀忠や大御所家康が、京都への往復のさい、たびたび彦根城で休憩したことが記されている。彦根築城が周辺諸国の大名たちの課役とされ、一大名の居城を越えて「公儀の城」の性格を強くもったこと、そして、家康、秀忠父子が井伊家を信頼し、何度も彦根城に立ち寄っていたことが知られるのである。

なお、先の井伊直孝について、『翁草(おきなぐさ)』巻五には、「井伊掃部頭直孝は直政の二男なり、大坂御陣の砌は直政已(すで)に没せられ、嫡子右近太夫直勝父の跡を相続せられしが、直勝生得不器多病の人にて、此御陣にも弟掃部頭を陣代に出されけるに、掃部頭直孝は父に不劣抜群の将にて、此時の功諸手に勝れし故に、両御所御感の余り、御陣後直孝に本家相続仰付らる、兄直勝は嫡子ながら、本家を直孝に渡すべきとの鈞命なり、直孝固辞せらるれ共、押て上意の上、遮て辞退有らば家禄を減ぜらるべし、さ有らば父直政の功空しからむ、忠孝の為に、御請を申さるべしと閣老の内意故、是非なく本家相続せらる、依之小身ながら直勝の家を嫡家として、父直政の官名兵部少輔を此家に名乗らるゝは此謂なり」と記されている。

すなわち、大坂の陣のさいには、直政はすでに亡くなっており、嫡子直勝が跡を継いでいたが、直勝は生まれつき病身で武将の能力を欠いていた。一方、弟の直孝は父直政に劣らぬ抜群の働きをしたので、家康、秀忠ともに感激し、直孝に本家相続を命じた。嫡子の兄直勝から本家を弟直孝に代えるという指示である。直孝は固辞したが、閣老らが、上意を断ると井伊家の禄高が減らされ、父直政の軍功が無に帰すことになる、忠孝のために請けるように説得した。このため、直孝は止むを得ず了承し、本家を相続した。この結果、兄直勝は、小身でありながら、嫡家として、代々直政の官名の兵部少輔を名乗るようになったことが記されている。こうして、井伊家は、本家と嫡家が生まれ、それぞれの歴史を歩むことになるのである。

以上みてきたように、井伊家初代直政は、家康のいくつもの「大戦」に参陣し、数々の戦功をあげ、ついに家康が、「天下分け目」の「関ヶ原の合戦」に勝利し、あたらしい時代の幕を開けると、家康から、「開国の元勲」と絶賛されたのである。『寛永諸家系図伝』や『寛政重修諸家譜』は、この話を重要な史実として記している。これらによれば、江戸時代の幕開け＝「開国」は、まさに井伊直政によって、達成されたことになる。

　この二百五十年後の嘉永六年（一八五三）七月二日付の井伊家臣犬塚青山の井伊直弼宛上書には、井伊家を「第一藩屏之御家」、すなわち徳川家を守る筆頭の家と位置づけ（『大日本維新史料・類纂之部三』、一九六三年）、一一四頁）、また同月四日付の同家臣加藤庄九郎他三名の上書には、「御当家者徳川家随一之御義ニ御座候得者、彌（いよいよ）御武威御盛ニして御忠勤被遊候」（『同前三』一二一頁）と、井伊家を徳川家中随一の家と自負し、さらには七月二十三日、家臣三浦内膳の直弼宛上書には、「御当方様（井伊家）ニ者御格別之御家之御儀ニ付、御昵近之御勤御大切之御儀ニ御座候」（『同前三』一四八頁）と、特別の藩としている。また、同年八月、宗福寺の僧大禅は、上書のなかで、「東照神君数百年之乱を治平に被為成候節、祥寿院殿（直政）天下第一之御補佐之任に被為在、是迄泰平三百年近く相続、吾朝前代未聞、難有御世始り」（『同前三』二一一頁）と、家康が戦国時代百年を平定したさい、直政が第一の補佐役の任務を果たしたと評している。

　井伊直政は、近世国家・社会（「平和」、太平）を切り拓いた「開国の元勲」として、また、直政に始まる井伊家は徳川家第一の大名家として、近世を通じて誇ったのである。

井伊直弼の「開国」と「彦根遷都論」

さて、直政の「開国」から二百五十年後、本家直孝家の子孫にあたる十三代藩主井伊直弼は、当時激化していた攘夷論を弾圧し、アメリカ合衆国など五か国と通商条約を結び、貿易を許可した（安政五か国条約）。当時、この外交政策は、それまでの「鎖国」に対して「開国」とよばれた。直弼の「開国」は、徳川譜代派の強力な幕政主導を目ざすものであった。しかし、関ヶ原合戦後の直政による「開国」に続く、直弼による「第二の開国」は、結果的には徳川外交体制を崩壊させ、諸外国（世界）との新たな国際関係を築く幕開けにもなった。

直政の「開国」から直弼の「開国」まで、豊臣家滅亡の大坂の陣を除いて、日本社会は、戦争（内戦）を経験しない「平和」の時代を経験した。新開地（フロンティア）彦根に建てられた彦根城は、この間まったく戦争を経験せず、「平和の城」＝「行政の象徴」として存在した。

そして、長い「平和」の時代を通じて、彦根が培った文化、芸術、学問は、高い水準へと到達したのである。そして、それは「王都」京都と隣接するという地理的環境ともあいまって、京都に代わる「副王都」の役割を期待されるまでになった。具体的には、幕末動乱のさなか「彦根遷都（せんと）論」として、人々に噂されるようになったのである。

この噂は、井伊家史料の安政元年（一八五四）六月十六日付の藩校弘道館素読役の西村文太夫他四名の家老新野親良宛の上申書によると、「惣而禁中勿論、二条御城迚も格別御備向御厳重与申ニも無之御場所ニ而、指当り右様之義出来致し候得者、彦根江御遷幸ニも可相成杯与先達而ゟ専風説有之由之所」（『大日本維新史料類纂之部・井伊家史料三』三七五頁）、同年六月二十四日付の直弼宛の上申書には、「自然之節者奈良歟彦根江御遷幸ニ可相成杯与禁中ニ而者専ら風説も有之候由」（『同前三』三八三頁）、同年十一月二十二日付の直弼宛の家臣の上書には、「京師ニ万々一大変有之候節者、時宜ニより御守護被遊候而、彦根御城へ御遷幸之義御取扱之御深慮も可被為在御義哉と奉恐察候」（『同前三』四九八頁）と見え、外国船到来に伴う異変が起きた場合、天皇が彦根（あるいは奈良）に移るとの朝廷内部などの噂を記している。

また、大坂では、松代藩士で儒学・兵学者の佐久間象山（一八一一〜一八六四）に関して、「近日奸賊会津・彦根之二藩与シ、同ク中川宮ニモ事謀、恐多モ九重御動座彦根城ニ奉移義ヲ企」（馬場弘臣編集・監修『史料叢書「幕末風聞集」』東海大学付属図書館所蔵史料翻刻、東海大学「風聞集」研究会、二〇一〇年）と、象山が会津・彦根両藩の力を借りて、尊攘派に制圧された京都から、天皇を彦根に移すとの噂があった。

さらに、攘夷派の公家東久世通禧は、直弼の指示を受けた老中間部詮勝が上京するころ、京都において、「間部下総守が上京のころは皆な前途を気洗問てどんな変動が起るかと心配した。其頃は誰が言出したともなく、幕府は承久の先例に拠て主上を廃し奉り彦根へ御遷し申すなどと云ふ説もあり、酒井所司代も間部も大勢の供を連て上京する抔とも言ふ」（『幕末維新史料叢書三・竹亭回顧録維新前後』新人物往来社、一九六九年）と、直弼ら幕府が、鎌倉時代の承久の変と同様、天皇を廃して、彦根に遷座するとの噂があり、東久世らが警戒したことを記している。廃帝については、豊後岡藩士の小河一敏（一八一三〜一八八六）が著した『王政復古義挙録』（幕末維新史料叢書五、新人物往来社、一九六九年）にも、井伊直弼に続き、老中安藤信正が襲撃された坂下門外の変ののち、文久元年（一八六一）十二月のこととして、「偖其由を聞くに関東にて廃帝の先蹤さまざま御取調ある由確かに聞へぬ、若しさる事ありては悔ゆとも及ばず」と、関東の幕府が、廃帝の前例を調べていることを確かに聞いた、もしそのようなことがあっては、悔いても及ばないとの記事が見られる。また、元幕臣の福地源一郎も、坂下門外の変のさいの尊攘派の趣意書のなかに、当時の幕府では、和宮降嫁が受け入れられない場合、「天子の御譲位を奉醸候心底にて既に和学者に申付、廃帝の古例相調へさせられ候始末実に将軍家を不義に引入万世の後まで悪逆の御名を流し候様取計ひ候所業」と、孝明天皇の譲位と廃帝が検討されていたことが記されている。

そして、松代藩家老の真田桜山（一八二〇〜一九〇一）は、「一誠斎紀実」において、佐久間象山の言として、「倩（京都の）形勢を察するに、防禦の利、決してあるべからず、君今日駅（大津）に来られたるは実に天幸と謂うべし、須く此処に賀を止められ、玉座を井伊掃部頭が彦根城に移さんことを建白ありて、琵琶湖御渡船の警衛を勤めらるべしと陳述せり、其意、一朝彦根城へ遷幸の後は、遂に皇居を東国に遷し、天子を挟み西諸侯の力を抑え、幕府を佐けて天下に令せんと、会津を始め、其他数名と密議して、此挙に及びしなり」（松本健一『日本の近代1 開国・維新一八五三〜一八七一』中央公論社、一九九八年）と、佐久間象山らが天皇を大津から琵琶湖経由で彦根に移し、さらに居所である御所を東国に移し、天皇を抱えて西国大名の力を抑えようと、会津藩などと画策をしていることを記している。

また、幕臣で一橋家家臣となった明治期の実業家、渋沢栄一（一八四〇〜一九三一）は、『徳川慶喜公伝1』（東洋文庫、一九六七年）安政五年（一八五八）六月ころの記事として、「初め京都に流言あり、『井伊大老上京して主上を脅し奉り、鳳輦を彦根に徙さんとす』と。固より無根の言なるが、久我・中山・正親町三条の諸卿は、之を伝聞して容易ならずとなし、遂に鷹司太閤、中山大納言より、前後宸聴を汙すに至れり」（一九五頁）と、直弼が上京し、力によって天皇を彦根に移すとの噂が流れ、公卿たちが動揺していることを記している。同じく『徳川慶喜公伝3』の元治元年（一八六四）七月には、「此頃流言あり『尹宮は会津・桑名・彦根の三藩と謀り、畏くも鳳輦を彦根城に移し奉らんとす、これ幕府の徴士佐久間修理（啓、象山と号す）の建策に出づ』と言ひ伝へしが、七月十一日、修理は三条木屋町に於て浪士の手に殺害せらる（或はいふ刺客は肥後藩士川上彦斎等なりと）」（六四頁）と、象山の計画をもとに、朝廷親幕派の親王尹宮が、会津、桑名、彦根の三藩と共謀して天皇を彦根に移そうとしていたことも記されている。

さらにまた、福岡県出身の枢密顧問官末松謙澄（一八五五～一九二〇）は、明治に編纂した『防長回天史』（上巻、柏書房、一九六七年）において、安政五年（一八五八）五月「幾も無く井伊大老車駕を彦根に迎んとするの説、巷間に伝はる、松陰慷慨大義に殉ずるの念愈々禁ぜず、盛に排幕の議論を唱ふ」（一五九頁）、七月「時に朝廷幕府と益々相容れず閣老間部詮勝将さに幕命を含んで京都に入らんとし大老井伊直弼龍駕を彦根に移すの流言あり」（一五四頁）と、大老の井伊直弼が天皇を彦根に移そうとしているとの噂があったことを記している。

その他、元治元年（一八六四）七月十一日、佐久間象山が暗殺されたさいの斬奸状にも、「松代藩佐久間修理、此者元来西洋学を唱、交易開港之説を主張シ、枢機之方々江立入、御国是を誤候大罪難打捨置候処、剰近日奸賊会津彦根之藩々与同し中川宮ト事を謀恐多も九重御動座彦根城江奉移候儀を企唯今其機会を窺候大逆不同（道）不可容天地国賊ニ付、即今日於三条木屋町加天誅畢、但日尽之儀ニ付、斬首懸梟首候儀ハ差免者也、元治元年七月十一日　皇国忠義士　右之通三条橋ニ張札有之、修理儀同十七日七ツ比馬上ニ而旅宿江帰り懸ケ本文之所江拾壱弐人出合被切捨候事」（日本史籍協会編『日本史籍協会叢書52・甲子雑録一』東京大学出版会、一九七〇年）と、象山が会津・彦根両藩と協力して、天皇を彦根城に移すよう計画したことを批判している。別の斬奸状の記録では、「会賊（会津藩）の姦曲（かんきょく）・邪謀（じゃぼう）は天下の知る所にて、一々縷説に及ばず候ところ、差向候右事件は、此度長州士尊攘の大義あり立て候より歎願され、上国（上洛）致し候ところ、会賊等尊攘の大義を拒み、恐れ多くも鳳輦（天皇の乗物）を移したてまつって已れを免れん大逆の奸謀を巧み、去る六月二十八日の夜、佐久間修理（象山）を以て、伏見に出張致しおり候彦根の者に内密申し含み候次第は、主上御開にあい成り候節は、湖上御渡り遊ばされ候哉、と相談候ところ、彦根よりの答に当時大津表へ舟数些少候えども、彦根表江申越候わば早速手当致すべしと申、直に即夜急飛を以て彦根表へ申越、時機を窺い候事、悎成る蹤跡（しょうせき）これ有り」（松本『日本の近代1・開国・維新一八五三〜一八七一』）と、象山が会津藩と彦根藩を動かして、琵琶湖を利用して天皇を彦根に移す計画が記されている。

　これらの「彦根遷都論」の背景には、岡山藩士湯浅常山『雨夜燈』（井上哲次郎監修『武士道全書』第九巻、国書刊行会、一九九八年）に、「彦根は、湖上より船にて、都にゆく便（たより）よかりしかば、太平の後は、彦根の士ども大いに驕り、風俗あしく、衣服美麗になりし」と、琵琶湖水運を通じて京都との便がいいので、彦根藩士は、平和がつづくにつれて贅沢になったとあるように、京都との地理的近さに由来する文化の影響の大きさがあった。

　佐久間象山をブレーンとする彦根、会津両藩の「彦根遷都論」は、まさに彦根の歴史・

文化が、天皇や公家を迎えるに足る水準に達したことを示すものでもあった。江戸初期、新開地として出発した彦根は、二百五十年余の「平和」のなかで、天皇・公家らの「副王都」の可能性を獲得するまでに至ったのである。

幕末期の大老井伊直弼は、こうした彦根の「文化力」を背景に、強力な政治力を発揮して、「第二の開国」を断行したと言えよう。

おわりに ― 彦根からの発信「第三の開国」へ ―

以上、江戸初期に、徳川家康から「開国の元勲」と絶讃された井伊直政の活動をみた。二百五十年余に及ぶ江戸時代の「平和」と「文明化」は、まさに井伊直政によって切り開かれたのである。直政の武功を中心とする活動は、家康の強い信頼を勝ち取り、その子孫は、彦根藩三十五万石、譜代筆頭という地位を獲得・維持したのである。

そして、二百五十年後の幕末、直政の子孫十三代直弼は、世に知られる「第二の開国」を断行した。これは、国内的には、大規模かつ厳しい政治的弾圧（安政の大獄）をともなうものであったが、対外的には、軍事的衝突、戦争を避け、平和裡に展開された「外交」であった。

しかし、直弼の専制的・強圧的な政治は、結果的には幕府の権威と権力を衰退させ、反幕、倒幕の雰囲気を強めていった。徳川日本は、井伊直政の「第一の開国」によって幕を開け、井伊直弼の「第二の開国」によって幕を閉じたのである。

さて、直弼の「第二の開国」から百六十年たった現在、私たちは、二十一世紀の「グローバリズム」のなかで、あらたな国家、社会のあり方を問われている。そして、それは、私たちが「日本のみの平和や繁栄」を許されない段階に立ち至ったことも示している。地球の一部で起きる戦争、テロ、災害、環境破壊、貧困、流行病、そして経済変動などが、直接・間接に、日本に深刻な影響を与えるからである。

日本のみならず世界は、今後地球規模での「平和」と「文明化」を達成しなくてはならない。世界各地の紛争、テロ、貧困、流行病などのニュースに接するとき、世界に繋がる日本発の「第三の開国」の必要性が強く認識される。日本史上、二度の「開国」を主導し、この間「平和」のもとで文化、文明、教育を発展させ、『副王都』にまで成長してきた「彦根」の役割は、決して小さくない。「第一の開国」「第二の開国」を主導した大名井伊家とともに発展してきた彦根市が、この「第三の開国」にいかに寄与するのか、市民の視点、感覚が問われることになるのである。

▶井伊直政灰塚（長松院／滋賀県彦根市中央町）。慶長７年（1602）、直政は死去し遺志により善利川の中洲、渡島で荼毘に付され、この地に骨灰遺物を埋葬した灰塚が建立された。灰塚は明治34年（1901）、直政公三百回忌の際に整備された。石碑は西村捨三の揮毫

彦根のラストエンペラー

河合　敦

安政七年（一八六〇）三月三日、大老の井伊直弼が桜田門外で水戸浪士らに暗殺された。これにより、井伊家の命運は大きく変わる。直弼の首は藩医によって胴体と縫合し、生きていることにして幕府に遭難届を提出した。家名の存続のためだった。ただ、この措置は、井伊家が望んだものではなく、幕府の指示であった。主君が殺された彦根藩では、捕縛された浪士の引き渡しを強く求めたり、奥女中までもが武装し、水戸藩邸に攻め入って仇を討とうと叫びはじめていた。もし市中で武力衝突が起こったら一大事なので、幕閣は最悪の事態を防ぐため井伊家の慰撫につとめたのだ。家名存続もその一環だった。

三月三十日、直弼は病気を理由に大老を辞職、翌月の閏三月晦日（二十八日）に公式に直弼の喪が発表された。そして四月二十八日、直弼の子・愛麻呂（よしまろ）が正式に藩主に就任する。愛麻呂は直弼の側室・里和が生んだ子で、まだ十三歳だった。この人物こそが、井伊家最後の藩主・井伊直憲（なおのり）である。本稿では、そんな彦根のラストエンペラーについて、幕末維新の激動とともに詳しく語っていこうと思う。

幼君を奉じて井伊家を支えたのは、家老の木俣清左衛門（きまたせいざえもん）と庵原助右衛門（いはらすけえもん）、直弼の懐刀として活躍した宇津木六之丞（うつきろくのじょう）と長野義言（ながのよしとき）だった。しかし文久二年（一八六二）、直弼と対立した一橋派が幕政を握った。彼らは安政の大獄という直弼の仕打ちを恨んでいたので、彦根藩は意趣返しをさける必要にせまられた。

ここにおいて、井伊家で政変がおこった。藩内尊攘派の若者や軽輩たちが、志士を弾圧した長野義言の処罰を求めて家老の岡本半介(おかもとはんすけ)の屋敷に殺到したのだ。岡本は尊攘派であり、直弼時代には敬遠されていた。岡本は彼ら怒りをなだめ、自ら藩主直憲に長野らの処分を直訴した。このとき十五歳の直憲は「すべてお前にまかせる」とその仕置きを一任した。こうして岡本は藩の実権をにぎり、長野義言や宇津木六之丞を処刑し、藩政を一新したのである。

だが、それからまもなく激震がはしる。同年十月、幕府から十万石削封の内命が伝えられたのだ。三十五万石のうち十万石を召し上げられるというのは、彦根藩にとってすさまじい経済的打撃だ。仰天した藩士の加藤吉太郎は脱藩して江戸へおもむき、十一月七日、老中井上河内守の屋敷で減封内定の撤回をもとめ、腹を割いた。続いて岡本半介らが執筆した意見書をもった遠城平右衛門ら八名が先の井上邸へ出向いて、決定の取り消しを強く依願した。それでも事態が改善する気配がなかったため、岡本自身が彦根を発ったが、その途中、幕府の正式な通達をたずさえた彦根藩の使者と遭遇し、結局、泣く泣く減封を受け入れることになった。

この冷酷な仕打ちに対し、藩士たちの気持ちは徳川家から離れたが、岡本ら藩首脳部は、京都で政治力を発揮する一橋慶喜(ひとつばしよしのぶ)らに接近、うばわれた旧領の回復をはかろうと、藩主直憲が徳川将軍家の日光代参をつとめたり、天誅組の変や禁門の変に積極的に兵を出したり、第一次長州征討で先鋒をつとめたりと、涙ぐましい努力をした。結果、没収された十万石のうち三万石を回収できたものの、残りは音沙汰のないまま過ぎていった。

慶応二年（一八六六）の第二次長州征討でも、直憲は兵を率いて周防国の岩国城攻撃に参加した。しかし、芸州口の戦いで長州軍に圧倒され、苦戦を強いられてしまう。結局、戦いに敗れた幕府軍は、将軍家茂の死去を理由に勝手に停戦を決めて兵を引いたが、これで一気に倒幕の流れが進むことになった。

同年十二月、直憲は長州征討での敗北と藩の財政赤字を受け、家中に五年間の倹約を命じた。すでに直憲は綿服を着るなど質素倹約に励んでおり、このたびは家臣にも綿服の着用を命じ、贅沢な贈答や餞別、屋敷の新築、若者の酒宴などを禁じ、武備の充実をはかろうとしたのだ。すでに同年夏からは洋式銃隊への転換を断行しており、西洋砲術の研究や訓練もはじめていた。

倒幕派の勢いが増すなか、慶応三年（一八六七）十月、将軍慶喜は大政奉還をおこない、二百六十年続いた江戸幕府は幕を閉じた。朝廷はその翌日、十万石以上の大名に対し十一月中の上洛を命じた。ところが参集したのはわずか十六の藩主に過ぎなかった。しかも大藩と呼べるのはわずか四藩。その中に井伊直憲の顔もあった。まことに素早い対応といえよう。

それから一月も経たない十二月九日、倒幕派のクーデターによって明治天皇が王政復古の大号令を発し、朝廷を中心とした新政府が誕生する。その夜の小御所会議で、慶喜の内大臣罷免と領地の一部返還（辞官納地）が決定された。倒幕派が徳川家の暴発を誘っているのは明らかだった。このため在京している彦根藩士たちのあいだで、朝廷につくか、徳川につくかをめぐって藩論が分裂した。家老の岡本半介や木俣土佐は「慶喜のいる二条城へ駆けつけるべきだ」と主張したが、谷鉄臣、家老の新野親良らは「新政府につくべきだ」と反対した。結果、彦根藩は兵を二条城に派遣したものの、直憲自身は二条城へ行かぬ決断をしたようだ（異説あり）。

十二日、慶喜は旧幕臣や会津・桑名兵などを引き連れ、おとなしく京都から大坂城へ移動した。諸大名がどう動くかを静観しようとしたのだろう。このとき彦根藩は、家老の貫名筑後守を将として藩兵を大坂城へ派遣、執政の岡本自身もやがて大坂へ向かっている。その一方で、新政府の三条実美の家来に「新政府側につく」と伝えたようだ。というのは、公家の岩倉具視が薩摩の大久保利通に宛て「彦根藩が味方するという連絡が三条家からあった。たとえウソであっても、大いに新政府方の志気が上がるだろう」と記しているからだ。

十二月十五日、直憲は京都を離れる決意をかため、病気療養を理由に朝廷に対して帰国を願い出た。しかし許しが出ないので再度申請したところ、新政府は「滞京したままで加療せよ」と帰国を認めなかった。井伊家の離反を恐れるとともに、譜代の代表格が新政府のある京都にいることで、情勢が有利に働くと判断したのだろう。

ここにおいて井伊直憲は、覚悟を決めた。十二月二十三日、直憲は新政府に対し「私は病気となったので養生のため帰国を願いました。しかし、思し召しをもって滞京して療養に勤めよというお言葉をいただき、ありがたき幸せ。よく熟考してみれば、もはや帰国している時節ではありません。病中ですがこのうえは奮発し、死力を尽くして禁裏を守衛する覚悟です」と決意を述べたのである。このとき直憲はまだ二十歳の若者であった。

新政府は大いに喜び、彦根藩に鳥羽街道沿いの四塚関門の警備を命じた。

それから数日後の慶応四年（一八六八）正月三日、鳥羽と伏見で新政府軍（薩長軍）と旧幕府軍の武力衝突が勃発、旧幕府軍が敗れた。ただ、関門警備をにない、大津にも警備兵を派遣していたことから、彦根藩は戦いに参加しなかった。なお、慶喜は船で江戸へ逃げ戻ったので、七日、朝廷は慶喜を朝敵としてその追討を諸藩に命じた。これにより大勢は決したのである。

一月十日、新政府は彦根藩に桑名征討を命じた。桑名藩主の松平定敬（さだあき）は、旧幕府軍の主力となって新政府軍に敵対、慶喜に同行して江戸へ逃れていた。ただ、彦根兵が四日市に着陣すると、桑名藩のほうから降伏を申し出てきたので、あっけなく役目は終わった。二月六日、今度は東山道先鋒を命じられる。ただ、のち後軍に変更となり、ほとんど戦わないまま江戸の板橋宿の警備を担うことになったのである。

そんな二月八日、直憲は家中に向けて次のような通達を発した。

「王政が復活し、世が一新したからには、藩内の因循姑息な者たちは断然排除する。一同すみやかに奮起し、同心協力して一藩和睦の心構えを持て。時勢にかなう意見は採用するので、有志の者は積極的に申し出よ。賄賂をむさぼり、卑劣な人間がいれば厳罰に処す。門地や身分にかかわらず、賢く才能のある者をその器に応じて登用する。ゆえに、それぞれ文武芸道に励むように」

このように、藩主自ら新しい世の到来と人材の登用を宣言、人心を引き締めたのだ。

板橋宿の警備をまかされた彦根藩は、三月晦日、宇都宮藩から援軍の要請で四月二日に粕壁（かすかべ）に着陣したところ、「下総国流山に旧幕府軍がいる」との情報を得た。そこで現場へ急行し責任者に事情聴取をおこなった。このとき彦根藩士の渡辺九郎左衛門（わたなべくろうざえもん）は、責任者の大久保大和なる男が顔見知りの新選組の近藤勇（こんどういさみ）だと気づいた。このため上官にその旨を伝えると、彼らは近藤を板橋宿まで連行し、本人と認めさせたうえで捕縛したという。

四月十六、十七日に下野国小山宿において、彦根軍は大鳥圭介（おおとりけいすけ）率いる旧幕府脱走軍と遭遇戦になった。大鳥が率いるのはフランス士官から訓練を受けた精鋭の伝習隊だった。敵は続々と新手を繰り出してきたので、寡兵の彦根藩三小隊を中核とする新政府軍は撤退を決めた。しかしこのとき、遅れた青木貞兵衛（あおきさだべえ）の小隊が敵の大軍に囲まれてしまう。宿内の屋敷に立て籠もった青木小隊は銃弾が撃ち尽くし、最後は銃を捨てて白刃をかざして敵陣に突入、多くが討ち死にした。小山の戦いでの彦根藩の犠牲者は十一名、負傷者は多数に

▶青木貞兵衛錦絵当世武勇伝（彦根市立図書館所蔵）

のぼった。

　その後彦根軍は、宇都宮、日光周辺、白河、浅川、会津など各地を転戦して十月に東京へ凱旋した。戦争に参加した藩士は総員一二七〇名。うち二十九名が死亡し、三十三名が負傷した。なお、戦争すべてにかかわった藩は、徳川譜代では彦根藩をふくめわずか三藩に過ぎなかった。そんなこともあって、薩摩の大久保利通は「彦根の井伊掃部頭（直憲）はとても活躍している。ここで奮闘してこれまでの罪（尊攘派への弾圧）を償いたいということだろう。世の中というのは意外なものだ」とその積極さに驚いている。

　こうした功績を賞せられ、彦根軍を率いた河手主水は戦後、天皇や有栖川熾仁親王に拝謁、戦功を賞せられ、太刀や賜金を与えられた。さらに明治二年六月、新政府は賞典として井伊直憲に佐賀藩主鍋島直大と同じ二万石を下賜した。

　明治二年正月、直憲は朝廷に参内して明治天皇に拝謁し、二月二十五日には天皇の東京への行幸のさい先駆けをするようにとの命を受けた。同月、直憲と有栖川宮熾仁親王の息女との縁組みが整った。これにより、井伊家は天皇家と縁戚関係になったのである。

　同年の版籍奉還によって形式的に領土と人民は朝廷（天皇）のものとなるが、他藩主同様、直憲はそのまま知藩事に就任して藩政をとった。直憲は藩政改革の断行を決意し、同年八月、家中に対し「私は政府の知藩事として改革に全力を尽くすつもりだ。朝廷も世界の情勢を洞察して万事改正しようというご趣旨ゆえ、私も国家のために協力していく所存だ。もし古い習慣にこだわり、妄言を吐く者がいたら厳罰に処す」と公言、翌月、明性寺に会議局を設置し、広く衆議を参考に藩政を進めるとして、有志からの意見をつのった。

直憲は軍事改革にも力を入れたが、明治三年閏十月に出した「常備兵隊長隊下官員心得」は注目に値する。小隊長の選出は、隊員の選挙でおこなうという一文があるからだ。

明治四年七月、大久保利通と木戸(きど)孝允(たかよし)が中心になって廃藩置県が断行され、彦根藩も地上から消滅した。このおり知藩事は東京居住を命じられ、直憲も彦根の地を離れることになった。出発のさい直憲は士卒らに惜別の言葉を与えた。

「このたび東京へ行く。しばらくお前達とも会うことができないので盃を与えた。これまで心を配り協力してくれたことに深く感謝する。これからも皆が協同勉励して皇国のために尽すことを期待している。先だって町内の長老や郡の総代たちを招き、私が去った後も心得違いの者が出ぬよう諭しておいた。一同も納得してくれたと思う。どうか私が去っても、朝廷の趣旨を外さないようにしてほしい」

こうして東京に居を移した直憲は、翌明治五年十月から翌年十一月までの一年間、西洋へ遊学する。明治政府は華族(旧大名)に海外留学を奨励しており、この時期、多くの華族が欧米を見聞していた。直憲もその一人であった。

直憲は洋行前にプロシア人のアルノルドから英語を学び、弟の与板藩主・井伊直安(なおやす)、アメリカ人アーモンド、旧藩士の西村捨三(にしむらすてぞう)、橋本正人、河上房申らを連れ、十月二十四日に横浜から出発、約一年かけてアメリカ、イギリス、フランスなどをめぐった。

直憲は留学中に日記や手紙を残しており、それにもとづいて京都薬科大学の鈴木栄樹氏が「最後の彦根藩主井伊直憲の西洋遊学―一大名華族の西洋体験」（『彦根城博物館叢書1 幕末維新の彦根藩』彦根藩資料調査研究委員会編、彦根市教育委員会発行所収、二〇〇一年）と題して詳細に直憲の行動を紹介されている。

鈴木氏の研究によれば、直憲一行は十一月十一日にサンフランシスコに到着し、一週間ほどを観光をして過ごし、初めての寝台列車でニューヨークへ向かっている。ニューヨークでは、英語教師グリーンが直憲の見聞を広げてくれた。セントラルパーク、芝居、さらに火事の現場にまで連れて行ってくれたのだ。グラント大統領の就任式も見物し「大統領グラント氏出席にて、誓約書を高声読上ける。諸兵隊は捧銃の礼并大炮隊は銃炮等致す。（略）諸見物人も皆々式の節には帽を上け、祝礼を行ふ（略）本日の見物人は、実に数多に有之、依て其群集混雑は不可言、亦盛大なる事可思也」（前掲書より引用）という感想を日記に残している。仲間と連れだってナイアガラの滝も見物した。「巨流勇奔雲生雷鳴の形趣との如きは難筆口に尽」と圧倒され、さらに下から滝を見上げ「実に盛大なる事、壮観なり」（前掲書より引用）と感激している。

四月にはイギリスのロンドンに滞在。一八五一年の万博でつくられた水晶宮や動物園、劇場などを見て回った。その後、フランスのパリにも滞在し、オーストリアにも足をのばして万博を見物した。こうして近代文明を吸収し、同明治六年十一月十五日に帰国したのである。

帰国してみると、明治政府は征韓をめぐって真っ二つに分裂し、西郷隆盛、板垣退助、江藤新平など政府の有力者が下野した直後であった。板垣退助らは民撰議院設立の建白書を政府に提出し、有司専制を批判して国会の開設を求めた。すると、賛同する声が高まり、板垣らが地元高知で立志社をおこすと、不平士族が各地で同様の政社を設立し、自由民権運動がおこった。

彦根においても板垣らに同調して大東義徹ら旧彦根藩士らが政府を辞し、彦根で政社の設立を計画した。直憲の洋行に同行した西村捨三、橋本正人もこれに参加、彦根議社がつくられた。やがて彦根議社は名を集義社と改めるが、明治十年に西南戦争が起こると、これに加わるべきだと叫ぶ社員も出たようで、リーダ格の大東と大音龍太郎らの身柄が拘束されてしまった。

このとき直憲は彦根に戻って、旧藩士たちに軽挙せぬよう慰撫につとめている。こうした努力もあって西郷側に与する者たちは出なかった。

このように直憲は、藩主の地位を降りたあとも、旧臣や旧領民の行く末を案じ、関係を持ち続けた。明治九年に旧藩士外村省吾を校長とする師範学校・彦根学校が開設された。校舎の新築には五千円以上を要したが、直憲はその建築費を一時的に立て替え、明治二十年代まで補助金を出し続けた。滋賀県尋常中学校にも補助を出し、明治十六年には七十歳以上の男女に直憲は贈与金を与えている。明治二十九年に彦根が水害の被害を被ったさいも、直憲は家令の堀部久勝を現地へ派遣して被災者を慰問させ、彼らに五百円の義捐金を送っている。

このように井伊直憲は、家財を惜しみなく拠出して郷土の発展のために尽力し続けたのである。そんな直憲を旧臣や領民は慕い、東京から彦根へ転居してほしいと乞うようになった。そこで直憲はその願いに応じ、明治二十八年、本籍地を彦根に変え、時期を見て帰住することにした。

旧彦根藩士にとって、明治の世は生きにくい苦界であった。直憲の英断と家臣たちの奮闘によって、彦根藩はいち早く新政府方となり、戊辰戦争で大きな功績を残した。また明治元年十一月、直憲は遠江国井伊谷村にある宗良親王の墓を修築し、社殿を建てたいと新政府に願い出た。宗良は後醍醐天皇の皇子である。井伊家の祖・道政はこの宗良を井伊谷に保護し、南朝方として戦ったのである。つまり井伊氏が昔から勤皇であることをアピールしようとしたのだ。こうして井伊谷神社が創建された。にもかかわらず、薩長藩閥が実権を持つ世の中にあって、「井伊直弼は志士を弾圧した悪辣な政治家」というイメージは払拭できず、むしろ定着してしまったのである。彦根の人々は肩身の狭い思いをすることになった。ゆえに直弼の名誉回復が彦根の人々の悲願となった。

そこで直憲は、明治十四年から本格的に直弼の記念碑建設に動き出した。しかし建碑候補地から次々と断れてしまう始末で、ようやく明治十六年に横浜の戸部不動山の鉄道局所有地に決定したものの、政府の圧力によって事業は頓挫させられたのである。

明治二十五年、彦根の大洞の井伊神社において旧藩主井伊先祖八百年祭が盛大に開かれたが、それがはずみになったのか、翌二十六年には再び横浜に直弼の顕彰碑を建てる運動が起こったが、当時の神奈川県知事が「国事に殉じた霊魂の感情を害する」と拒絶したのである。明治三十二年にも東京の有志たちが日比谷公園に碑を建てようとしたが、許可がおりなかった。きっと直憲も悔しい思いをしたことだろう。

ようやく悲願がかなったのは、明治四十二年のことであった。横浜の地に銅像が建設される

▶井伊谷宮／静岡県浜松市北区引佐町井伊谷。御祭神は後醍醐天皇第四王子「宗良親王」

ことになったのである。だが、直憲はこの吉報を知ることはなかった。それより数年前の明治三十五年一月九日に満五十三歳で死去していたからだ。おそらく生きていたら、父の復権を知って大いに喜んだことだろう。

直憲が亡くなったその年に、佐和山神社参道に直憲の顕彰碑が建立された。碑は平成十五年に井伊神社に移設された。そのときに建てられた案内板に次の一文がある。

「直憲は弱冠十三才で彦根藩最後の藩主となった。（略）その後、幕府の大政奉還により、藩の去就を決するに当たり、藩是であった「勤王の大義」に徹するという直憲の決意により、官軍に属することと決した。これにより、徳川四天王の流れを汲む彦根藩の動向を窺がっていた各藩も官軍につく事に決し、明治政府成立への大きな原動力となった。その政治力、決断力は、まさに大老直弼の「開国の決断」にも比すべきものがある。藩籍奉還後は（略）欧米に留学し、近代国家の文化を学び今日ある彦根の文化、教育、産業振興の確固たる基礎を確立した。大老直弼は「日本の夜明け」を開いた開国の恩人であり、その息直憲は、まさに「彦根の夜明け」を開いた郷土の恩人、英雄と称すべきであろう」

まさに直憲の業績を的確にとらえた文言だといえる。直弼の陰に隠れてしまっている直憲だが、彦根のラストエンペラーは、郷土の夜明けを開いた英雄として、もっと人々から評価されてよいのではなかろうか。

▶井伊直憲のえい髪塚（揮毫：日下部鳴鶴）
全長５ｍ（井伊神社／滋賀県彦根市古沢町）

彦根城 ―築城の経緯と縄張り―

中井 均

はじめに

慶長五年（一六〇〇）の関ヶ原合戦で徳川家康の東軍が勝利する。しかし、この勝利は日本を平和にしたわけではなかった。むしろ合戦後は戦国最大の軍事的緊張を生んだ。それは大坂の豊臣秀頼対徳川家康の最終戦争のカウントダウンが始まったということである。

こうした軍事的緊張を端的に示すものが築城である。関ヶ原合戦直後の築城には大きく二つの特徴がある。そのひとつが合戦の戦功により新たな領地を賜った大名たちの居城の築城である。筑前を賜った黒田長政は福岡城を、出雲・隠岐を賜った堀尾吉晴は松江城を、土佐を賜った山内一豊は高知城を築く。そして領国内には国境警備や領国支配のための支城も築かれた。もちろんこうした築城は新たな支配の拠点としてだけではなく、徳川対豊臣の最終戦争や、隣国との戦争に備えた実戦本位の築城であった。

もうひとつの特徴が徳川家康による大坂城周辺の新規築城である。関ヶ原合戦の翌々日に大津城に入った家康は、関ヶ原合戦の前哨戦で焼失した大津城の再建を命じる。しかし、大津城は長等山からの大砲によって大打撃を受けており、その選地に問題があるとして本多正信らの意見を聞き入れて、膳所の地に新たに築城を開始した。この膳所築城を嚆矢（こうし）として、中山道上に彦根城が、北国街道上に長浜城が、山陰道上に篠山城と亀山城（現亀岡）が、それぞれ天下普請によって築かれた。また、山陽道上には池田輝政が姫路城を築き、伊賀街道上には藤堂高虎が伊賀上野城を築く。この両城は外様大名の普請ではあったが、輝政は家康の娘を娶っており、高虎は家康からの全幅の信用を得ており、天下普請ではないものの、大坂城を包囲する重要な一翼を担う築城であった。

さて、膳所城、彦根城、長浜城、篠山城、亀山城は全国の諸大名に手伝いを課する天下普請と呼ばれる築城工事として開始された。これらの諸城は明らかに大坂城に至る街道上に選地しており、その配置は大坂城を包囲するものであった。さらに家康はこれら包囲網の背後にあたる中山道上に加納城を、東海道上に名古屋城の築城をおこない、大坂包囲網を完成させた。

こうした諸大名の新たな居城の築城と、大坂を包囲する天下普請という特徴から、関ヶ原合戦直後は慶長の築城ラッシュと呼ばれている。

彦根築城

さて、こうした天下普請のひとつとして築かれた彦根城の築城経緯を詳細に見ていくこととしょう。慶長六年（一六〇一）一月、井伊直政は徳川家康より江州佐和山城を賜り、三月には上州箕輪城より佐和山城に入る。しかし、直政は関ヶ原での鉄砲傷が悪化し翌慶長七年（一六〇二）に佐和山城中で死去する。直政の跡を継いだのが長男直継（直勝）で、彦根築城を開始する。ではなぜ佐和山城を廃して彦根山に新城を築いたのであろうか。それは中山道上に大坂を攻めるための築城であったと考えられる。佐和山城は確かに堅城であったが、すでに旧式の構造である。さらに佐和山城を改修するには山城であり、時間がかかる。何よりも石垣の城がすでに存在していることより大幅な改修は不可能である。それならば最初から普請できる場所に築いたほうが縄張りも設計しやすいし、普請も簡単である。こうして彦根築城が開始されたのである。

ではなぜ新城築城の場所が彦根の地だったのだろうか。井伊家の家督を継いだ直継は当時十三歳であった。その直継が新たな築城の候補地に選んだのは磯山（現米原市磯）であった。『古兵部少輔・右近大夫・古掃部頭并倅共・先掃部頭又ハ古キ家来共覚書』には、「佐和山の御城を磯山と申所へ移し、西国・中国の人質を佐和山にて御請取せ可被成御底意有之由」とあり、新城の築城は磯山に決まっていたようである。磯山は東面が入江内湖に面し、南面が松原内湖に面し、西面が琵琶湖に面するという島状の場所であった。確かに要害の地ではあるが、家臣団を収容できる用地がまったくない。そこで井伊家の筆頭家老である木俣土佐守勝は伏見城に赴き、徳川家康に謁見し、澤山（佐和山）、磯山、金亀山（彦根山）の三つの候補地を絵図で示し、金亀山こそが最良の地であることを具申している。

家康はこれに同意したことで新城の築城地が決定し、彦根山に城が築かれることとなった。

彦根山は標高一三六メートルの独立丘で、北は松原内湖に面し、西は琵琶湖に面していた。平安時代末には観音霊場として都の貴族や庶民が参拝した彦根寺があった。また、江戸時代初期に作成されたと伝えられる『彦根三根往古絵図』には、彦根山には彦根寺のほかに石上寺、廣常寺、門甲寺、千代宮などの社

▶彦根三根往古絵図　中村尚家文書（個人所蔵）

寺が建ち並び、彦根山に向かう道が描かれている。これが巡礼道である。
選地も決まり、築城は慶長八年（一六〇三）から開始されるが、その築城は天下普請であり、諸大名に助役としての動員がかけられた。その実数は不明であるが、『井伊年譜』には、七ヶ国十二大名が、『木俣記録』では二十八大名、九旗本が助役として動員されたと記している。しかし、『井伊年譜』の典拠史料とみられる『金亀山伝記』には、「一、彦根山御城ニ御取立被候節、尾州・濃州・飛州・越前・伊勢・伊賀・若狭、右七ヶ国之人数従公儀被仰付」とあり、七ヶ国の人員によって築かれたと記しており、大名の名前は記されていない。

ところで彦根城の石垣には現在のところ刻印が一例も存在していない。丹波篠山城や尾張名古屋城をはじめ天下普請の城の石垣には割普請を示す刻印が数多く認められる。しかし、彦根城では認められず、その天下普請のあり方には不明な点も多い。なお、『金亀山伝記』には築城にあたって幕府から三人の公儀奉行が遣わされたと記されている。

この彦根城の縄張りについて『金亀山伝記』には、「一、御城取立申縄張被致候衆、」として、横地修理（吉晴）、石原主膳（吉次）、孕石源右衛門（泰時）、早川弥惣左衛門の四人の名が挙げられている。『金亀山伝記』に「鐘之丸縄張、御城中第一能出来申候而、縦京橋口より人数何程押詰候而も、二重三重ニ弓鉄砲打払、能天下無双之要害と早川弥惣左衛門毎度自慢被申候由、御当城ハ信州川中嶋ニ能縄張似申候由」とあり、縄張りをおこなった四人のひとりである早川弥惣左衛門が出来上がった彦根城を自慢していたことが記されている。この弥惣左衛門とは早川幸豊のことで、その父早川豊後守は武田信玄の家臣であり、築城の名手と呼ばれた馬場美濃守信房の門弟であったと伝えられている。また孕石源右衛門、石原主膳らも武田家の遺臣であり、後に北条氏政に仕え、さらに井伊直政に仕えており、甲州流軍学を学んでいた可能性が高い。いずれにせよ、こうした武田家の遺臣たちの手によって彦根城の縄張りがおこなわれたのであった。

その典型が弥惣左衛門が自慢した鐘の丸である。『金亀山伝記』に記された「当城第一」とは何を示すのであろうか。鐘の丸は太鼓丸との間に巨大な堀切を設けており、いわば城の中心部から突出して独立した曲輪として構えられている。鐘の丸の周囲を歩くと、石垣の隅部が直角にならず、一二〇～一三〇度に開いていることに気が付く。こうした隅角をシノギ（鎬）角と呼んでいる。日本の石垣は必ず角を持つ。つまり円形には積めないのである。ところが鐘ノ丸では直角に折り曲げて方形の曲輪を造成するのではなく、シノギ角を多用することによって多角形の曲輪を造り出しているのである。それは円形の曲輪を造ろうとしたことを示している。鐘の丸は円形を意識して造成された曲輪だったのである。

戦国時代の武田氏によって築かれた城の特徴のひとつに虎口前面に構えた丸馬出がある。虎口の前面に空堀を巡らせた半円形の小曲輪を設け、正面からの攻撃を阻止するとともに、両サイドに設けた出入り口を攻撃口とする橋頭堡となる施設である。鐘の丸の構造を今一度詳細に分析してみると、太鼓丸の前面に構えられた天秤櫓という虎口の正面に配置され、その出入り口は西サイドに構えられる。これは丸馬出として評価すべき曲輪だったのである。甲州流軍学を学んだ弥惣左衛門にとって城の中心部の前面に配した丸馬出的機能を持つ曲輪を備えたことが、当城第一だったのである。さらに「信濃川中嶋城に似る」と記されている。この川中嶋城とは松代城のことである。松代城の正面虎口の前面には巨大な丸馬出が構えられている。彦根城と信州川中嶋城（松代城）の縄張が似るというのは、こうした丸馬出を用いている点を記しているのではないだろうか。まさに甲州流築城の面目躍如だったと思われる。

同様の施設が、西の丸の堀切の前面に構えられた出曲輪である。出曲輪は石垣によって方形に造成されており、角馬出と呼んだ方が適切かも知れないが、鐘の丸と同じく馬出として構えられた施設であることはまちがいない。

彦根城の縄張り

それでは弥惣左衛門たちによって設計された彦根城の縄張りについて見ていこう。城とは軍事的な防御施設である。その本来的意義は建物ではなく、縄張りと呼ばれる平面構造の設計にあった。これまでの彦根城を見る視点は、国宝天守をはじめとする城郭建築であり、こうした縄張りについて分析されたことなど皆無であった。しかし、彦根城は関ヶ原合戦直後に築かれた軍事的緊張が極度に達した段階の城であり、縄張りも実に巧妙に設計されているのである。その構造は戦国時代に発達した城郭構造の到達点を示しているといっても過言ではない。縄張りは彦根城見学では絶対に見落とせないのである。ここでは「御城内御絵図」（グラビアⅷ頁）を参考にしながらその縄張りの魅力に迫ってみたい。

「御城内御絵図」とは、彦根城の内堀以内を描いた絵図で、藩の普請奉行が命じて作成させたものである。彦根城を描いた絵図のなかでは最も正確で詳細なものである。文化十一年（一八一四）に作成されたものであるが、普請に関しては基本的に築城当時の姿とは変わっておらず、この姿が慶長八年（一六〇三）に弥惣左衛門たちによって縄張りされたものと考えてよい。

絵図は石垣を灰色、土塁を緑色、山を濃い緑色、曲輪面を黄色に色分けしているが、注目されるのは山裾の赤茶色に色分けされた部分である。ほぼ三六〇度山裾はこの赤茶色によって塗り分けられている。そこには「山切岸」と墨書されており、山裾部分を人工的に削り落として崖面としていたことがうかがえる。切岸とは戦国時代の山城で、曲輪周囲の斜面地を指す用語で、人工的に斜面を削り込んで、攻め手を登れないようにした防御施設である。そうした戦国時代の防御施設が彦根城にも導入されていたことは注目できる。高さは場所によって違うが、絵図では二間から九間と記されており、彦根山は山裾が四メートルから十八メートルにわたって垂直に削り込まれていたのである。こうした山裾の処理によって攻め手は山頂部を攻める足掛かりすら掴めないこととなる。

そこで攻め手は登城道を攻め上がることとなる。彦根城の本丸への正規の登城道は大手からと表御門からのルートとなる。その合流点が太鼓丸と鐘の丸間の空堀となる。攻め手は登城道を登って空堀の底に至り、両曲輪からの挟撃にさらされることとなるのである。さらに「御城内御絵図」には、この堀切の両端に櫓門の構えられていたことが描かれている。現在もその地には門の礎石が残されている。登城道を登って来た攻め手はまずこの櫓門からの攻撃を受けることとなる。さらに攻め手は櫓門の内側が堀切となっていることを知らず、櫓門を打ち破って門内になだれ込んだ瞬間に太鼓丸と鐘の丸から

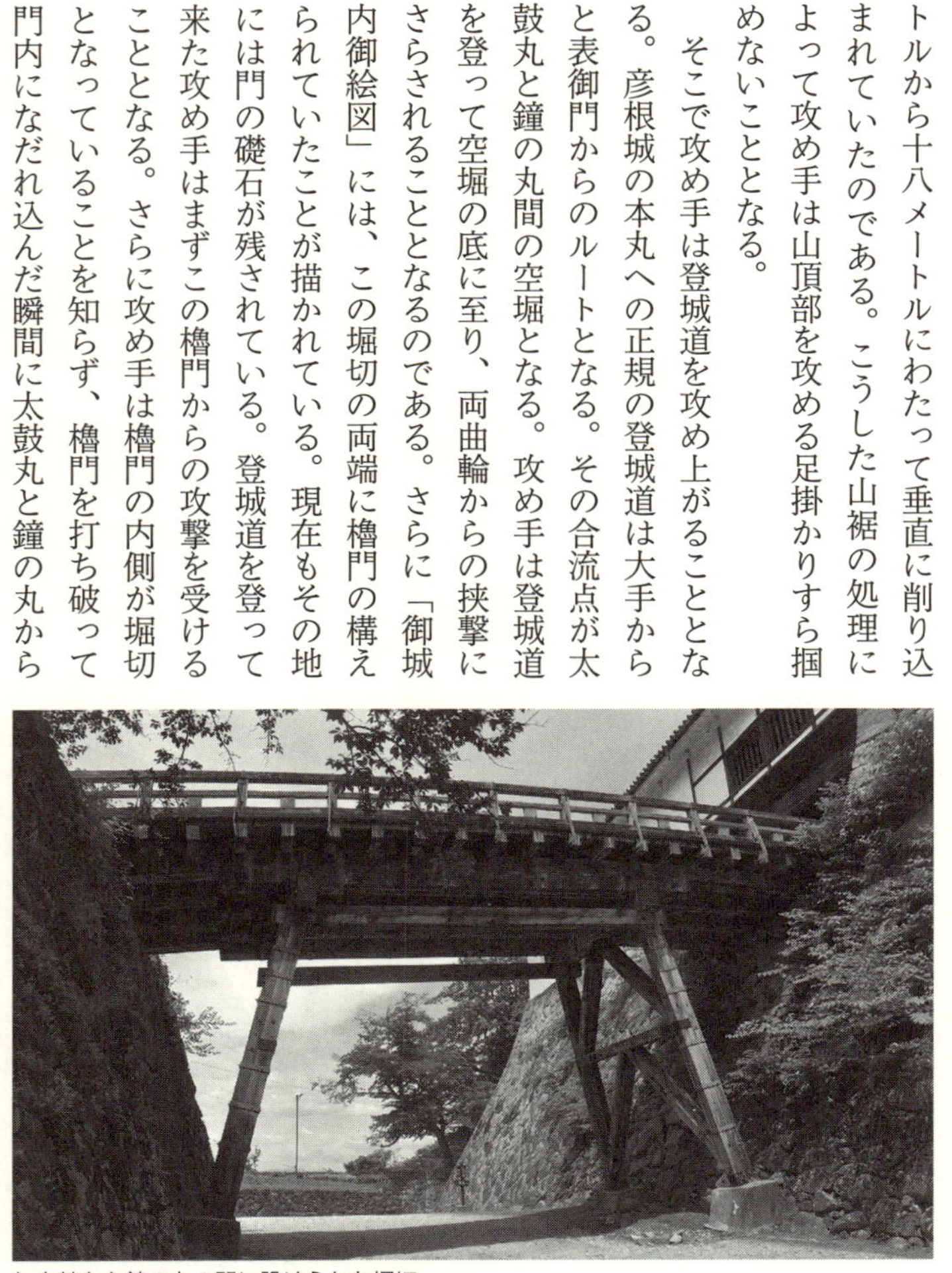

▶太鼓丸と鐘の丸の間に設けられた堀切

の攻撃にさらされるわけである。また、大手門からの登城道を登ると、天秤櫓西端の二重櫓が正面に位置しており、登城道を登ってくる攻め手は常に正面からの頭上攻撃にさらされる仕掛けとなっている。

堀切

堀切は普請と呼ばれる土木施設であるが、さらに作事と呼ばれる建築物と巧みに組み合わされることにより、より防御機能が高められたのであった。戦国時代の城は普請だけに防御機能を求めた土木施設であったが、近世城郭では普請に加えて櫓や門などの作事と巧みに組み合わせることにより、より高い防御施設としての城郭となったのである。

さて、堀切に到達した攻め手は、本丸を攻め

▶西の丸と出曲輪の間に設けられた堀切

るためには堀切から鐘の丸に向かわなければならないのであるが、そのとき背面の天秤櫓からの攻撃にさらされることとなる。さらに鐘の丸に至ると、太鼓丸と鐘の丸の間に架けられていた橋が落とされ、堀切を渡ることができなくなっている。「御城内御絵図」によると、この太鼓丸と鐘の丸間に架けられた橋には、御廊下橋と記されており、屋根の付く橋であった。おそらく堀切に至った攻め手はこの橋からも攻撃されたのであろう。近世城郭で堀切を設けることはほとんどなくなるが、彦根城では防御の要となっていたのである。

同様の堀切が西の丸の前面にも構えられている。琵琶湖側からの攻撃に対する遮断線として設けられた堀切である。この堀切の城外側に立つと、城内側の西の丸が圧倒的に高いことがわかる。堀切に至った攻め手は正面に聳える西の

▶大手枡形

丸三重櫓や多門櫓からの頭上攻撃にさらされることとなる。

この西の丸の堀切にも木橋が架けられていたが、この橋の城内側は枡形となっており、橋を渡った攻め手は今度は枡形内での攻撃にさらされることとなるのである。もちろん戦いとなると木橋は切り落とされたのだろう。

枡形

ところで、この西の丸の枡形は間口に対して奥行がかなり長い。二の門を打ち破った攻め手に対して長く横矢をかけられるようなっている。さらに「御城内御絵図」を見ると、この長細い枡形が西の丸だけでないことに気付く。大手の枡形は逆に奥行が短く、間口が長い。表御門も同様に奥行が短く、間口が長い。本丸への

▶大手門 登り石垣

正面である太鼓門の枡形は間口が短く、奥行が長い。慶長以降の築城、特に徳川系城郭の虎口は内枡形となるが、その構造はほぼ正方形を呈している。彦根城のような長い枡形は極めて特異であり、これも縄張りの特徴と呼べよう。

登り石垣

さて、彦根城の縄張りのなかで最大の見どころは、何といっても登り石垣だろう。登り石垣の存在とその重要度については城郭研究者には古くより知られていたが、一般的にはまったく知られていなかったし、パンフレットには説明すらされたものは無かった。こうした現象こそ、城は天守という固定概念を如実に示している。

ようやく近年の縄張り研究によって登り石垣の存在が大きくクローズアップされだしたよう

▶表御門 登り石垣

である。

　この登り石垣とは山の斜面に対して垂直方向に構えられた石垣、石塁のことで、竪石垣とも呼ばれている。それは攻め手の山斜面の移動を封鎖するための防御施設である。彦根城では「御城内御絵図」に「登り石垣」、「瓦ヘイ」と記されており、石塁上に瓦の葺かれた土塀が備えられていた。ここでも普請としての登り石垣に、作事としての塀を設けることによって、より防御機能を強固なものとした近世城郭の姿を見ることができる。さらに彦根城の登り石垣は単なる石塁だけではなく、登り石垣の城外側には竪堀も設けられていた。そして「御城内御絵図」にはこうした登り石垣が五ヶ所にわたって描かれている。

　一ヶ所目は鐘の丸より大手門に至る登り石垣で、鐘の丸方面から本丸への斜面移動を封鎖す

▶裏御門より本丸着見櫓台隅に至る登り石垣

る目的で構えられた登り石垣である。二ヶ所目は鐘の丸より表御門に至る登り石垣で、三ヶ所目が本丸着見櫓台隅より裏御門に至る登り石垣である。この二本の登り石垣は表御殿の東西端の斜面に設けられたもので、表御殿を山上部より抱き抱えるように守っている。四ヶ所目と五ヶ所目は西の丸と出曲輪の空堀を斜面へ延長するような形で構えられたもので、琵琶湖側から攻めてきた敵の斜面移動を封鎖するためのものである。とりわけ西の丸三重櫓直下から構えられた登り石垣は山腹で折をつけて、横矢をかけている。そして山麓の帯曲輪には門が構えられ、さらに登り石垣は内堀まで続けられている。

ところで、こうした登り石垣を設けた近世城郭は甚だ少ない。現在確認されているのは彦根城、淡路洲本城、伊予松山城、伯耆米子城、但馬竹田城の五城に過ぎない。この登り石垣の初

▶西の丸三重櫓登り石垣

源は、文禄・慶長の役で築かれた豊臣秀吉軍の城、いわゆる倭城に求めることができる。文禄・慶長の役と呼ばれる秀吉による朝鮮出兵は対外戦であり、兵員、物資の輸送は極めて重要となる。ところが豊臣軍の水軍は弱く、李舜臣将軍率いる朝鮮の水軍に度々撃破されている。そこで港湾を確保し、防御すべく、その背後の山頂に石垣造りの強固な城郭が構えられ、そこから二本の登り石垣を設けて港湾を両腕で抱き抱えるようにして防御することとなったのである。こうした山上と山下を一体化して守ろうとする軍事的思考が、文禄・慶長の役後の日本の築城に影響を与え、少例ではあるが国内の築城にも導入されたわけである。

ちなみに淡路洲本城の現存する遺構は脇坂安治の築城と考えられるが、安治は文禄・慶長の役に参戦渡海しており、安骨浦（アンゴッポ）

▶西の丸登り石垣

倭城を築いている。また、伊予松山城を築いた加藤嘉明も文禄・慶長の役に参戦渡海しており、やはり安骨浦倭城を築いた人物であり、役後に居城を築くにあたって、朝鮮での経験から登り石垣を導入したものと考えられる。しかし、彦根築城をおこなった井伊直継は文禄・慶長の役段階はまだ幼少であり、父直政をはじめ藩士たちは肥前名護屋に滞陣していただけで渡海していない。おそらく直継をはじめ彦根築城に関与した人たちにとって、文禄・慶長の役に築かれた倭城の構造は軍事的に極めて高度なものであり、そのひとつの特徴である登り石垣を築城に導入したものと考えられる。さらに井伊家文書のなかに、井伊直政の家臣数名が文禄・慶長の役に際して朝鮮へ渡海する許可状が残されている。いわば観戦武官といったものである。あるいはこうした家臣たちが直接見聞してきた倭城の構造が彦根築城に導入された可能性も充分に考えられる。

ところで、彦根城の登り石垣の構築年代であるが、表御殿を守ろうとする構造からは、表御殿造営と同時期と考えられ、元和元年（一六一五）とするのが妥当だと考えられていた。しかし、大坂夏の陣後にこうした防御施設を築く必要があったのだろうか。むしろ極度に軍事的緊張が高まった慶長八年（一六〇三）に築かれたとは考えられないだろうか。現在の表御殿の区画は見事な方形区画となっており、自然地形を利用したものでないことは明らかである。また、昭和五十八～五十九年に行われた発掘調査でもこの区画が盛土によって造成されたことが確認されており、人工的に造り出された土地であることが判明している。

慶長八年（一六〇三）の第Ⅰ期の築城工事では、臨戦体制下での築城であり、山頂の本丸に御殿が造営され、山麓に重臣の屋敷が配された。あるいは現在の表御殿の場所にも重臣屋敷が構えられていた可能性が高い。この段階で築かれた登り石垣は決して重臣屋敷を守るものではなく、あくまでも斜面移動を封鎖する目的で、ちょうど尾根の突出部にあたる部分に登り石垣が構えられたのではないだろうか。その後、元和元年に表御殿を造営するにあたり、この登り石垣の塁線を利用したものと考えられる。

おわりに

このように彦根城は豊臣秀頼の居城である大坂城を包囲する重要な城として築城されたのである。そのためその築城は天下普請と呼ばれる全国の大名を動員しておこなわれたものであった。

彦根城は決して美しい城ではなく、このように最終戦争を目前に築かれた城であり、そこには戦国時代の高度に発達した防御施設が、普請と作事によって造り出された、まさに到達点としての城郭であった。

『古兵部少輔・右近大夫・古掃部頭并倅共・先掃部頭又ハ古キ家来共覚書』に、「一、彦

根御城の儀ハ上方の押と被思召」と記されており、彦根城の築城を端的に物語っている。そしてその城主として井伊家は一度の転封もなく、徳川幕府の西国への最前線として君臨したのであった。

彦根城の魅力

中井　均

彦根城の石垣

彦根城天守は江戸時代に造営されて現存する十二天守のひとつであり、国宝に指定されている五天守のひとつでもある。ここではこうした現存する建物と石垣から彦根城の魅力を紹介したい。

まずは城郭の基礎とも言える石垣についてである。ところで現在残されている石垣はすべてが慶長八年（一六〇三）の築城当初のものではない。江戸三〇〇年という長い時代のなかで地震をはじめ風雨などの天災によって石垣は崩れている。こうした災害による崩落の後に幕府に願い出て修復工事がおこなわれている。幕府は城郭の築造と修築には厳しい制約をおこなっており、武家諸法度では城郭の修築については必

▶井戸郭の高石垣

ず幕府に届け出るように命じている。さらにその修理は崩れた箇所を旧状に復旧するものとし、石垣を高くしたり、堀を深くすることを禁じていた。彦根城博物館が所蔵する井伊家文書のなかには十六通におよぶ石垣修築に関する老中奉書などが残されている。その詳細は不明であるが彦根城内には様々な構造の石垣があり、それらを見て歩くだけでも楽しい。ここでは代表的な石垣について紹介しておこう。

天守台の石垣

まずは天守台の石垣である。天守の造営が墨書より慶長十一年（一六〇六）であることより、石垣はそれ以前に築かれたものであることはまちがいない。おそらく慶長八年（一六〇三）の築城に伴う石垣であろうと考えられる。この天守台の石垣は古くより牛蒡(ごぼう)積みと称されてい

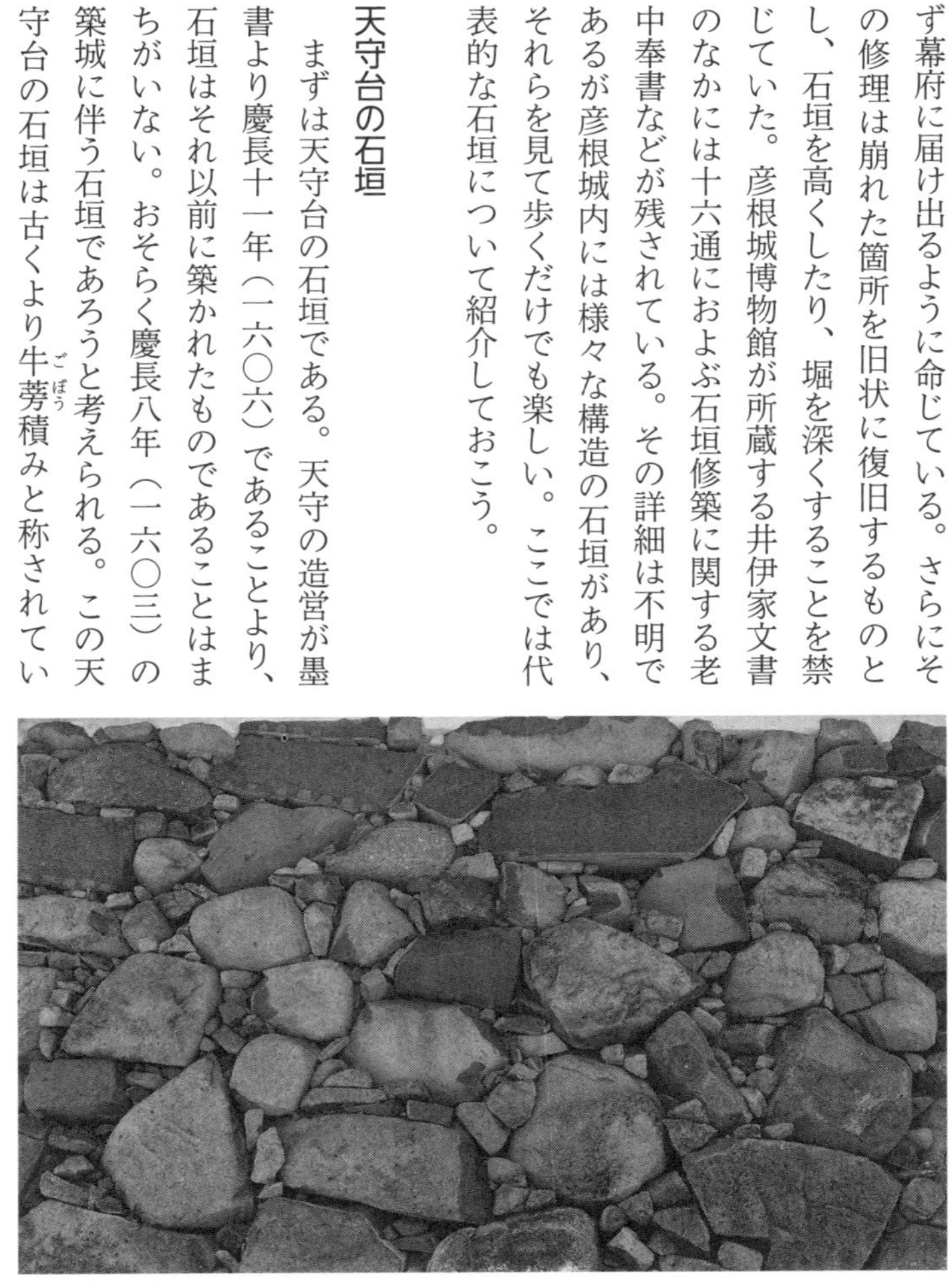

▶天守台の石垣

る。牛蒡積みとは、自然石を用いた野面積みで控え（奥行）を長く積むことにより地震に強い石積みといわれている。しかし、よく見てみると自然石ではなく、歯形のような石を人工的に割った痕跡の認められる石材が数多く用いられている。まずは従来言われているような野面積みではなく、割石を用いた打込接と呼ばれる工法で積まれている。

　さらに割石という点に注目すると、歯形のような痕跡を持つ石材が多く用いられているが、こうした歯形を矢穴という。これは山にある巨大な母岩から石材を切り出すとき用いられた工法を示すもので、矢穴技法と呼んでいる。切り出す工程は、まず母岩に長方形の溝を一直線上に点々と刻み込んでいく。次に彫り込まれた溝穴のひとつに鉄製もしくは木製の矢と呼ぶ鏨を差し込み、それを玄翁で叩き込んでいくと、列点状に刻んだ溝に沿って石が割れるという仕組みである。つまり切手のミシン目の原理である。そして割れた石と母岩には列点状に刻んだ溝が半分ずつ歯形のように残る。これが矢穴である。彦根城の石垣を見て歩くと、この矢穴の刻まれた石材が大量に用いられている。そこでさらにそうした矢穴を見ていると、矢穴の大きさに大小のあることに気が付く。これは時代によって用いる矢（鏨）の大きさの異なることを示している。一般的には古いほど矢穴は大きく、時代が新しくなると小さくなる。

　天守台の石材に認められる矢の長さは十五～十八センチメートルと、彦根城内で認められる矢穴のなかでは最も大きく、慶長八年（一六〇三）の築城当初に築かれた石垣であることをよく示している。もちろん矢穴があるということは人工的に切り出された石材であり、自然石ではない。さらに石材を見ると、表面に長方形に据えられた石材も多く認められ、決してすべての石材が控え（奥行）に長辺を用いていたわけでもないことも示している。古くより言われている牛蒡積みではない。

この天守台の石垣を築いた工人について、『金亀山伝記』には、「御天守台ハ尾州衆、鐘之丸廊下橋近所高石垣ハ越前衆築立申候由」とあり、尾張からの手伝い普請によって築かれたことがわかる。

同書には大変興味深いことが書かれている。それが、「一　腰曲輪山際之引付、荒神石置可申候由、直孝公被仰付候、其時分ハ荒神石大分有之由」というものである。彦根城の石垣の石材の大部分は湖東流紋岩と呼ばれる凝灰岩であるが、その石切場が彦根市南部に位置する荒神山であったことが記されている。

天秤櫓下の石垣

次に見ておきたい石垣が天秤櫓の下の石垣である。堀切からこの石垣を見ると、右側（東）と左側（西）で積み方の違うことに気付く。右側は自然石が多く、石材と石材の間に隙間が多く、間詰石と呼ばれる石が詰められている。こうした構造から慶長八年（一六〇三）の築城当初に積まれた石垣と考えられる。一方、左側の石垣は長方形の石材によって積まれており、石材と石材の間はぴったりと密着して積まれている。さらにその積み方は石材を交互に斜位に積み上げている。こうした石垣の積み方を谷積み、あるいは落し積みと呼んでいる。この谷積みという工法は十八世紀後半に出現するものである。彦根城の天秤櫓下の石垣は嘉永七年（一八五四）に修理された記録が残されており、この谷積み石垣がこのときに修築された石垣であることがわかる。今ひとつこの石垣で見ておきたいのは矢穴である。実は大きなものと小さなものの二種類の矢穴が認められる。おそらく大きい矢穴石材は修理前の石垣に用いられていた石材を用いたもので、小さな矢穴は修築に際して新調された石材だと見られる。

ところで天秤櫓下の嘉永七年（一八五四）修築の石垣と同じ積み方の石垣が西の丸の堀切に面した城内側の石垣にも認められる。実はこの

▶天秤櫓の石垣

石垣は嘉永五年（一八五二）に修築されたものである。

鐘の丸の石垣と転用材

石垣でもう一ヶ所紹介しておきたい。それは鐘の丸の西面石垣である。ここには湖東流紋岩以外にチャートと呼ばれる石材が用いられているのが特徴である。チャートは彦根山の岩盤であるが、佐和山の岩盤でもある。佐和山城に残る石垣にはそのチャートが用いられている。『井伊年譜』には「石垣ノ石櫓門等マテ佐和山大津長濱安土ノ古城ヨリ来ル」とあり、彦根築城にあたっては周辺の城跡より石垣の石材が持ち運ばれたことが記されている。佐和山城の石垣はチャートであり、その石材が彦根築城に際して持ち運ばれたのである。つまりチャートが用いられている箇所こそが、慶長八年（一六〇三）

▶西の丸の石垣　転用材

の築城当初に築かれた箇所であることがわかる。つまり、鐘の丸が彦根城で最初に築かれた石垣である可能性の高いことがチャートの多用によって知ることができるのである。

ところで彦根城の石垣石材のなかには中世の宝篋印塔を転用して用いられたものがある。現在のところ鐘の丸の石垣に二ヶ所、西の丸の石垣に一ヶ所、大手の石垣に一ヶ所、内堀城外側の石垣に一ヶ所確認されている。近世城郭の石垣には宝篋印塔、五輪塔、石仏などが転用されていることが多い。転用材は石垣石材として適切な大きさであるとともに、城地に非常に近いところから持ち運ばれている。彦根城の転用材も築城以前にあったとされる彦根寺の宝篋印塔が転用されたものと考えられる。ぜひ彦根城見学でこの五ヶ所の転用材を探してみてほしい。

▶大手の石垣　転用材

彦根城の城郭建造物

彦根城には現在国宝の建造物として天守、附櫓及び多聞櫓と、重要文化財の建造物として二の丸佐和口多聞櫓、天秤櫓、太鼓門及び続櫓、西の丸三重櫓及び続櫓、馬屋が残されている。これは姫路城、弘前城に次ぐ残存棟数となっている。

天守（国宝）

彦根城の建造物のなかの代表が天守である。最初にその配置と、前身について述べておきたい。まずその配置である。天守は本丸の北東に天守台を配置するが、附櫓及び多聞櫓は本丸の北東辺の石垣塁線上に配置されている。この配置は非常に計算された絶妙な位置となっている。本丸への正規の登城ルートは太鼓門からであるが、その正面に天守が位置している。ただし、江戸時代と現在の景観は大きく異なっている。それは江戸時代には本丸の中心に本丸御殿が存在したことである。慶長八年（一六〇三）の築城当初は臨戦体制での築城であり、山城部分である本丸に居住空間として本丸御殿が造営された。太鼓門をくぐり、本丸に上がったとき、正面には本丸御殿の甍越しに天守が見えたのである。

一方、背面からみた姿はこの正面からの姿とはまったく違っている。黒門から本丸に至る登城道はいわゆる搦手となる裏道にあたる。この登城道の中間に井戸郭が配されているが、この井戸郭と西の丸に仕切りの石垣が設けられており、間口一間弱の門が構えられている。搦手道を攻め上る敵兵はここで縦列でしか入れなくなっている。そして門を抜けると、正面の本丸高石垣上には天守附櫓と多聞櫓が構えられており、頭上からの攻撃にさらされることとなる。ここでは正面の極めて象徴的な天守ではなく、重層的な攻撃を目的とした戦う天守としての顔となっている。このように彦根城天守は象徴と攻撃という二面性をうまく配置したものであった。

その構造は複合型の三重三階望楼型である。特徴はなんと言っても意匠に飛んだ屋根の破風に尽きる。切妻破風、入母屋破風、唐破風が多用されている。基本構造は初重の大入母屋の上

▶西の丸より天守を仰ぐ

に二重の楼閣を載せた望楼型の天守である。窓は初重の窓格子が塗込とならず、突上戸となり、腰の羽目板張とともに古式を呈している。さらに二階、三階の窓はすべて華頭窓（花頭窓）となっている。華頭窓は古式の天守に用いられるが、いずれも最上階もしくは一部に用いられるだけで、彦根城天守のように多くの華頭窓を用いた天守は他に例を見ない。また破風を詳細に観察すると、唐破風は塗込とせず、木部をそのままとし、漆塗の上に金箔張りの飾金具が打ち付けられる装飾に彩られている。なお、三階の高欄は廻縁となっておらず、四隅に取り付けられた装飾的なものである。

天守には北東隅に附櫓、続いて多聞櫓が付属しており、いわゆる複合型天守となる。天守への正式の出入り口は北面に設けられた平屋の玄関で、ここから天守台石垣内の地下室を経て階

▶彦根城天守を仰ぐ

段により天守一階に至るものであった。

なお、天守内部には鉄砲狭間や矢狭間が構えられているが、これは外壁には見えない。いわゆる隠狭間と呼ばれるもので、狭間のないところに押し寄せた敵に対して、天守内部より狭間を覆っている壁を突き破って弓矢、鉄砲を放つ構造の狭間といわれてきた。しかし、見てきたように彦根城天守は華頭窓、高欄、破風や金具などに非常に強い装飾的な天守として造営されたことがわかる。こうした装飾的な天守の壁に狭間が口を開けているのは無粋としか言いようがない。彦根城天守の隠狭間に関しては、敵の目を欺くために外壁に隠したのではなく、無粋な狭間を隠す装飾的な意味で口を閉じたものではなかったのだろうか。

ところで彦根城天守は移築されたものである。『金亀山伝記』には、「御天守ハ家康公ゟ御

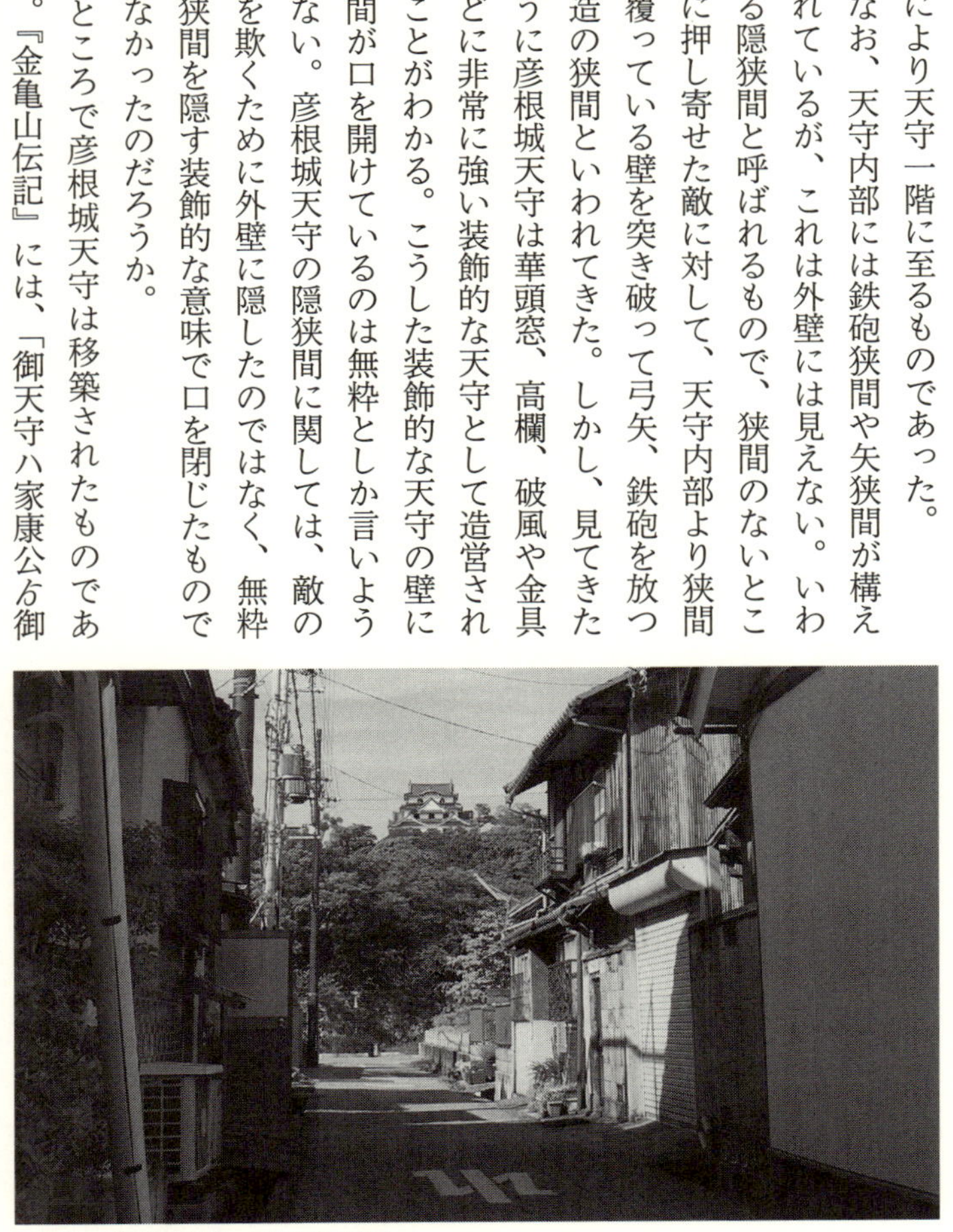
▶巡礼街道（連雀町）より天守を望む

拝領被遊候而、大津之天守ニて候、格好等棟梁浜野喜兵衛仕直申候而建申候、此天守ニハ目出度物語有之由」と、彦根城の天守が大津城の天守を移築したものであることを記している。実際に解体修理の結果からも移築された建物であることが確認されており、その前身建物が大津城天守であった可能性は極めて高い。目出度物語については『金亀山伝記』には記されていないが、『井伊年譜』には、「此殿守ハ遂ニ落不申目出度殿主ノ由」とあり、関ヶ原合戦の前哨戦で、城主京極高次が東軍に与し籠城戦を戦い抜いたのであるが、その際に落城しなかった目出度い天守であったために移築したことがわかる。ちなみに解体修理の結果より、大津城にあったときの天守は五重であったと考えられている。

天守といえば城主が国見をするような場所と

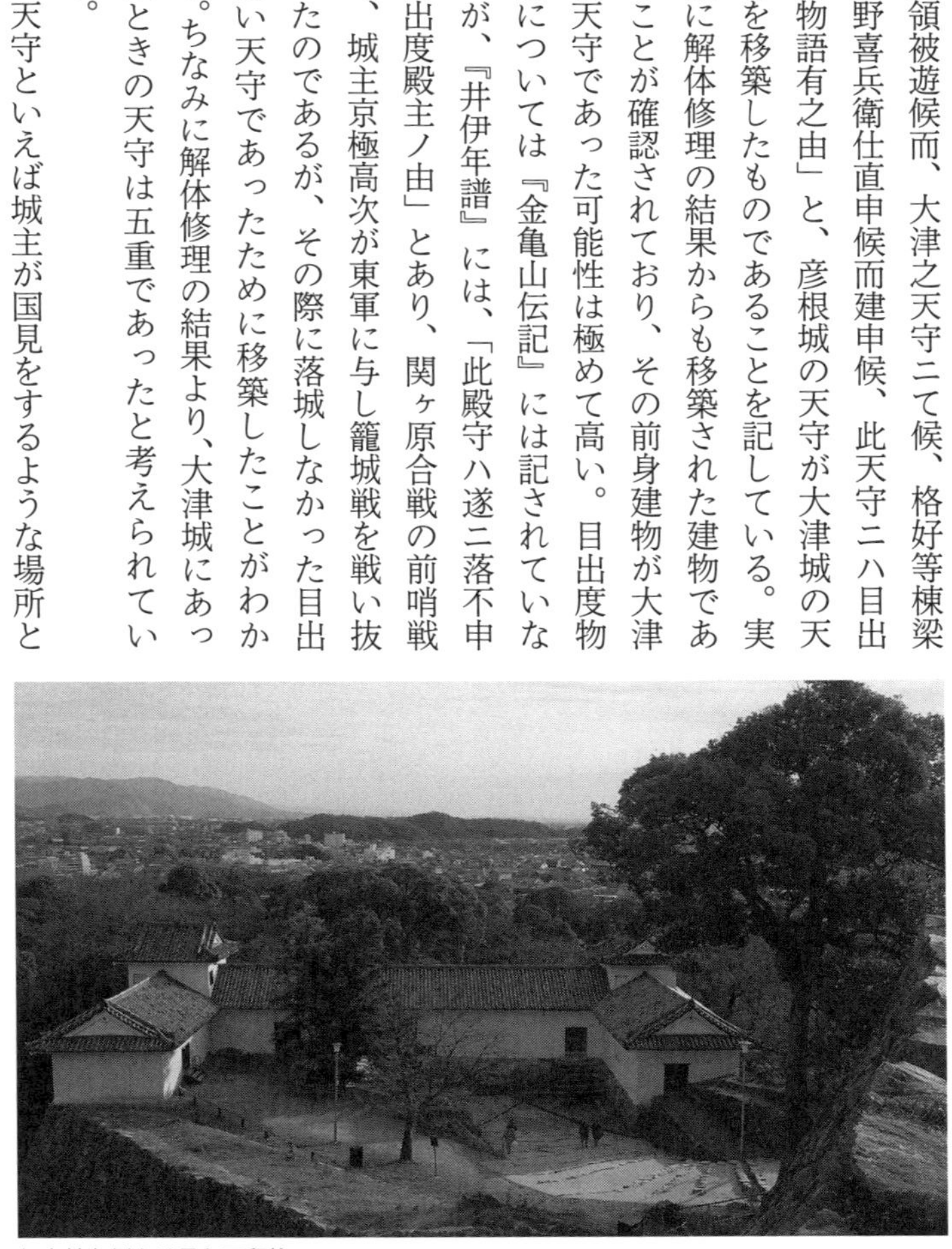

▶太鼓丸側より見た天秤櫓

考えられがちであるが、実際に居住することはなく、天守内には畳すら敷かれていなかった。おそらく藩主は一生に一度、もしくは数度しか天守には登らなかったのである。では天守はどう使われていたのだろうか。彦根城の場合は歴代藩主の甲冑が置かれる倉庫として用いられていた。また、玄関は御金蔵として利用されていた。天守は内部が重要なのではなく、外観が重要であり、城下から見上げられる象徴として必要だったのである。

天秤櫓（重要文化財）

太鼓丸の先端に構えられた櫓門は両端部が二重になる構造で、その姿より天秤櫓と呼ばれている。しかしこの名称は新しい俗称であり、古文書には廊下橋多門御櫓と記されている。『金亀山伝記』には、「鐘之丸廊下橋多門御櫓ハ、長浜大手之門ニ而候、但楠ニ而有之由」とあり、長浜城の大手門を移築したことが記されている。さらに『井伊年譜』には、「今ニ所々藤ノ丸ノ紋の瓦残り有之」とあり、長浜城主内藤家の家紋である藤紋を用いた瓦があると記している。実際天秤櫓東隅の二重櫓の鬼瓦には藤紋が用いられており、『井伊年譜』の記載と一致することより、古くより天秤櫓は長浜城の大手と紹介されてきた。しかし、よく見ると天秤櫓の鬼瓦の家紋は上り藤紋である。内藤家の家紋は下り藤紋であり、まったく別の紋なのである。現在葺かれている鬼瓦は江戸時代のものではなく、明治二十五年（一八九二）の修理の際に製作されたものであり、そのときに瓦職人が上下逆に製作したものと思われる。

なお、慶長八年(一六〇三)から彦根の築城工事が始まるが、長浜城もこの段階で内藤信成が城主となり、北陸街道を押える目的で、天下普請によって再建されている。決して廃城となったわけがない。その存続している長浜城から木材や石材を持って来ることができたのであろうか。これについて謎である。

その構造であるが、正面から見ると両端の二重櫓は、東は平入りとなり、西は妻入りとなっており、実は左右非対称である。平面は凹形となり、門の位置は中央より東側に開口している。城門部分と門上の格子窓、長押、柱、両脇の格子窓は白木のままで、他は漆喰で塗り込められている。

▶太鼓門及び続櫓

太鼓門及び続櫓（重要文化財）

本丸への登城道上の最後の関門となるのが太鼓門である。櫓門と続櫓からなり、平面構造はL字状をなしている。その大きな特色が櫓背面の壁面が開放され、柱間に高欄を付して一間通りを廊下としている構造である。城門でこうした廊下を付すものはなく、そうした形状からこの門は寺院の門を移してきたものではないか、それは彦根城の前身にあたる彦根寺の山門ではないかといわれてきた。解体修理の結果、この太鼓門も移築であることが判明し、移築前においても城門であったことが確認されている。

西の丸三重櫓及び続櫓（重要文化財）

彦根城は天守が三重であったにもかかわらず、城内には二基の三重櫓が構えられていた。一基が西の丸の西北隅に構えられた三重櫓で、

▶西の丸三重櫓及び続櫓

いまひとつが山崎郭に構えられた三重櫓である。この西の丸三重櫓は古くより小谷城の天守を移したものだといわれてきたが、それを記した古文書は認められない。もちろん戦国時代の山城である小谷城に天守があるはずもなく、近代以降に生まれた寓話にすぎない。『井伊年譜』には、「同鴟尾ハ瓦小頭中村与左衛門濱中加兵衛小谷ノ土ニテ造之天守ノ瓦ハ不残小谷ノ土也」と、天守の瓦を小谷の土で焼いたことが記されており、こうした記述から小谷城天守の俗説が生まれたのではないだろうか。

現在の三重櫓の創建については不詳であるが、嘉永六年（一八五三）の大修理によってほとんどの部材は新しく取り替えられている。その構造は東側と北側に続櫓をL字状に付設している。三重の屋根には破風を設けず単調な外観となる。櫓の外部を大壁造りの白漆喰塗り、内部を真壁造りの中塗りで仕上げ、敵に対峙する外側のみ二重壁としている。

西の丸の堀切に面して構えられており、その堀切は城内外に高低差を設け、外側より望んだ三重櫓は頭上に聳えている。さらに登城道の正面に位置しており、登城道を攻め上がる敵に対して頭上より重層的な攻撃を加えることができた。

二の丸佐和口多聞櫓（重要文化財）

佐和口は中堀に構えられた四ヶ所の虎口のひとつで、表御門とセットをなす重要な城門であった。この佐和口に対して西に構えられた多聞が現在重要文化財に指定されている佐和口多聞櫓である。櫓の西端は二重櫓となる。多聞の構造は枡形内の多聞と、枡形に付く続櫓から構成されており、多聞内部は六室に区画され、二ヶ所の扉は鉄板張となっており、防火への配慮とみられる。外側の壁は二重壁とし、△と□の鉄砲狭間が交互に配置されている。

櫓の城内側には雁木と呼ばれる長大な石段が設けられており、城兵が一気に駆け上って多聞に入り守備につけるよう工夫されている。

この佐和口多聞の創建は不明であるが、現存する櫓は明和四年（一七六七）の火災で焼失した後の明和六年から八年にかけて再建されたものである。

馬屋（重要文化財）

佐和口門の内側に位置する馬屋は城郭に残された全国唯一の馬屋である。その構造は平面を

▶二の丸佐和口多聞櫓

L字状とし、屋根は杮葺きとする。壁は上部を大壁造り、下部を簓子下見板張りとなっている。馬屋東端には馬の管理人用の畳敷の小部屋があり、西端には門が開口しており、長屋門としても利用されていた。内部は馬立場と馬繋場からなり、馬立場の数は二十一におよぶ。馬立場の前方に建てられた馬繋柱には手綱通しの金具が上下二段に設けられており、ここに馬の手綱を繋いだ。上部には桁を渡して一対の猿耳と呼ばれる部材が取り付けられ、馬の胴部に回す腹掛けを固定するようになっていた。

馬立場の床は板張りとし、中央には甕（かめ）がひとつ埋められており、馬の排泄物を処理するために備えられたものである。

このように彦根城には数多くの城郭建築物が残されている。その多くに移築の痕跡が認められ、移築を裏付けている。こうしたことより彦

▶馬屋

根城がリサイクルの城であったとよくいわれている。しかし、こうした移築は経済的なリサイクルでは決してない。大坂との最終戦争の最前線の城として築かれた彦根城では、築城を一刻も早く完成させなければならなかった。そうしたときに、材木を切り出し、乾燥させて加工する時間がなかった。そこで近隣の城郭を解体して、利用できる材木を使ったほうが圧倒的に早く城を築くことができる。このため彦根城には近隣の城郭建造物が移築されることとなったのである。

井伊家にとっての佐和山城

中井　均

佐和山城といえば誰しもが石田三成の居城をイメージされるのではないだろうか。確かに三成の居城ではあったが、それは長い佐和山城の歴史の一コマに過ぎない。実は関ヶ原合戦の戦功によって井伊直政が徳川家康より賜った城も佐和山城だったのである。『金亀山伝記』によると、「(慶長五年十月)御前江直政公被為召、上意ニ天下之大戦度々先鋒得勝利、誠開国之元大忠節也、因茲今度之敵石田治部居城佐和山并領地賜之旨被仰候而、佐和山城同於江州十八万石御拝領被遊候」と記されている。

また、『井伊年譜』には、「其上佐和山城ハ西国中国ノ押ト申シ京都近キ国故、直政公ヲ被差置候由依之」とあり、佐和山城が西国の押さえの城であるために直政に与えられたと記している。さらに『井伊年譜』には続いて、「西国中国ノ人質ヲ佐和山ニテ御請取セ可被成」と記され

▶佐和山城大手より本丸を望む

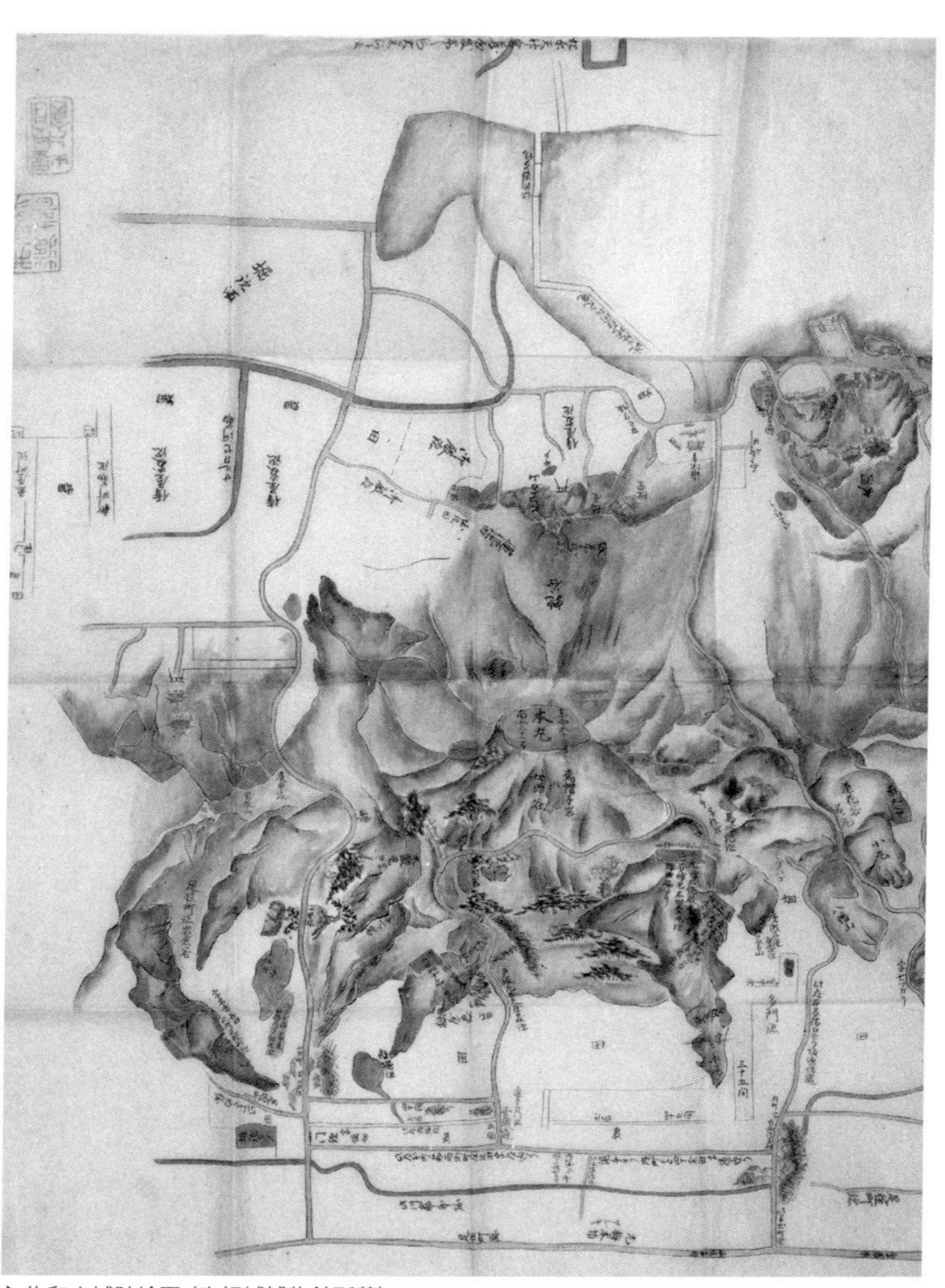

▶佐和山城跡絵図（彦根城博物館所蔵）

ており、佐和山城が西国大名の人質を預け置く場所と想定していたことがうかがえる。

このように佐和山城は関ヶ原合戦直後には徳川家康も要衝の城として重要視していたことがうかがえ、そのために井伊直政が入れ置かれたわけである。

慶長六年（一六〇一）三月、井伊直政は上州高崎より佐和山城に入城した。このとき直政は愛宕山付近に居を置いたと伝えられている。

ところで、佐和山城跡を描いた古城絵図三枚が井伊家に伝来している。その一枚には、二の丸に「二ノ丸　字土佐殿丸　治部少輔兄石田木工丸跡」との記載がある。二の丸は三成在城時代には三成の兄石田正澄の屋敷があり、井伊直政在城時代には家老木俣土佐守勝が詰めていた曲輪であったことを伝えている。また、三の丸には「三ノ丸　字越後殿丸　治部少輔家来嶋左近」と記されている。三の丸は三成時代には三成が破格の高禄で抱えたと伝えられる嶋左近の屋敷があり、井伊直政在城時代には家老中野越後が詰めていた曲輪であったことを伝えている。さらに三の丸の北、ガセイ谷を隔てた字後家ヵ山と呼ばれる曲輪には「廣瀬美濃屋敷跡」と記されている。広瀬美濃は井伊直政の家臣であり、その屋敷があったが、美濃が没した後に妻が住んでいたため、後家ヵ谷と呼ばれるようになったと伝えられている。このように江戸時代後半に作成されたとみられる古城図ではあるが、そこには井伊直政が在城していたときの様子が記載されている。このように佐和山城は井伊家の城でもあった。

高崎からの移封で井伊直政の家臣団もすべて佐和山の城下に移り住んだことはまちがいない。佐和山古城図には中山道側に土塁で囲まれた屋敷地が描かれており、その土塁は現存している。そうした屋敷地について絵図には侍屋敷と記されている。さらに外堀の外側には足軽屋敷が三ヶ所にわたって記されている。一方、琵琶湖側にも侍屋敷が四ヶ所にわたって記されている。従来、こうした城下町は石田三成時代のものと考えられていたが、曲輪には井伊直政時代の情報も記されていることより、侍屋敷や足軽町も井伊直政時代のものとも考えられる。

　これまで佐和山城というと石田三成の居城であり、井伊家にとっては敵将の居城であり、忌み嫌うべき城と思われていたようである。しかし井伊直政が家康より賜ったのは彦根では

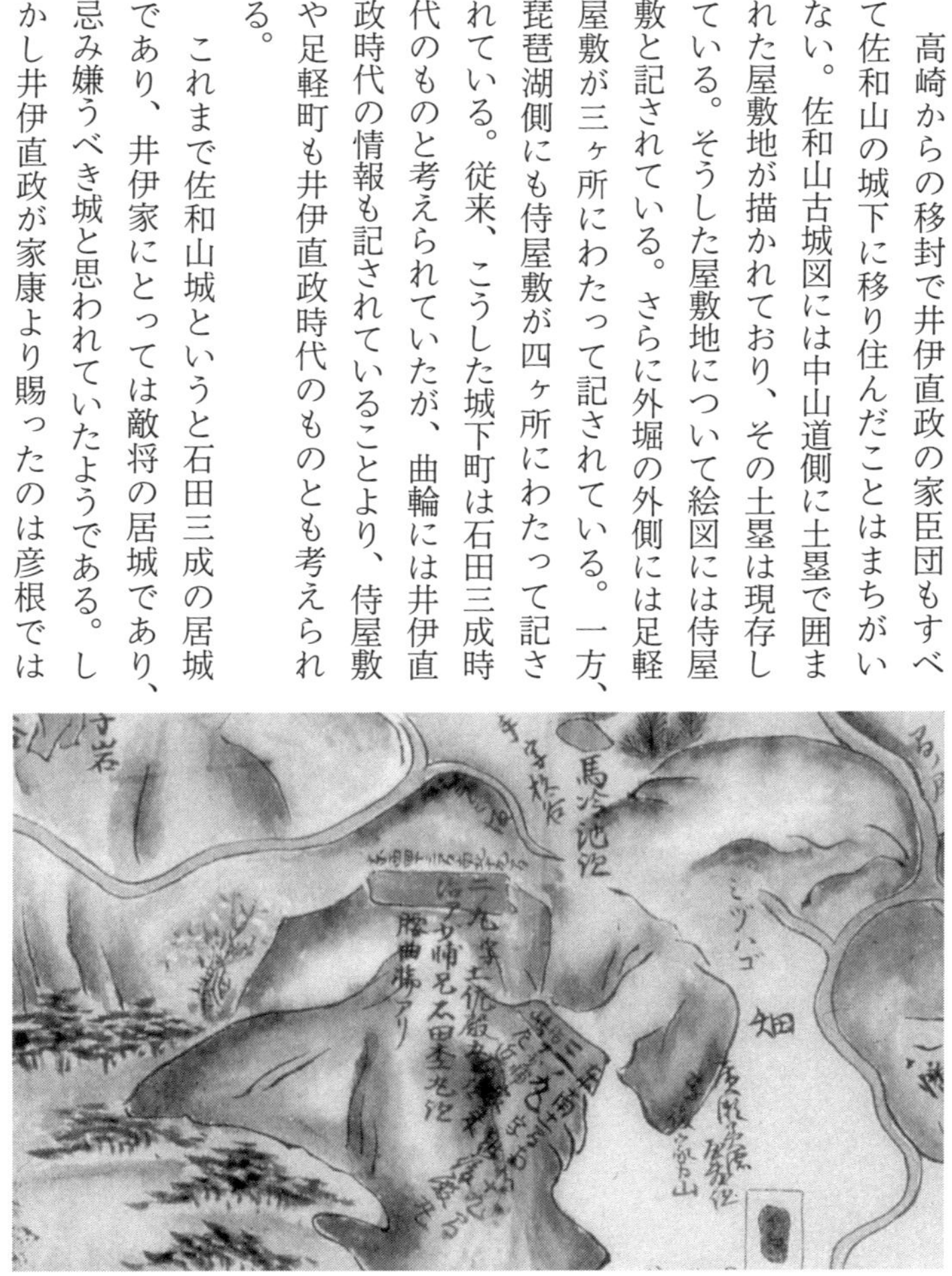

▶佐和山城跡絵図部分（彦根城博物館所蔵）

なく、佐和山城なのである。井伊家にとっては決して忌み嫌うべき城でなかった。そうしたイメージはおそらく近代以降の代物だと考えられる。

井伊家にとって佐和山城がいかに大切な賜物であったのかを端的に物語っているのが直政の墓所である。慶長七年（一六〇二）二月、直政は佐和山城中で没する。遺体は芹川の河原で荼毘にされるが、墓は佐和山山麓に開かれた清凉寺に造営される。以後、清凉寺は彦根在城時代に没した藩主の墓所となる。直政が清凉寺に葬られた経緯は不明であるが、遺言により直継が建立したものと考えられる。直政は家康より賜った佐和山城の城主であり、墓はその佐和山麓に求めたものと考えられる。こうした藩祖の思いから、彦根で没した藩主は清凉寺で葬られることとなる。

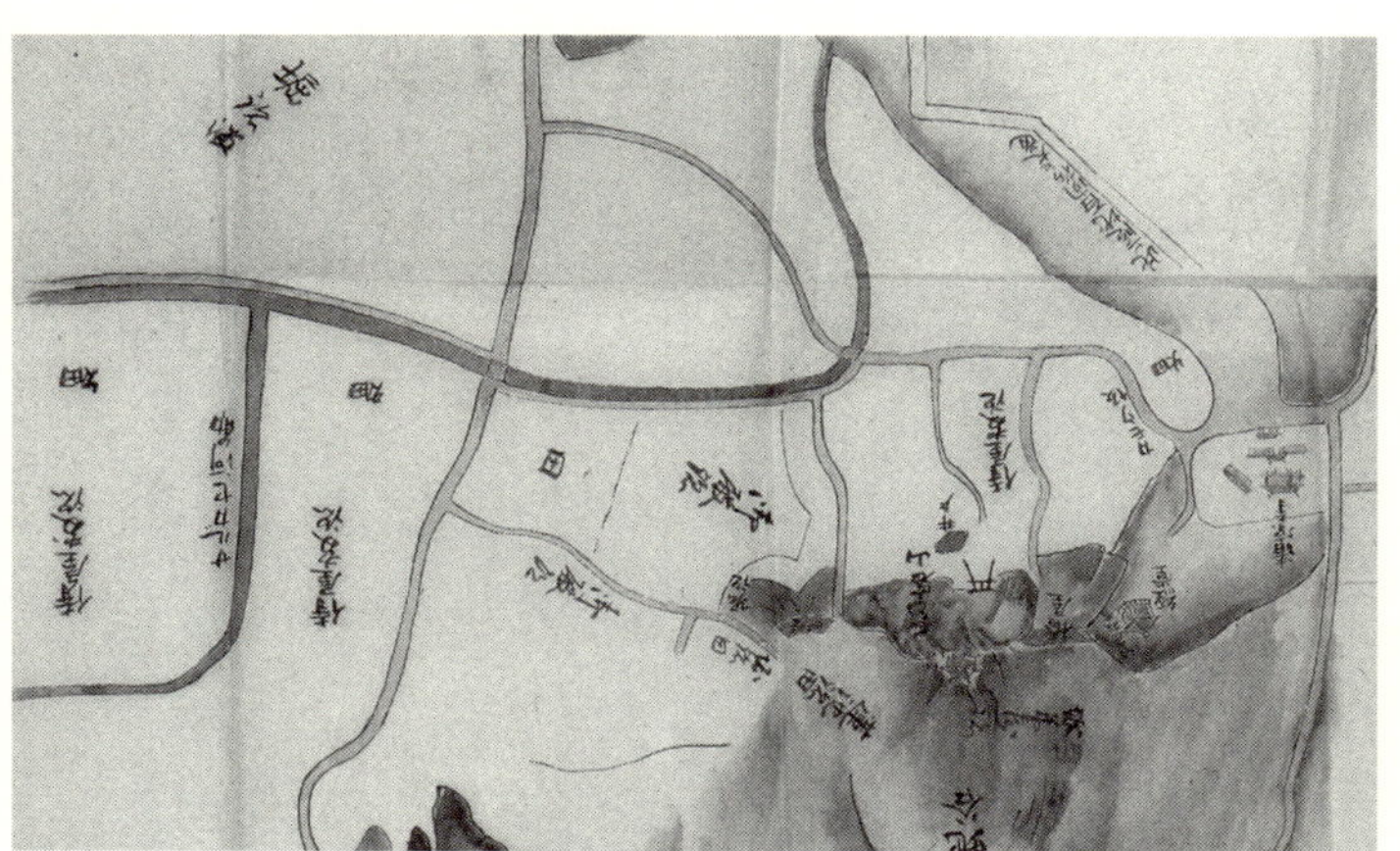
▶佐和山城跡絵図部分（彦根城博物館所蔵）

▶清凉寺　井伊直政墓所／滋賀県彦根市古沢町

井伊家ゆかりの庭園

谷口　徹

はじめに

江戸時代は、武家政権がもたらした二五〇年余の「平和」の中で、さまざまな「大名文化」を醸成した。武門を持って知られた井伊家でも、歴代の藩主が能や茶の湯などを嗜み、時には嗜みを越えて大名文化を牽引する藩主を生み出した。ここで紹介する井伊家ゆかりの庭園もまた、大名文化の一翼として理解する必要があろう。

今回、井伊家ゆかりの庭園として紹介するのは、まず御殿に築かれた「大名庭園」である。近世城郭は「天守」と「御殿」に代表される。全国的な築城期であった慶長年間に一足早く天守がその姿を完成し、御殿はやや遅れて寛永年間に大成した。ところが元和偃武(げんなえんぶ)とも称される戦のない時代の到来とともに、天守は本来の機能を失って武家政権の象徴として存続することになり、代わって平和な武家政権を維持する御殿が重要な役割を担うようになった。この御殿には、藩の政務を行うとともに藩主が日常生活を送った上屋敷の性格を持つ御殿と、隠居した藩主とその一族が余生を送ったり、城外の広大な敷地にいわば離宮として築かれた下屋敷の性格が色濃い御殿まで存在する。大名庭園の視点から見れば、下屋敷の庭園の方が一際優れたものが多いが、上屋敷・下屋敷それぞれに庭園が存在する。また、御殿の建物の合間に築かれた「坪庭」も、規模は小さいが魅力的な庭も多く見逃せない。

さらに井伊家の菩提寺など、井伊家ゆかりの社寺にも名園が多い。藩主やその一族がしばしば訪れて、先祖の菩提を弔うとともに庭を愛でながらひと時を過ごした。井伊谷と彦根の龍潭寺（りょうたんじ）の庭園も併せて紹介することにしよう。

表御殿の庭園

表御殿は彦根城天守が聳える彦根山の麓、内堀の表御門を入った第一郭に位置している。彦根藩の政務を司る表向（おもてむき）と、在藩中の藩主が日常生活を営んだ奥向（おくむき）で構成されており、江戸時代後期になって奥向に新御殿が造営されると、新御殿に面して庭園が築かれた。庭園は中央に長い遣水（やりみず）を伴った池があり、手前に茶室「天光室」、池の向こうには待合「鶯谷（うぐいすだに）」を伴った茶室「不（ふ）

▶写真①　表御殿の庭園を鳥瞰的に描いた絵図（彦根城博物館所蔵）

待庵（たいあん）」や築山が設けられていた。この庭園は庭絵師が描いた精緻な鳥瞰図（ちょうかんず）（155頁・写真①）が残るほか、博物館建設に伴う発掘調査によって良好に庭園遺構が残っていることが判明したため（図①）、遺構を基に庭園を復元（157頁・写真②）した。

池に流れ込む遺水は延長約三十三メートルの流れで、両岸に大ぶりの石を組み、底には漆喰（しっくい）を打って玉石敷とする。遺水の途中三ヶ所には水落ちの段石が組まれるなど単調になりがちな流れに変化を与えており、谷川のせせらぎを髣髴（ほうふつ）とさせる。この遺水への給水には江戸時代の水道技術が駆使され、高枡（たかます）で水位を揚げて滝石組より落としていたことが発掘調査で判明した（158頁・図②）。水道は、井伊家に伝来した「御樋筋絵図（おんひすじえず）」（158頁・写真③）を見ると、外堀に面した油懸口御門（あぶらかけぐちごもん）（現在の城東小学校裏

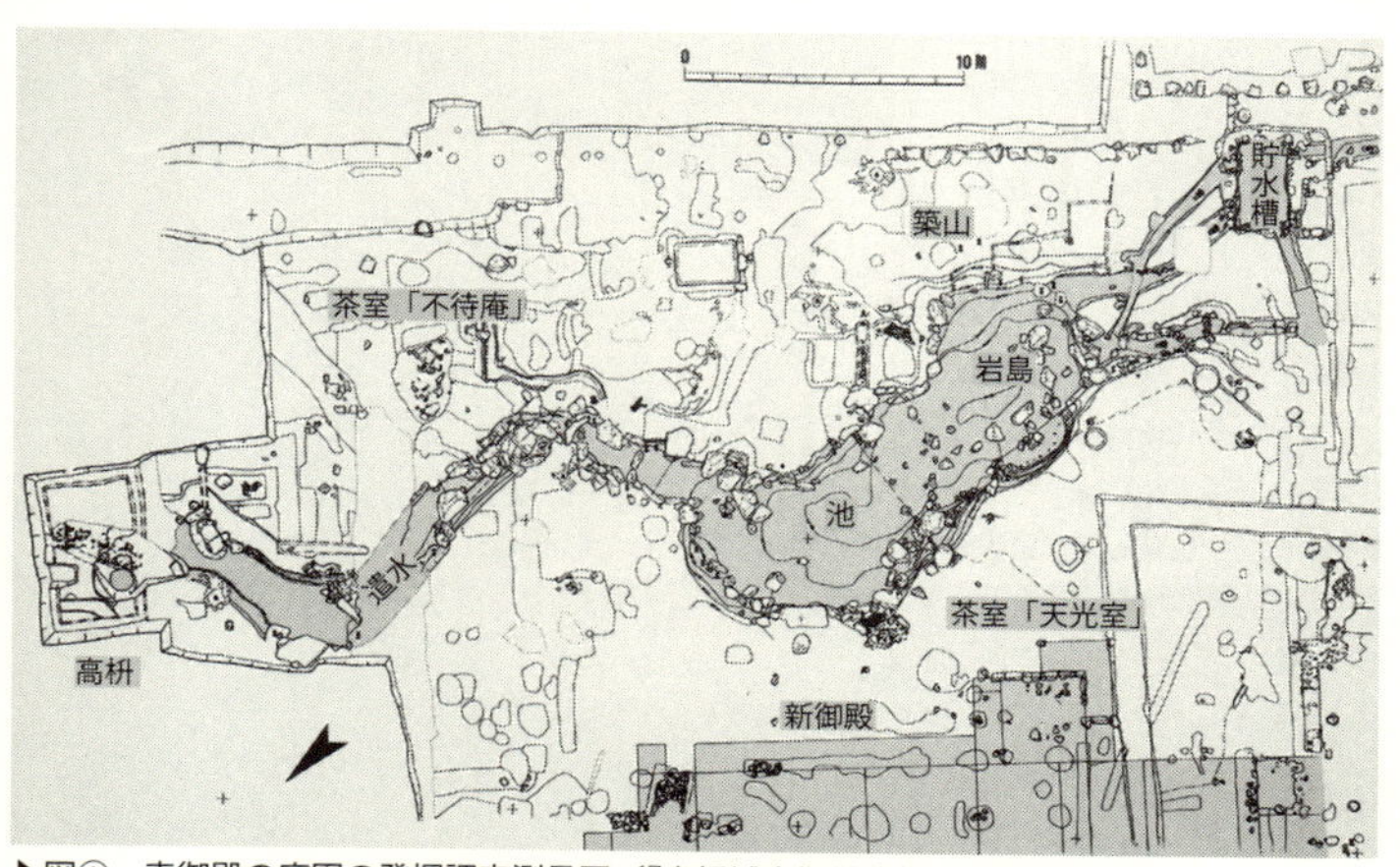

▶図①　表御殿の庭園の発掘調査測量図（『彦根城表御殿発掘調査報告書』より）

手）の元桝から、表御殿そして槻御殿に至る水道（樋筋）が描かれている。樋筋は木樋と石樋の二種類が描かれ、表御殿には木樋のみが導水されている。

遣水の流れはやがて池に広がる。池の上手には沢渡りの石が点列し、池尻近くでは岩島が景色を作っている。池の底は不透水層の地山に直接砂が敷き詰められていた。池の護岸は多様である。石組みのほか礼拝石・州浜・枯滝の流れ・乱杭そして橋など一見過剰とも思える変化が付けられている。池尻をオーバーフローした水は、一度貯水槽に貯めて浄化したのち内堀へ入る。

表御殿の坪庭

表御殿の建物間には、十三ヶ所に坪庭が存在した。それらの坪庭の中で、奥向の御殿向棟の

▶写真②　表御殿の復元庭園

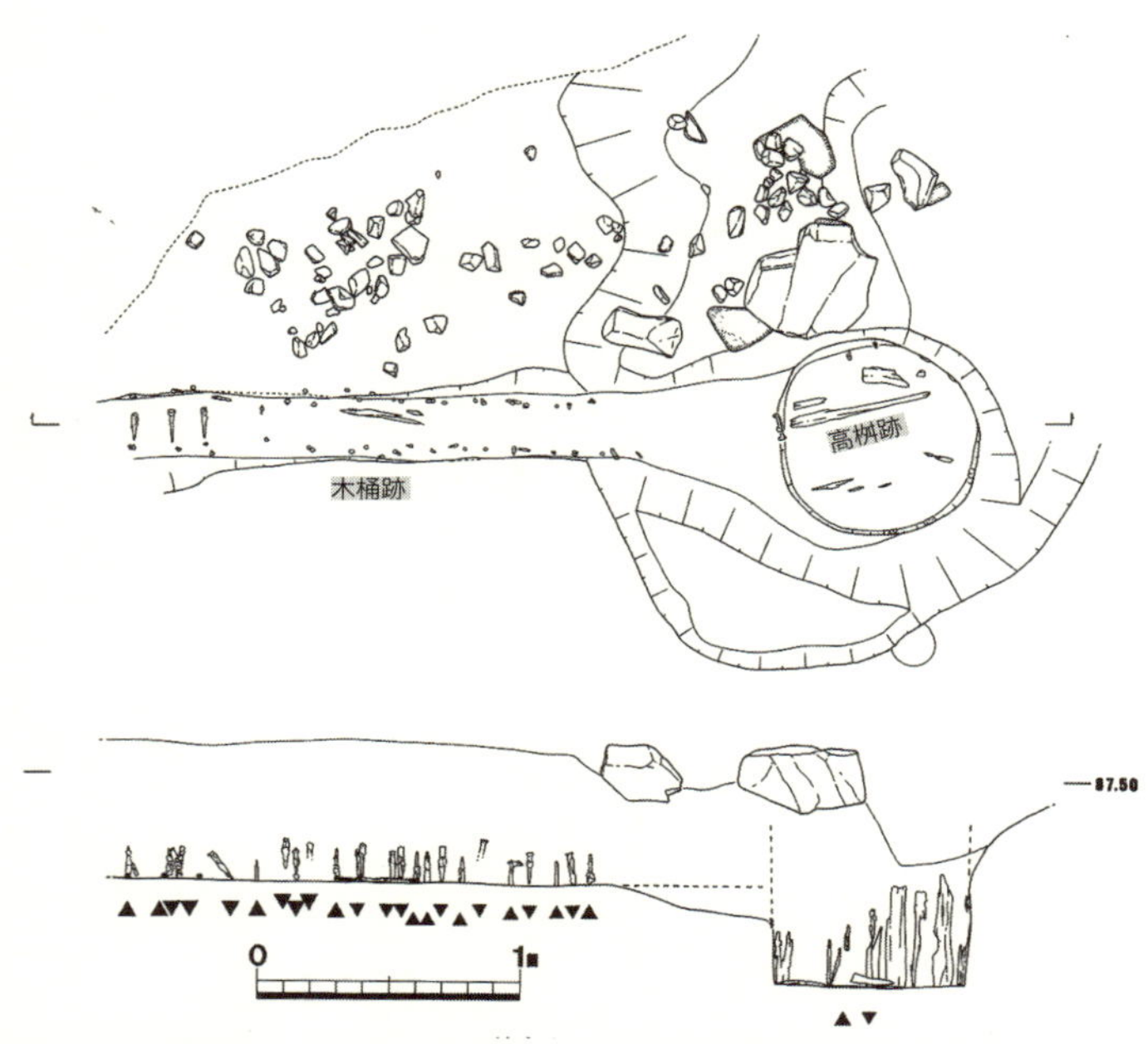

▶図②　滝石組の裏手で検出した高桝跡と木樋の跡（『彦根城表御殿発掘調査報告書』より）

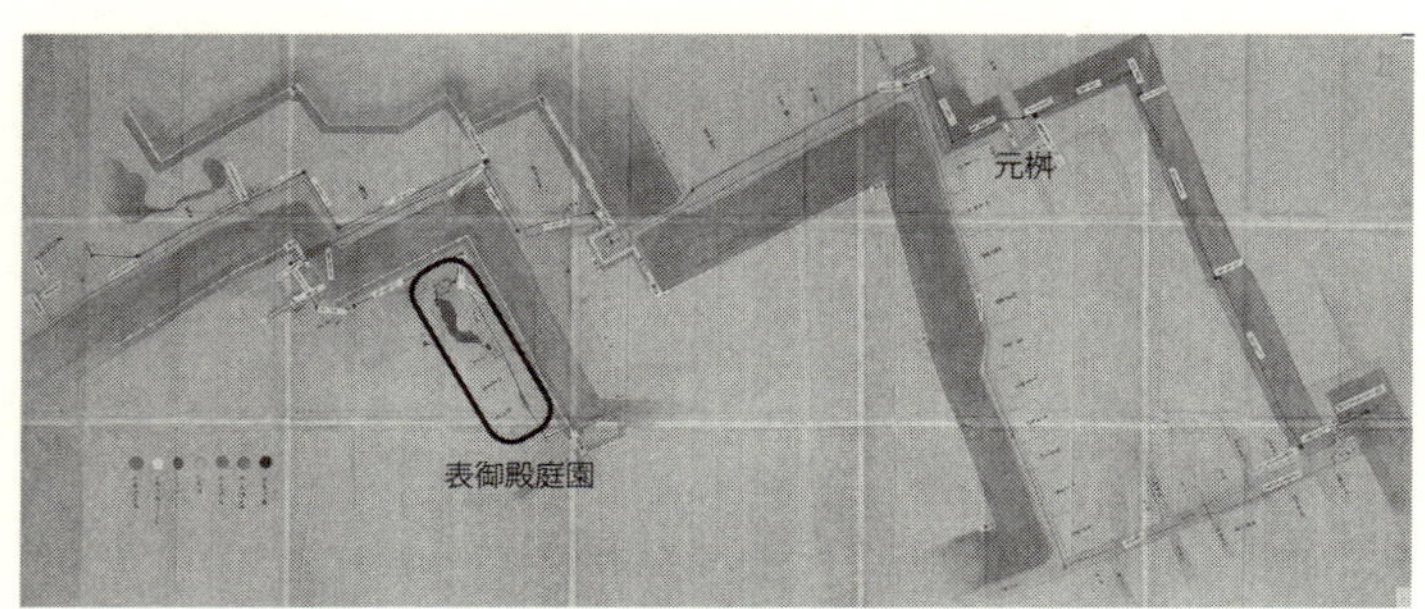

▶写真③　御樋筋絵図（○は表御殿の庭園・彦根城博物館所蔵）

奥御座之間に面して造られた坪庭を紹介しておこう。発掘調査ではこの坪庭の中央付近で、漆喰製の小さな池（図③）が出土した。漆喰池は長軸三・七メートル、短軸一・六メートル、深さ〇・四メートルの瓢箪形であり、瓢箪のくびれ付近に円形の中島二島を造り出している。もっとも深いところには甕が埋め込まれている。金魚など観賞用小魚の寝床であったと考えられる。奥向でくつろぐ藩主の憩いの場であったのだろうか。

この漆喰池の壁面には、矢印で示したように入排水のための円孔が各一孔ずつ穿たれている。円孔は直径七センチメートルで、竹製の管が挿入されていたと予測される。道路下を導水してきた石樋や木樋など幹線系の水道は、表御殿の敷地に入ると支線系の竹樋によって、漆喰池などに分水されていったものと考えられる。

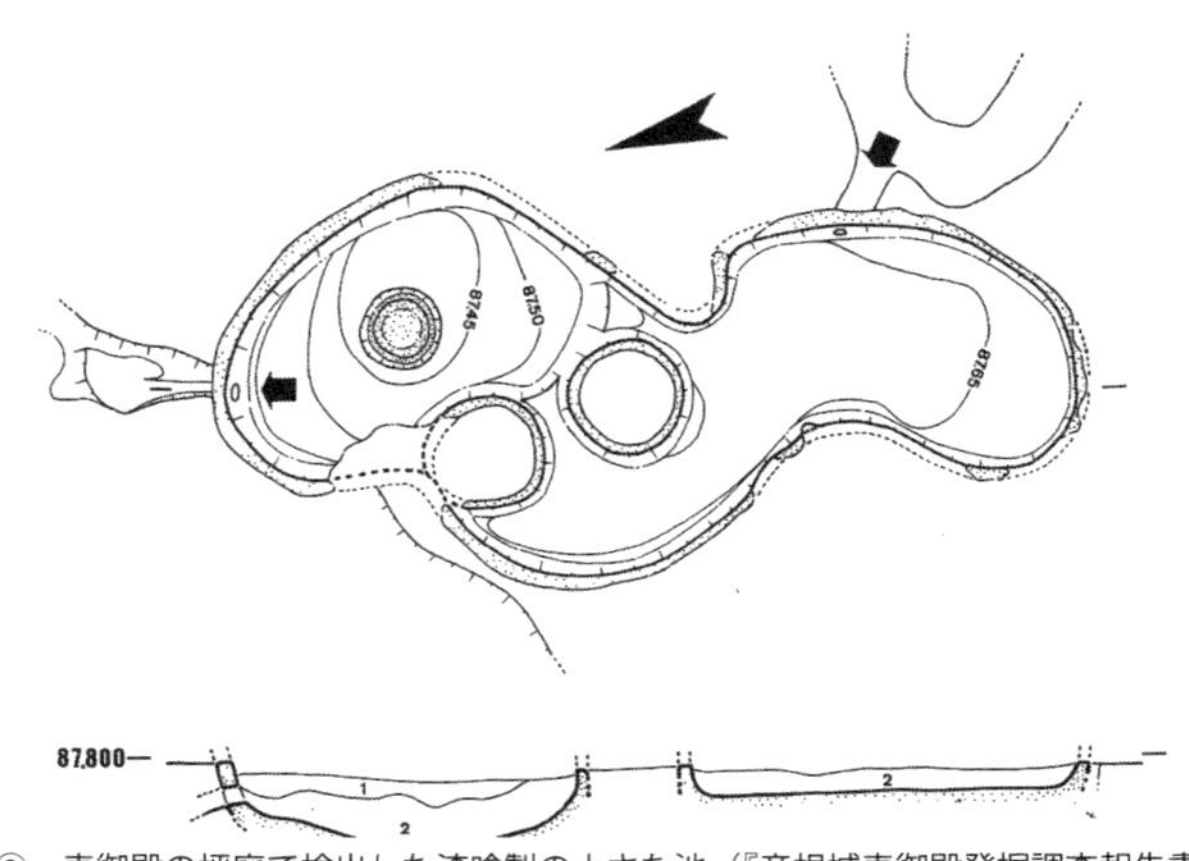

▶図③　表御殿の坪庭で検出した漆喰製の小さな池（『彦根城表御殿発掘調査報告書』より）

こうした漆喰池が、表御殿や槻御殿、さらに第二郭や第三郭の武家屋敷などでも確認されている。江戸時代後期に、城下で好んで造られた時期があったのかもしれない。

なお、普請方が江戸時代後期に描いた当所の坪庭には、桜や桃などの庭木は描かれているが、池の表現は見当たらない。

槻御殿（楽々園）の庭園

槻御殿は彦根城が聳える彦根山の北、松原内湖に面した第二郭に位置している。延宝五年（一六七七）、四代井伊直興（いいなおおき）により造営が始まり、同七年に完成したと伝える。江戸時代初期には重臣の川手主水（かわでもんど）の屋敷があったとも伝えるが、槻御殿の普請にあたり大規模な拡張工事を実施したと考えられ、その敷地面積は藩庁であった表御殿を凌駕（りょうが）している。江戸時代には槻御殿のほか、槻御門御殿・黒門外屋敷・黒門前屋敷などとも称したが、現在は建物部分を楽々園、庭園部分を玄宮園と呼び分けている。

楽々園は、広大な玄宮園を南東側にひかえて、退隠（隠居）した藩主やその一族が日常生活を送った下屋敷である。現在は、十二代直亮（なおあき）が建立した楽々の間に因んで、建物エリア全体を楽々園と称している。

井伊直興亡き後、倹約令などにより楽々園の建物は縮小気味に推移することが多かったと考えられるが、文化九年（一八一二）二月の十一代直中（なおなか）の退隠に際して大規模な増改築が行なわれ、まもなく最大規模に膨らんだ。楽々園はそれは現存する建物のおよそ十倍もあった。

当時の絵図（写真④）をみると、下屋敷とはいえ表向と奥向が色分けによって明瞭に区分されている。ただ、表御殿とは異なり表向に比べて奥向の空間が大きく、槻御殿がプライベート空間に重きを置いた下屋敷であったことを示している。

この奥向に御新建（奥書院）棟が現存する。御新建棟も直中の退隠に際して建立された書院であり、この書院の新築にあわせて書院前に庭園

▶写真④　楽々園の建物と奥向の御新建前に築かれた庭園（右上）の絵図。塗り分けられた濃い色の建物部分が奥向（彦根城博物館所蔵）

を築造した（写真⑤）。庭園を新造する以前、当所は後述する玄宮園の池尻に位置しており蓮池が広がっていた。直中の命により蓮池を玄宮園から分離させ、御新建棟から眺めることを主眼とする独立した庭園としたのである。現在は枯山水の庭園であるが、かつては石組から滔々（とうとう）と水が落ちる池泉式であった。この落水も、表御殿の庭園などと同様に江戸時代の水道技術が駆使され、高枡で水位を揚げて滝石組より落としていたと考えられる。水が流れ下る石組はみごとな広がりを見せており、石の中には鶴と亀に見立てた数奇な石も存在する。

槻御殿（楽々園）の坪庭

表御殿と同じように楽々園の建物間にも十ヶ所に坪庭が存在し、坪庭絵図（１６３頁・写真⑥）

▶写真⑤　現在の楽々園の庭園

▶写真⑥　御小座敷前の坪庭絵図（彦根城博物館所蔵）

▶写真⑦　発掘調査で検出した御小座敷前の坪庭。一部がその後に造られた蹲踞（つくばい）で破損している（彦根市教育委員会提供）

が伝えられている。これまでの発掘調査で二ヶ所の坪庭が調査されたが、両坪庭とも絵図に表現された小さな池が出土している。中でも御新建棟の御小座敷前に築かれた坪庭（163頁・写真⑦）は、漆喰池の護岸の要所に石を組み込み、池底には表御殿の坪庭同様に甕を埋め、景石を沈めている。

玄宮園

玄宮園は、楽々園の南東に隣接する広大な大名庭園である。庭園を見渡す位置に建てられた数寄屋建築である「八景亭」の名から、一説に中国の瀟湘（しょうしょう）八景または近江八景を取り入れて作庭されたとも伝えるが、江戸時代に描かれた「玄宮園図」（写真⑧）に八景亭の名はなく「臨池（りんち）閣（かく）」（165頁・写真⑨）と呼んでいたことが

▶写真⑧　玄宮園図（彦根城博物館所蔵）

▶写真⑨　玄宮園図に描かれた「臨池閣」と「鳳翔台」（彦根城博物館所蔵）

▶写真⑩　玄宮園図に描かれた「鶴鳴渚」（彦根城博物館所蔵）

知られる。そのほか玄宮園図には「鳳翔台」（165頁・写真⑨）・「魚躍沼」・「龍臥橋」・「鶴鳴渚」（165頁・写真⑩）・「春風埒」・「鑑月峯」・「薩埵林」・「飛梁渓」・「涵虚亭」の十景が付箋によって示されており、当時「玄宮園十勝」と呼ばれていた。

この「玄宮園十勝」を十一代直中の命により和歌にしたためた人物がいる。開出今村（彦根市開出今町）にある覚勝寺の僧海量である。彼は高い学識により多くの文人と交わり、直中の信任厚く藩校の設立にも関わった傑僧であった。彼が遺した歌集『桜渓集』を見ると「彦根の君の御園生を玄宮園といふ　うちに十の名ところあり　直中君のおほせをかうふりてよみたてまつりける」として、十勝おのおの歌を詠んでいる。

臨池閣　文おへる亀もいつみのそこきよみ
　　　　かさなるむねのかけそうつれる

鳳翔堂　大とりのいまやいづらんあふみのくに
　　　　しります君かこれのみなとは

魚躍沼　わかきみのみそののぬまの水きよみ
　　　　むれあそふ魚のたぬしかるらん

龍臥橋　たつのかみふすと見ゆるにかもめゐる
　　　　池の渚にはしそかかれる

鶴鳴渚　人みなのゆきかふのへにみそのなる
　　み池の田鶴の声きこゆなり

春風埒　梓弓春日のとかにさきにほふ
　　桜のかけにいはふわか駒

鑑月峰　玉の戸にむかへる峰にますかかみ
　　きよけき月をかけてめづらん

薩埵林　ささなみの志賀の名たたるかけろひの
　　石山寺をここにうつせる

飛梁渓　山人もすみやしつらん足引の
　　こすゑしけれるたにのしつけさ

涵虚亭　万世に見ともあかめやのきちかき
　　あふみの海の沖つ白浪

玄宮園は、広大な池である「魚躍沼」を中心に、池中の島「鶴鳴渚」や入江に架かる「龍臥橋」を始めとする九つの橋などにより、変化に富んだ回遊式庭園となっている。池の水は、湧水の豊富な外堀からサイフォンの原理により導水して杜若沼（かきつばたぬま）で滾々（こんこん）と湧き出る工夫が施されており、杜若沼をオーバーフローした水は谷川のせせらぎを模した遺水の流れとなって「魚躍沼」に注いでいる。一方、導水の一部はそのまま「魚躍沼」の沼底を木樋で通して、「鶴鳴渚」の岩間から滔々と落としていたことが「玄宮園図」などから推測されるが、現在は機能していない。池には船小屋や船着場があり、園内で船遊びの一興を催すこともあった。また、松原内湖に面した庭園の北側には水門が開き、大洞の弁才天堂や菩提寺の清凉寺・龍潭寺への参詣、あるいは琵琶湖岸の松原にあるもう一つの下屋敷である「お浜御殿」への御成(おなり)には、そこから御座船で出向いたようである。

幕末の大老として知られる十三代井伊直弼(なおすけ)は、三十一歳で石州流の一派創立を宣言し茶の湯に精進した、幕末を代表する茶人でもあった。彼は彦根で自ら亭主となって催した茶会を『彦根水屋帳』として残している。それを見ると、安政四年(一八五七)五月、幕府の数寄屋坊主で

▶写真⑪　魚躍沼の護岸の発掘調査(彦根市教育委員会提供)

同じ石州流の谷村三育（たにむらさんいく）が彦根に立ち寄った際、楽々園から玄宮園に茶席を広げ、鳳翔台や臨池閣を飾り付けて茶の湯でもてなしている。広大な大名庭園を舞台に繰り広げられた茶の湯は、さぞかし三育を満足させるものであっただろう。

玄宮園は、長い年月を経る中で随所に傷みが露呈している。中でも魚躍沼の護岸（168頁・写真⑪）の損傷は著しい。そこで、平成二十一年度から長期の計画を立てて保存修理を実施中である。平成二十一年度は、以後に実施する保存整備の基礎データを収集することを目的に、護岸全体に試掘調査を行なった。試掘調査は護岸の三十八箇所に試掘トレンチを設け、「玄宮園図」や「玄宮園三分一間割画図（さんぶいっけんわりがず）」（写真⑫）などの絵図資料も参考にしながら、護岸の旧状や改変の把握に努めるとともに、さらに池底や築山・園路などとの関連を確認した。「玄宮園

▶写真⑫　玄宮園三分一間割画図（彦根城博物館所蔵）

三分一間割画図」は、鳥瞰的で絵画的な「玄宮園図」とは異なり、三分を一間に描いた比較的精度の高い平面図であり、図中には庭園を構成する個々の名称とともに寸法が詳細に墨書されるなど、現在の玄宮園を比較検討する上で有用であった。

試掘調査の結果、現在の護岸は、自然石による石組護岸、切石による石積護岸、杭列護岸そして洲浜が確認されるが、杭列の護岸については昭和三十八年頃に実施された失業対策事業で行なわれた土留(どどめ)のための杭列であり、かつては石組護岸や洲浜であったものが多く存在することが判明した。また、護岸に連なる築山や園路についても、玄宮園の作庭以降に幾度かの造成を施していることが確認された。

平成二十一年度のこうした試掘調査の成果に基づいて全体計画を立案した。全体計画は、護

▶写真⑬　発掘調査で検出した水田の復元

岸を五区に分け、発掘調査→実施設計→保存整備の工程を三年サイクルで順次繰り返すこととし、平成二十二年度から実施している。発掘調査では新たな知見がもたらされており、それらを実施設計に活かしながら保存整備を進めている。

また、現在の桜場駐車場もかつて玄宮園の一部であったことが判明し、桜場駐車場を名勝の範囲に加えた。将来は桜場駐車場一帯も玄宮園として復元整備を実施する必要があると考えている。長期の整備計画に沿って、玄宮園は少しずつ江戸時代の絵図に描かれた姿に回帰しつつあると言えよう。

お浜御殿の庭園

お浜御殿は、十一代井伊直中により文化七年（一八一〇）頃に琵琶湖畔の松原の地に造営された彦根藩の下屋敷である。彦根藩のもうひとつの下屋敷である槻御殿(玄宮楽々園)とは立地や趣も大きく異なり、離宮の要素が色濃い庭園主体の下屋敷であった。

建物としては、わずかに書院棟や奥座敷棟、そして台所棟などが存在するだけであり、書院棟や奥座敷棟に面して広大な庭園が広がっていた。庭園は、優れた造園技術を駆使し、琵琶湖や遠くの山並みを取り込んで造られている。琵琶湖の水位と連動して汀線（ていせん）（波打ちぎわ）が変化する汐入（しおいり）形式の手法を用いた池を中心に、琵琶湖に連なる西側は洲浜（すはま）の広がる穏やかな景観とし、東側は築山が折り重なる深遠な趣となっている。公務に疲れた藩主が船を使って訪れ、庭園を愛でながら茶の湯を楽しんだり、隣接する馬場で汗を流すなどして、ひと時をすごしたのであろう。

海水を利用した汐入式の池をもつ旧大名庭園としては、浜離宮恩賜庭園（東京都）や養翠園（和歌山県）などが知られているが、お浜御殿の庭園は淡水（琵琶湖の水）を利用した汐入形式の庭園としてわが国唯一の庭園である。

明治四年の廃藩置県後、彦根における井伊家の居宅はこの屋敷が用いられ（写真⑭）、明治二十二年には玄関棟や大広間棟が増築されるとともに、古くなった書院棟が解体された。また、昭和三十六年には冠木門も解体されている。庭園（173頁・写真⑮）については、昭和五十七年度に奈良国立文化財研究所（現在の奈良文化

▶写真⑭　お浜御殿古写真（彦根城博物館所蔵）

財研究所）により調査が実施され、彦根市教育委員会でも平成十二年度に庭園や歴史的建造物の調査、植生調査、そして測量調査などを行った。これらの調査により、お浜御殿の庭園が玄宮楽々園とは様相の異なる大名庭園であり、近世の大名文化を理解する上で欠くことのできない貴重な文化財であることが明らかとなった。そこで平成十二年度には彦根市指定文化財に指定し、さらに翌平成十三年度には国の名勝指定を受けた。また、平成十四年度からは彦根市が管理団体となり庭園の維持管理を図るとともに、公有地化を開始し平成二十四年度で公有地化を完了した。この間、平成二十一年度から新緑と紅葉の時期に一般公開を実施し、保存修理の検討を進めている。

▶写真⑮　現在のお浜御殿

彦根藩江戸桜田上屋敷の庭園

大名は国元（くにもと）の屋敷とともに、『武家諸法度（ぶけしょはっと）』の「大名・小名在江戸交替相定ムル」ために江戸にも屋敷を構えた。安政三年（一八五六）頃に著された『諸向地面取調書』によると、彦根藩では上屋敷が桜田に、中屋敷が赤坂に、そして下屋敷が千駄ヶ谷、蔵屋敷が八丁堀にそれぞれ幕府から拝領されたほか、彦根藩が購入した抱屋敷や抱地が早稲田村周辺と上渋谷などに存在した。これらの彦根藩屋敷の内、江戸桜田上屋敷の一隅に庭園が存在した。

江戸桜田屋敷は、桜田堀端、現在は憲政記念館が建っている千代田区永田町一丁目に位置している。この上屋敷は、もと加藤清正の子忠広の屋敷であったが、加藤家の改易により寛永九

▶写真⑯　江戸上屋敷絵図の庭園部分（彦根城博物館所蔵）

年（一六三二）八月十二日に井伊家が拝領。一九、八一五坪五合余の広大な屋敷であった。藩主の江戸における屋敷であり、正室や嫡子が常住した。将軍のたび重なる来臨があるなど、公的な居館として国許の表御殿と同様に重要な屋敷であり、「彦根藩江戸上屋敷絵図」を見ると、屋敷の周囲に江戸定府および江戸勤番の家臣の長屋が連なり、内には表向御殿・奥向御殿・新御殿からなる御殿空間、そして屋敷の北西隅に池泉回遊式の庭園が築かれていた（１７４頁・写真⑯）。池泉は瓢箪型で中央付近に橋が架かり、護岸の要所には景石が配されていた。池泉の周囲には築山や樹林が広がっていたようだ。

彦根龍潭寺の庭園

慶長五年（一六〇〇）、関ヶ原合戦に勝利した徳川家康は、のちに徳川四天王の一人として讃えられる井伊直政を佐和山城主とした。このことを機に、井伊谷龍潭寺昊天崇建禅師によって佐和山の西麓に彦根龍潭寺が創建された。昊天禅師は、井伊谷龍潭寺の五世であるとともに、彦根龍潭寺の開山ともなったのである。工事は慶長七年（一六〇二）に着手され、方丈が落慶するのは元和三年（一六一七）のことである。そして翌年から方丈南庭と書院東庭の作庭が始まった。

方丈の南庭は、「ふだらくの庭」（１７６頁・写真⑰）と呼ばれる枯山水の名庭である。

一面に敷き詰められた白砂と、その上に配された大小四十八個の石などによって、観音菩薩のいる補陀洛山（ふだらくさん）一帯が表現されている。白砂は大海、杉垣は水平線、中央のひときわ大きな島が補陀洛山で中央の立石は観音の立ち姿を表しているという。

書院東庭（177頁・写真⑱）は佐和山を背景に、山裾の斜面に造営された庭園で彦根市指定文化財となっている。築山は山麓を利用して高く築かれ、裾を巡るように池を設けている。庭園の南隅には石組で高い滝口が組まれている。池の左側に配された岩島が亀を表し、右の木が鶴を表現した鶴亀蓬萊庭園（つるかめほうらい）と称される。佐和山を取り込み、書院からの鑑賞を主眼に造営された池泉観賞式の雄大な庭園である。

井伊家十三代の直弼は、この庭園の池を愛で

▶写真⑰　龍潭寺庭園　ふだらくの庭／滋賀県彦根市古沢町

世間に　すむとにごるの　あともなく
この池水の　いさぎよきかな

と自作和歌集『柳廼四附（やなぎのしずく）』に認（したた）めている。

書院北庭は造園を学ぶ僧たちが修行するための庭であったという。臨済宗妙心寺派の龍潭寺は、禅宗を学ぶ道場として栄え、最盛期には二百人を超える僧が修行した。

その修行の中に園頭科（おんずか）が置かれ、造園を学ぶ僧たちが造園学を学んでいたと伝える。

井伊谷龍潭寺の庭園

浜松市北区引佐町井伊谷は、井伊家発祥の地である。

寺伝によれば天平五年（七三三）、行基によって開かれたとされ、当初の寺号は「地蔵寺」で

▶写真⑱　彦根 龍潭寺庭園　書院東庭

あったが、井伊家始祖となる共保（ともやす）が遠江守に任ぜられて井伊谷に住し、寛治七年（一〇九三）に当寺に葬られた際、その法号から「自浄院」に寺号が改められた。以後、五百年余の長きにわたって井伊谷における井伊家の菩提寺として存続することになる。この間、元中二年（一三八二）に後醍醐天皇の皇子であった宗良（むねなが）親王の逝去により寺号を法名に因んで「冷湛寺」と改めており、その冷湛寺も永正四年（一五〇七）に井伊家二十代直平が黙宗瑞淵（もくしゅうずいえん）を招いて開山とし、寺号を「龍泰寺」に改めている。さらに龍泰寺も永禄三年（一五六〇）に井伊家二十二代直盛が桶狭間で戦死したことにより、直盛の法名に因んで現在の「龍潭寺」の寺号が誕生した。

　本堂北庭（写真⑲）として築かれた庭園は、江戸時代初期に茶人で造園家としても知られた

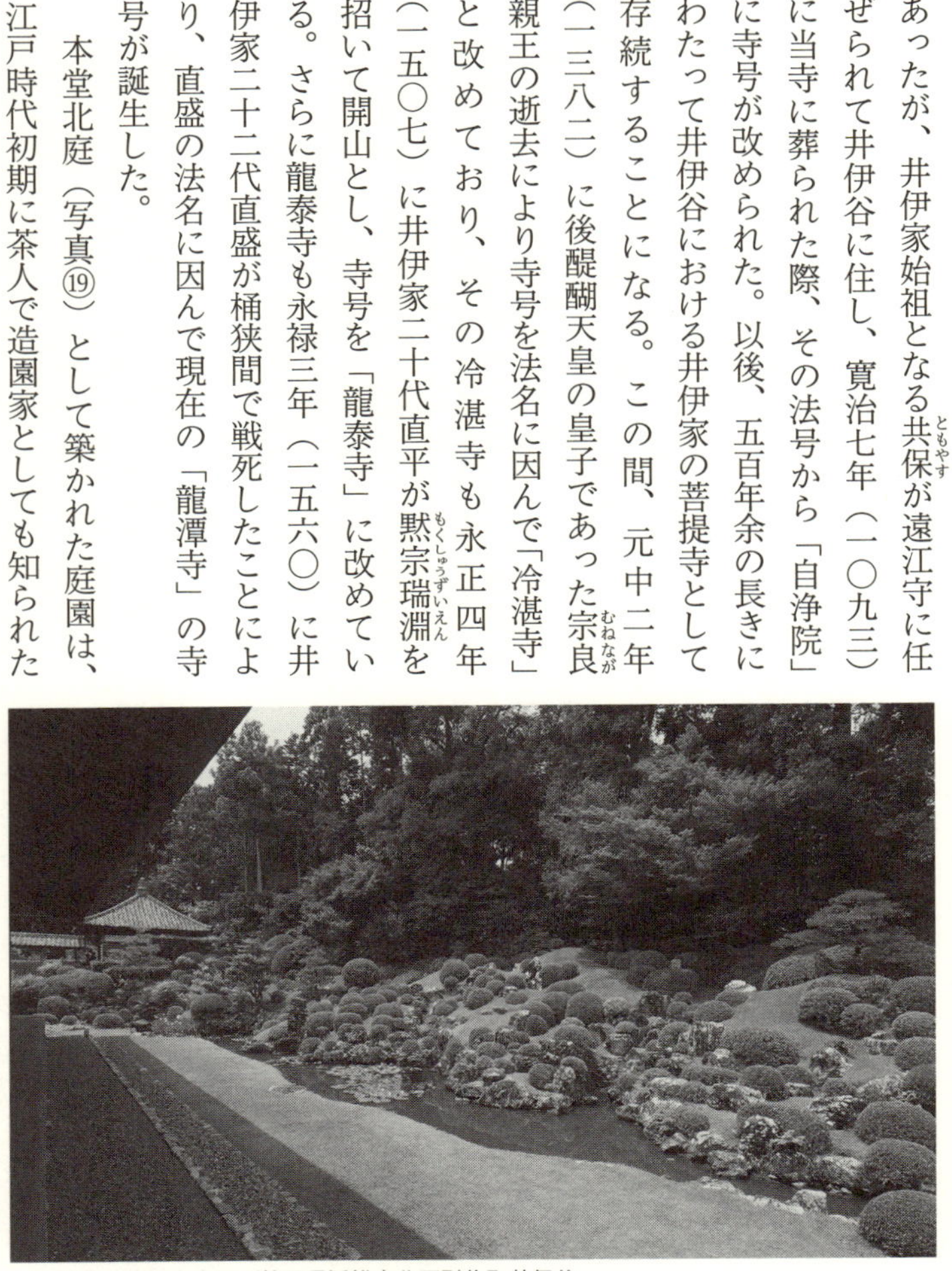

▶写真⑲　龍潭寺庭園／静岡県浜松市北区引佐町井伊谷

小堀遠州が作庭した庭と伝える。本堂から眺める池泉観賞式の庭園であり、重なる築山の中央に守護石、その左右に仁王石、池の手前に礼拝石などが配されるほか、枯滝や渓谷などが石組で表現されている。池は「心」字形を呈しており、池に向って鶴と亀の出島が造形される。春のさつき、秋の満天星など四季折々に変化に富んだ植栽もみごとである。国の名勝に指定されている。

近江の「オコナイ」と遠江の「おくない」
湖北を結ぶ祭礼の不思議

中島　誠一

はじめに

滋賀県長浜市の博物館に民俗担当学芸員として勤務して三十年余が経つ。種々の展示を行ってきたが、その中でもオコナイは三回の特別展を開催、その都度、図録も出版し、拙稿もあり自分のライフワークとして位置付けていた。私自身はオコナイを次のように規定している。

「オコナイは村内の豊作・大漁・安全などを祈願して一月から三月にかけて行われる行事である。籤や順番で決められた頭屋・頭人を中心に、巨大な鏡餅や掛餅・造花による荘厳、乱声、牛玉宝印の授与などが特徴的に見られる。オコナイは現在、西日本の各地で認められるが、特に近畿地方、近江の湖北・甲賀両地域に高い密度を示す。華の頭（滋賀県米原市志賀谷）、シュウシ（滋賀県長浜市木之本町杉野）、シンシホツガン（滋賀県湖南市西寺）、イモクイ（滋賀県甲賀市甲南町竜法師）、鬼祭（佐賀県藤津郡太良町大浦）など、オコナイ行事の一部を名称とする地域も多い。オコナイとカタカナで表記するのは村によってさまざまな表現をするからである（例えば行・神事・お講内・おこないなど）」

滋賀県の湖北地域は全国的に比類のないオコナイ集中地域であり、長浜市内だけで二百を超す類例が確認できる。近年は社会環境の激変とともにオコナイ行事の存続が問われる

▶川道神社／滋賀県長浜市川道町。一俵の餅米でつくる巨大な鏡餅
（『オコナイ　湖国・祭りのかたち』LIXIL 出版提供）

▶薬師堂の荘厳／滋賀県長浜市木之本町杉野（『オコナイ　湖国・祭りのかたち』LIXIL 出版提供）

ことも多く、切実なテーマとして講演を求められることが多い。それほどオコナイは湖北人の心をつかんだ行事なのである。ところが私の拙い話が終わると例外なく次の二つの質問を浴びせられる。

「オコナイは京都の御所の鬼門除けと聞いていますが?」

「オコナイは彦根の鬼門除けで井伊の殿様が奨励したそうですが?」

というものである。一笑に付していたものの、ここまで重なるともう無視できない。考える必要があるなと思っていた矢先のこと、井伊家の本貫の地に「おくない」という行事があることを知った。

　あの暖かい静岡県にオコナイがある?　オコナイは西日本がメッカであるはず?　勧められた小さな本『湖の雄　井伊氏〜浜名湖北から近江へ、井伊一族の実像〜』所収「井伊氏と芸能」創碧社、二〇一四年（以後『湖の雄』と略）に半信半疑ながら目を通し、驚嘆した。その内容は「近江の湖北に伝わるオコナイ、それも豊かな芸能をともなった修正会」であった。井伊氏本貫の地、浜名湖の北、井伊谷のおくない行事を知った以上、西日本、中でも近江がオコナイの中心地であることを常日頃から標榜している自分としては避けて通れないテーマであった。

井伊氏本貫の地　遠江国引佐郡井伊谷

近江彦根藩主井伊氏は遠江国引佐郡井伊谷（静岡県浜松市北区引佐町井伊谷）を本貫の地とする国人領主であり、始祖は寛弘七年（一〇一〇）「井中出誕の奇瑞」と称せられる共保に遡るという。井伊谷でおくないと呼ぶ行事は、浜名湖の北、湖北と呼ばれる地域で執り行われる。『湖の雄』によれば「修正会の呼称として〈おこない〉が定着した地は近江と遠江に集中する。不思議なことにいずれも井伊氏と深くかかわる地である。ただ近江の〈おこない〉は特殊な形の鏡餅・掛餅などの献供や荘厳を特徴としているが、遠江のそれは盛飯・鏡餅などの献供と猿楽能や予祝芸能（田遊びなど）を組み合わせている」とある。この指摘は正鵠を射たものである。

詳しく井伊谷のおくない行事を見てみよう。

懐山（浜松市天竜区）のおくないは、その内容の豊かさに括目すべきものがあった。落人伝説もしかりのこの地域に、人々は棚田に米を育て、今では茶園が主流となっている畑に麦や雑穀、サツマイモを作って暮らしてきた。おくないは懐松山泰蔵院で正月三日（旧来は五日）に行われるが、本来は泰蔵院に安置されている新福寺の阿弥陀様の祭りである。伝承しているのは住民全体で、禰宜（鍵取り）だけは世襲。その演目は多岐にわたる。ジン（順）の舞・三つ舞・槍の舞・片剣の舞・片剣の舞もどき・両剣の舞・両剣の舞もどき・翁松かげ・宵の獅子・鬼の舞・仏の舞・年男・田植え・昼飯持ち・女郎の舞・稲むら・駒の舞・猿追い・綿買い・塩買い・悪魔払い・夜明けの獅子・舞い納めである。そして芸能を彩る仮面の多様さ。

このおくないから即座に連想したのは、実は近江のオコナイではなく、大分県国東半島に伝わる修正鬼会そして佐賀県藤津郡太良町竹崎の修正鬼祭りであった。国東半島は六郷満山と呼ばれる天台宗のメッカであり、僧侶が扮した鈴鬼の舞・赤鬼、黒鬼の松明乱舞が見られる。盛時には六十五ヶ寺で行われていたというが、現在では三ヶ寺のみで行われている。竹崎の修正鬼祭りは樫の棒を束ねて本堂に打ち付ける「大聖棒打ち切り」や童子の舞、そして圧巻は、鬼箱の持ち出しを阻止する「鬼攻め」であった。共通するのはやはり豊かな芸能とこれらの芸能を彩る仮面の多様さであった。

これらの鬼祭りと類似するといっても、井伊谷のおくないとは大きな違いがある。それは地元の僧侶のかかわり方だ。井伊谷のおくないには僧侶のかかわりがほとんど見られず、高度な芸能を村人が自ら伝承している。この点、近江のオコナイ、特に村人を中心とした湖北地域のオコナイと見事な共通点が見いだせる。なお近江には甲賀地域にもオコナイが伝承されているが、これは明らかに天台宗の僧侶の関与する密教系オコナイ行事であるとはいえ近江のオコナイには芸能的要素が極めて希薄である。

▶ひよんどり（宝蔵寺観音堂／静岡県浜松市北区引佐町渋川寺野）
国の重要無形民俗文化財に指定。「鬼の舞」は三匹の鬼が激しく舞いながら松明を乱打する
（奥浜名観光協会提供）

▶ひよんどり（福満寺薬師堂／静岡県浜松市北区引佐町川名）
切火で火を点けた松明を薬師堂に献納する。しめ縄を巻いた若者が松明を堂内に入れさせないように防ぐ（奥浜名観光協会提供）

▶薬師堂／滋賀県長浜市木之本町杉野。締め太鼓を胸に抱いた二人の若者が堂内中央に立ち、太鼓を激しく打つ。松明を持った村人たちは、「燃えた、燃えた、燃え鉄砲のハンジキじゃ」と唱えながら堂内をめぐる（『オコナイ　湖国・祭りのかたち』LIXIL 出版提供）

▶宝蔵寺観音堂／静岡県浜松市北区引佐町渋川寺野

▶薬師堂／滋賀県長浜市木之本町杉野

勇壮なおこないを伝えるのが、井伊氏本貫の地、川名の福満寺薬師堂（浜松市北区引佐町川名）と寺野の宝蔵寺観音堂（浜松市北区引佐町渋川寺野）に伝わる「ひよんどり」である。「ひよんどり」は、松明の行だが、ここにはオコナイに欠かすことのできなかった宝印作りも伝わっている。また、神社と薬師堂・観音堂が境内地を同じくする光景、コウシバで飾られた内陣の飾りつけも近江のオコナイを彷彿とさせる。近江のオコナイの行事構成も異なるものではなく、遠江国のおくないとの共通項が多くみられるのである。

おくないとは関係がないが、宝蔵寺の山号は「直笛山」という。この山号は弘治元年（一五五五）直虎の許嫁の亀之丞（井伊直親）が信州から井伊谷へ帰る際に「青葉の笛」を寄進したことによる。また、福満寺は井伊家との縁も深く、直虎が寄進した梵鐘があったと伝わる。

天の川以南にはオコナイがない

ここで井伊氏の近江における領国拡大の歩みを整理しておきたい。

慶長五年（一六〇〇）九月、関ヶ原の戦いにおいて井伊直政は大きな功績をあげた。それに応える形で直政はこれまでの上野国（群馬県）高崎十二万石から近江の国佐和山十八万石へと加封された。その時の所領構成は、近江国で十五万石、上野国で三万石であった。

更に近江十五万石は「慶長十七年高辻帳」により大坂の陣の功績で加増、坂田・犬上・愛知・神崎の四郡に広がり坂田郡は天の川より南、犬上郡は一円、愛知郡は蚊野（愛荘町）と高野村（東近江市）周辺を除く地域、神崎郡は愛知川の両岸に分布し、その所領配置は後に藩領が二十八万石となった時と比較すると、極めてまとまっていた。

その後、寛永十年の加増により、彦根藩三十万石の領地高が確定。その覚えによれば

一、高三万石
　内
壱万五千七百三拾四石七斗余　江州伊香郡
六百六拾七石三斗余　同　蒲生郡内
千石　同　愛知郡内
千六百七拾三石九斗余　同　坂田郡内
壱万九百弐拾三石九斗余　同　浅井郡内

これによれば当初の犬上・坂田・神崎・愛知の四郡からあらたに蒲生・浅井・伊香の三郡に広がり、しかも慶長期の十五万石と比較すると、周辺部の郡ではかなりの散在性を見

せている。

この事実はオコナイを考えるうえで興味深いものがある。すなわち「大坂の陣」で加増された坂田郡の「天の川より南」は「オコナイがない」といわれている地域なのである。『新修彦根市史民俗編』によれば「城下を含めて、彦根藩領であった現彦根市域に、特記すべき民俗事象が薄い、彦根藩は民俗儀礼の肥大化を抑え、倹約を奨励する方針であったのである」と述べられている。

それに対して寛永十年（一六三三）の加増ののち新たに彦根藩領となった二万六千石余の湖北地域、すなわち伊香郡、浅井郡はオコナイの実施率が極めて高い地域である。これは偶然なのであろうか。穿った見方をすれば彦根藩の統治は天の川より北では「民俗儀礼の肥大化を抑え、倹約を奨励する方針」ではなかったということになる。これが事実であれば「オコナイは彦根の鬼門除けで井伊の殿様が奨励したそうですが？」という質問が出てくる可能性も否定できないのである。

杉野のオコナイ行事と「五人組」制度

杉野は木之本町の北東部に位置し、西は余呉町、北に横山岳（一一三二メートル）が聳える杉野谷の中央を占める農・林業地域。林業との兼業農家が多く、下流高月町への出作も行われていた。幕末まで彦根藩領であり明治の頃の生業は、農業のかたわら炭焼き・木挽・採薪あるいは養蚕・製糸などが主であった。オコナイは、旧来の地区割りで杉野川の上流より、上地区・中村地区・向地区に分けて　それぞれ行われる（以下、上・中・向と略する）。オコナイの日は、本日（ほんび）が上（二月十三日）中（二月八日）向（二月十五日）であった。現在、湖北でも人寄りの都合から日曜にオコナイの日を遷す村が多くなってきたが、この杉野地区も例外ではなく平成十五年は二月第二土・日曜日に三地区同日に行われた。本日とは、未明お堂に供物を運び、供え、シュウシの行われる日を指す。

杉野のオコナイを支えているのが、「五人組」の制度である。五人組は、オコナイを受けた家の順番で五軒が一組となり、行事の準備から次のトウシュへの受けわたしまで一部始終をサポートする。つまり杉野のオコナイはこの五人組制によって支えられ、継続してきたといっても過言ではない。であれば五人組の展開を調査することにより、杉野のオコナイの始まりの時期とは言えないまでも、その歩みを遡ることができるはずである。

五人組を明確に記した文書は、行事の合間のわずかな時間に新しい五人組を書き足し、餅の切り型などとともに新しいわらでユリワに編みこまれ、トウヤの象徴として一年間、床の間の上部に飾られるのが決まりである。また、組によっては他見を許さぬ神聖なものでもある。ユリワは、オコナイの際にお鏡餅を作る円形の枠であり、杉野の場合、連綿と続く頭役帳をユリワの中に編み込むという実に手のこんだ方法を行っている。

頭役帳に記された最も古い年代は、天明三年（一七八三）で次のように記されている。

右者毎年祭礼為行セ正月
拾五日永々賑敷執師相勤
申度候ニ付惣若衆中相談之上
極メ置申処実正也　右ケ條之外
□調物堅ク仕間敷者也　為後日
奥書仍而如件
　天明三歳
　　卯之正月吉日
　　　組衆中
　　　惣若衆中

これによると従来、オコナイの日は正月十五日であったことがわかる。またその担い手が若衆とよばれる人々であったこと、これ以後、五人組という組織がこれに代わるものとしてオコナイ行事を受け持つことになり、現在に至るまで五年ごとの書き改めの表現が連綿と続く。

五人組以前

では五人組が登場する以前の形はどうだったのだろう。頭役帳の末尾に記された組衆中もしくは惣若衆中と記された人たちが、その担い手であったことは間違いない。ところが組衆中の組が何をさすのか。オコナイの組なのか、向組すなわち向村の人たち全体を指すのかは定かではない。

惣若衆とは何か。通常､惣は南北朝から室町時代にかけて現れた農村の自治組織をさす。畿内は先進地域であり、すでに鎌倉末期にはその姿が確認されるが、惣の若衆中といえば通常、若者組、つまり村または部落単位に形成される青年男子の年齢集団の一種である。向村に若者組があったかどうか知るよしもないが、少なくとも江戸時代中ごろ、オコナイのなかで大きな役割を果たしていたのだろう。そして重要なのは向村では、オコナイを「執師(しゅうし)」と呼んでいたことである。この呼称は現在も生き続けており、向村の人たちは村人全員が集まって行う厳粛な直会の儀式をオコナイとは区別して、「シュウシ」とよんでいる。酒を酌み交わす儀式が多く含まれているため、村の人たちは「酒仕＝シュウシ」と思っているようだが、元来、執師という言葉は、執事からきた言葉であり、「物事を執り行うこと」が「物事をとり行う人（師）」に転意したと思われる。（伊藤唯真『日本人と民

俗信仰』法藏館、二〇〇一年）

向村ではまたこの行事全体を薬師行（オコナイ）と呼んでいる。これは中・上も同様であり、村の薬師堂の仏の前に花・餅を荘厳し、オコナイ行事を執り行うという行事そのものに付けられた呼称である。これらの行事の大半は、現在、他見を許されている。しかしシュウシの場はこれを許可されない場合がある。その理由は、村の内部協議を行うこと、シュウシは、粛々と行われるトウヤに対する一年間の労い、つまりオコナイの執師を、村の人たちが褒め称え、その喜びを盃事で分かち合う厳粛な無言の行、村の永続を祈念する重要な儀式という思いが強いからであろう。

では向村のオコナイは当初から、この薬師堂で執り行われたのだろうか。黒田龍二氏は湖北に残るオコナイ行事と建造物の関係を調査するなかで、杉野に残る薬師堂に注目し、中村の八幡神社薬師堂の建立は、寛永十七年（一六四〇）に遡ると鰐口の記年銘から判断した（黒田龍二・疋田誠二『滋賀県湖北地方の切妻型オコナイ堂』日本建築学会学術講演梗概集、一九九六年）。

寛永十七年というと、向村の頭役帳に記された天明三年（一七八三）と優に一四〇年余の年代的開きがある。建立当初から、この薬師堂を中心としてオコナイがなされたかどうかは断定できないまでも、現在我々が目の当たりにする杉野のオコナイの形、堂内で松明踊りのあと、お鏡を供え、仏を花で荘厳し、シュウシを行うというプロセスが、ほぼできあがったのが、この時期とみてもいいだろう。この時代、湖北の村々を浄土真宗への転宗の嵐が吹き荒れるなか、杉野では村人の手によって密教系の薬師堂が建てられ、オコナイの形も整備されつつあったことは注目すべきである。実際、杉野三村が真宗各派へ完全転宗したのは周囲の村に比較すると随分遅かった。『近江伊香郡志』には、杉野村の転宗の様子を「転宗の最も早かったのは、杉野村の枝郷である杉野下村（現在の杉本）の専心寺ですでに永仁年中（一二九三〜一二九九）覚如に帰依して天台宗から真宗となった。また同報土寺も元、天台宗であったが文明年中（一四六九〜一四八七）、蓮如に帰依し六字名号を与えられ転宗した。これにたいして上・中・向の転宗は遅く、近代になって転宗したものが多かった。上の長通寺は元、天台宗であったが、明治十二年（一八七九）、大谷派道場から現在の真宗本願寺派になった。中の龍山寺は元、天台宗であったが、明治十三年（一八八〇）に真宗大谷派となる。向の元龍寺は元、天台宗であったが、明治十三年に真宗大谷派となる」。この転宗の遅速の差が現在の杉野のオコナイにどのように影響を与えたか、断言することはできないが、オコナイの供物に古態が認められ、独特の荘厳を伝承する村々の中核にはいずれも密教系寺院の存在・伝承があることは事実である。

ではオコナイは薬師堂で開始されたのであろうか。実はその段階を思わせる資料が滋賀県長浜市木之本町杉野には残存する。杉野に鎮座する横山神社はその社伝によると、推古天皇の二年（五九三）に、杉野村の北にそびえる標高一一三二メートルの横山岳の南斜面に建立されたと伝える。横山岳は伊香郡や浅井郡の村々から望むことができ、その雄大な姿は信仰の対象とされてきた。本社は、その中心を担ってきたと考えられ、『延喜式』の伊香郡横山神社にも比定される。天徳元年（九五七）、合祀していた本地仏・馬頭観音を横山村（長浜市高月町）に移し、本宮も永享十一年（一四三九）には現在地へ遷座したといわれる。

修正会と御正体

この横山神社には木札類九枚が伝来し、鎌倉時代、本社に田畑を寄進したことを示すもの三枚を含むが、そのほか尾亀寺造営に伴う山川の境を、地頭と領家方の百姓が定めた中世の木札が残る。尾亀寺は現在、明治十二年（一八七九）まで杉野村の枝郷で杉野下村と称した杉本の墓谷山山腹に観音堂があり大亀山南卦寺と号し、最澄自刻の千手観音を安置している。

このように中世の史料を伝える本社は、また御生体が多く伝世することでも知られている。御生体とは、鏡面に神影像を毛彫りしたり、本地仏像を彫ったりしたものであるが、本社には像のみ、鏡板のみのものも含めてその数は六十点にもおよび、このほかに若干の部品、破片がある。そのうち、紀年名遺品は滋賀県下の社寺では最多の九面を数える。その内訳は、明応八年（一四九九）から享禄三年（一五三〇）まですべて室町時代のものである。そして八面の紀年銘遺品はいずれも正月三日の奉納であり、頭人名が記されているものも多く含まれている。（『懸仏の世界 ― 神仏習合の歴史と造形 ―』滋賀県立琵琶湖文化館特別展図録、一九九七年）

この御正体の存在は大きい。すなわち正月三日という日は、元日から三日間または七日間あるいは八日から七日間行われた年頭に罪けがれをはらい五穀豊壌を願う修正会が、寺社で行われる日であった。杉野ではこの日、オコナイの当人が御正体を横山神社に奉納する習わしであったことが判る。つまり現在の杉野のオコナイ行事の前身には、修正会が確実に行われていたのである。

修正月、すなわち正月に修する法会は、仏教説話集『三宝絵詞』の正月の記載にみえる「身の上のことを祈り、年の中のつつしみをなすに寺としておこなはぬなく、人としてきよまはらなければ」と年の初めに人々の安全と国家の安穏を祈願する重要な社寺の行事である。きよまるは清まると考えられ、神仏の前で一年の罪過を懺悔する、すなわち仏教でいう悔過の必要性を述べている。杉野のオコナイは、厳しい精進潔斎が要求されるのが特徴であるが、それは修正会の内容と合致している。ただし社寺の行事とはいえ本来は悔過そのものも、日本人の持つ民族的特性である年頭にケガレをはらい身を清浄にする観念を習合したものである。（『オコナイの源流を求めて』市立長浜城歴史博物館特別展図録、

二〇〇一年『宗教民俗論の展開と課題』所収「オコナイにみる荘厳」法蔵館、二〇〇二年）

横山神社で行われた修正会がどのようなものであったか、判らないが御正体の墨書には、横山明神そして本地仏の馬頭観音の名号が記され、正月三日当人とあり、神社伽藍のなかで厳かに懸け仏を奉納する中世、杉野村の村人の姿がそこにはある。

ではなぜオコナイの場は、村の中の薬師堂へ移動したのか。これを解くカギは、オコナイを担う人たちの変化にあると思われる。すなわち、中世、横山神社に村の安全と五穀豊壌を祈願し御正体を奉納できる者は、杉野の農民の中でも主導的地位にある者であった。これがいわゆる名主層の存在であり、彼らは単に富める農民というだけではなく、当然、祭礼の主導者としての任務を負っていた。特に修正会は、年頭、村の繁栄を祈願する重要な儀式と位置づけられ、財力を注ぎ御正体を神仏に奉納したのであろう。

さて太閤検地を画期とする幕藩体制の成立は、これら名主層を否定し、村の祭司組織そのものの大きな変更を余儀なくした。しかし営々と続けられてきた村の安全・五穀豊壌を祈願する修正会、そしてオコナイは村の人々にとって必要不可欠の行事であった。どのようにしてこの行事を伝えていくのか。頭役帳に記された連綿と続く人々の名前は、時代の変遷のなかあらゆる知恵をしぼり出し、未来永劫にまでオコナイを伝承しようとした人々の英知の記録でもある。一部の人々による修正会への奉納、村人全員が参加する薬師オコナイ、回り番による当人の割当、そして五人組というサポートシステムの整備、これらは村の自治組織の伝統を継承する人々の英知がなし遂げた歴史である。

オコナイと呼ばれる行事が実は、執師という村落経営の協議の場であったことなど、井伊谷の名主層がおくない行事を継続してきた目的と重なり合うものである。井伊氏は「民俗儀礼の肥大化を抑え、倹約を奨励する方針」だけでなく、本貫の地である井伊谷で行われているおくない同様に、彦根藩領、杉野村で行われている大規模なオコナイ行事は五穀豊穣、村内安全を祈る祭り＝神事であることを理解し、容認していたと考えられる。

今も残る「井伊さんの鬼門除けとしてオコナイが奨励された」という伝承はその証左であろう。『新修彦根市史民俗編』には「城下を含めて、彦根藩領であった現彦根市域に、特記すべき民俗事象が薄い」「彦根藩は民俗儀礼の肥大化を抑え、倹約を奨励する方針であった」とも記されているが、井伊谷を本貫の地とする井伊藩にとってオコナイはむしろ奨励すべき行事であったのかもしれない。

最後に、オコナイとは関係ないが井伊の殿様のまつりＤＮＡについて触れておきたい。第十一代藩主井伊直中は能楽を非常に好み、寛政十一年（一七九九）から喜多流の能役者喜多織衛など十数名を召し抱えた。退隠後も、槻御殿や表御殿の能舞台で盛んに演能を催していた。能の謡や楽器にも興味があり、詠歌点茶挿花等に通暁していた。その直中が、長浜の子ども歌舞伎（狂言）を招聘したというのは頷けること。なんと二回も曳山ごと招き、くみ上げさせ、城中で子ども狂言を観覧、ご褒美として十二の山組に面を下賜している。また井伊家の人々はたびたび曳山祭見物に来浜している。天明五年（一七八五）には井伊直富（十代直幸の世継）が大手通りの桟敷「銭作席」で見物。また寛政八年（一七九六）に若殿井伊直清（十一代直中の世継）が、同十二年には量寿院（直中の母）が見物している。天保九年（一八三八）には桟敷「銭作席」で井伊直容（十代直幸の子ども）が見物。また文久元年（一八六一）に耀鏡院（十二代直亮の継室・後妻）が「安浄寺席」で観覧している。倹約を奨励する藩主とまつり大好きの殿様のバランスをとるなら「曳山狂言は好ましくないが、子ども狂言いわんや神事なら許される」という相互理解があったとしたら、オコナイと共通するものがあるだろう。なお長浜曳山祭ではないが、筑摩の鍋冠祭を直亮が観覧しており、その祭礼行列が絵巻ものとして伝えられている。

井伊家十四代

彦根商工会議所通信「不易流行」連載

彦根城博物館

▶井伊直政画像（彦根城博物館所蔵）

初代　井伊直政（一五六一～一六〇二）

生い立ち

井伊直政は、永禄四年（一五六一）、遠江国井伊谷（静岡県浜松市）で誕生しました。父の直親は井伊谷城主としてこの地を治めていた人物です。

井伊一族は、古くから西遠江に勢力を持つ名族として周囲に知られた存在で、駿河の戦国大名今川氏の配下にありました。今川氏のもと、駿河・遠江地域の秩序は保たれていましたが、永禄三年の桶狭間の戦いによって周辺の状況は一変します。この影響で直親と今川氏との関係が悪化し、直親は謀殺されてしまいました。このとき直政は数え年二歳。今川から隠れるように一族や寺院のもとでかくまわれて育てられました。

天正三年（一五七五）、十五歳になった直政は徳川家康の家臣となります。当時、家康は井伊谷のある遠江へ進出しており、成人した直政はその配下に入ったのでした。

家康は、遠江国きっての名族である井伊家の当主をしかるべき立場に処遇します。天正十年、武田勝頼が織田信長に滅ぼされ、その直後に本能寺の変が起こると、徳川家康は武田旧領に兵を向け、その地を領することに成功しました。このとき、武田旧臣を徳川方に組み入れる交渉をした中心的な一人が井伊直政でした。地域の武士たちを味方に引き入れる交渉に、隣国にも聞こえた井伊の名前が武器となることが想定されたと考えられます。

「井伊の赤備え」の誕生

家康は、この務めを見事に果たした直政を侍大将に取り立てました。家康家臣の木俣守勝・西郷正友・椋原政直を家老とし、武田旧臣をまとめて直政に付けました。同時に、武田の兵法も井伊隊に引き継がせました。その象徴が、甲冑はじめ武器類を朱色で統一する「赤備え」です。家康の政策によって、名族井伊を大将とし、武田の戦法を継承する精鋭部隊が創り出されたのでした。

「井伊の赤備え」隊のデビュー戦となったのが、天正十二年の小牧・長久手の戦いです。秀吉と家康とのただ一度の直接対決となったこの戦いで、直政隊は家康旗本隊の先鋒として布陣します。両軍が対峙する中、秀吉方の別働隊が家康の本領三河を襲おうと兵を動かすと、家康はそれを追撃し、直政隊は池田恒興・森長可らを討つ活躍を見せます。その勇猛な戦いぶりは、「赤備え」とともに世に轟きました。

ただ、初めて侍大将として出陣した直政は、家臣の統率は不慣れだったようで、長久手の戦場で敵武者と交戦していると、「侍大将がすることではない」と家康側近からたしなめられる場面もありました。

天正十八年、家康が関東に領地替えとなると、直政は上野国箕輪（群馬県高崎市）に十二万石を授かりますが、この領知高は先輩諸将を超え、家康家臣の筆頭となりました。これは、豊臣秀吉から授かった官位（かんい）の序列を反映したものと考えられます。

その後、慶長三年（一五九八）には箕輪から和田に居城を移し、そこを高崎（たかさき）と改称しました。

関ヶ原合戦勝利の原動力

慶長三年に秀吉が死去すると、諸大名の覇権争いから関ヶ原合戦へと至ります。この時家康が勝利できたのは、合戦までに多くの味方を獲得できたからでした。

その中核を担ったのが直政です。直政はまず、黒田長政と盟約関係を結びました。当時、秀吉配下の大名内部では、朝鮮出兵で厳しい戦闘を経験した部将たちが石田三成ら吏僚派へ反感を強めていましたが、黒田長政もその一人でした。直政は長政を介して反三成派の豊臣諸将を徳川の味方に引き入れていきました。秀吉没後から数ヶ月の間、激しい政治抗争により家康と石田三成の間で一触即発の危機が生じましたが、長政が諸将を誘って家康邸を警護し、家康の力を見せつけたことで、衝突は避けられています。

この構図は、関ヶ原合戦に引き継がれます。慶長五年（一六〇〇）、会津の上杉景勝に向けて出兵した家康のもとに、石田三成が挙兵したとの知らせが入ります。同行した豊臣諸将と協議し、兵を戻すことにしました。この時の進軍計画は、豊臣諸将とその目付役の直政が先手（さきて）として東海道を進み、徳川秀忠を大将とする徳川本隊は東山道を進軍し、両隊と家康が清須（きよす）で合流して西軍と対決するというものでした。直政は体調不良で出発が遅れますが、まもなく豊臣諸将に合流します。彼らを束ねられるのは、直政以外には考えられなかったのでしょう。

豊臣諸将たちは一刻も早く三成を討ちたいという思いに駆られ、家康の思惑を超える勢いで進撃し、家康の到着を待ちあぐねていました。そのため、家康が清須に到着すると、直政はすぐに対面し、東山道の秀忠隊を待つという当初計画を変更し、即時決戦するよう求めました。豊臣諸将と行動をともにしている直政は、これ以上彼らを留めれば、家康から離反して単独で三成を攻撃しかねないと考えたのです。秀忠隊の「遅参」と言われますが、彼らに非があるというより、東海道勢の状況変化にあわせて当初計画を変更したというのが実状でしょう。もちろん直政も徳川本隊不在のまま決戦に臨む意味を承知していました。

九月十五日の関ヶ原合戦当日は、井伊直政とその娘婿で家康四男の松平忠吉（ただよし）が、先鋒（せんぽう）を務める福島正則隊の前へ出て敵へ攻撃をしかけ、開戦の火ぶたを切りました。あえてこのような抜け駆けをしたのは、徳川本隊不在の決戦を唱えた直政が、自分自身の手でこの戦いを「徳川の戦い」と性格づけるために取った行動と考えられます。

合戦後も、敗軍方との和議交渉や味方の戦功認定、恩賞の配分など、やるべきことが山積していました。ここでも直政は、合戦で負傷しながらも先頭に立って話をまとめていきました。

直政自身への恩賞としては、石田三成の居城であった佐和山城が与えられ、六万石加増の十八万石となりました。佐和山は京都に近い要衝の地であり、徳川最強を誇る井伊家の部隊が、京・大坂・西国へ対峙する位置に置かれたのです。合戦後も戦後処理に奔走した直政でしたが、合戦で受けた鉄砲傷が悪化したのか、慶長七年（一六〇二）二月一日、佐和山城にて死去しました。

井伊直政は、軍事上は主要な一部隊を率いる大将であるとともに、政治交渉では家康の片腕ともいえる存在でした。江戸時代、直政は「開国の元勲（げんくん）」と評され、関ヶ原に勝利して幕府を開いた功労者と讃えられました。

（学芸員　野田浩子）

徳川筆頭に出世できた訳は……

直政は、若い頃に武田旧臣を徳川に取り込む交渉を担ったのをはじめ、関ヶ原合戦後の和議交渉まで、多くの局面で対外勢力との交渉に尽力しました。それは、交渉能力に優れていたことを家康が見抜いたからでしょう。

では、直政の交渉術とはどのようなものだったのか、一例を見ていきましょう。

天正十四年、豊臣秀吉が家康の上洛を求めるために母である大政所（おおまんどころ）を人質として岡崎城に送った際、彼女を預かり、家康が戻った後には京都へ送り届けたのが直政でした。岡崎城では、他の家臣が屋敷の周りに薪を積み上げ、万一の場合には火をかけようと脅したのに対し、直政は日々大政所の機嫌を伺い、果物や菓子を届け、政治の都合で遠くまでやってきた大政所を気づかいました。

この対応の違いに、直政の交渉センスが現れているといえるでしょう。直政は、何をすれば相手が喜び、自分たちに好意を抱くかを考えて接しています。それが心を許し、味方を増やすことにつながるからです。

大政所を送り届けた際、秀吉は岡崎城での応接ぶりを聞いて満足し、直政に褒美を与え、さらに、先に本多忠勝らに与えたのよりも上位となる「侍従（じじゅう）」の官位を授けました。もちろん、この官位授与には、家柄など他に考慮された点もあったと思われますが、直政の交渉能力が秀吉に好印象を与えたのは間違いなさそうです。

秀吉から評価されて与えられた官位に基づき、直政は先輩武将を超えて徳川家臣内の序列で筆頭となり、さらに活躍の場が広がることとなりました。

（学芸員　野田浩子）

井伊直政年表

和暦	西暦	年齢	できごと
永禄四年	（一五六一）	一	井伊直親の長男として井伊谷に生まれる。
永禄五年	（一五六二）	二	父直親が今川氏真により暗殺され、親族宅や寺院を転々として暮らす。
天正三年	（一五七五）	十五	徳川家康の家臣となる。
天正十年	（一五八二）	二十二	武田旧臣を配下に組み入れ、部隊を組織する侍大将となる。
天正十二年	（一五八四）	二十四	小牧・長久手の戦い。初めて「赤備え」の部隊を率いて出陣。
天正十四年	（一五八六）	二十六	家康の上洛時、岡崎城で大政所（豊臣秀吉の母）を人質として預かる。
天正十六年	（一五八六）	二十八	後陽成天皇が秀吉の聚楽第へ行幸。大名並みの扱いを受けて御供の席に参列する。
天正十八年	（一五九〇）	三十	家康の江戸入りに伴い、上野国箕輪城（群馬県高崎市）十二万石を与えられる。

慶長五年（一六〇〇）四十　関ヶ原の合戦。徳川配下で唯一の本格的な部隊として戦う。戦後、近江国佐和山十八万石を与えられる。

慶長七年（一六〇二）四十二　佐和山城で死去。

井伊直政花押
慶長五年九月十四日　井伊直政・本多忠勝連署起請文
（毛利家文書・毛利博物館所蔵）より

▶井伊直孝画像（彦根　清凉寺所蔵）

二代　井伊直孝（一五九〇～一六五九）

二人の後継ぎ ― 直継と直孝 ―

井伊直政は徳川家臣の筆頭の地位にありましたが、その没後、直政の立場がそのまま次世代に継承されたわけではありません。

直政には二人の男子がいました。正室の子である直継と側室の子である直孝です。直政の死去時、ともに十三歳であり、直継が家督を継承し、家老が政務を執ることになりました。ところが、新体制となった家中で深刻な内紛が持ちあがります。若い直継では個性の強い家臣たちをまとめきれず、一旦は幕府の介入で収拾しますが、その後も彼の政務は要領を得なかったようです。

そこで、慶長十九年（一六一四）、大坂冬の陣に際し、徳川家康は直孝を井伊家の大将に指名し、合戦後、正式に直政の家督を継承するよう命じました。直孝は十四歳の頃より江戸城に出仕していましたが、早くから江戸の幕府重臣と彦根の井伊家重臣の間を仲介しており、徳川最強の「井伊の赤備え」部隊を率いる大将にふさわしい人物と、その才覚が評価されたのでしょう。

直継は、直政の領地のうち上野国（群馬県）三万石を分知され、安中藩主となりました。

このような経緯で当主が交替したため、彦根藩井伊家では、直孝は直政の家督を継いだとみなし、二代とかぞえました。直継は実質的には彦根藩主の地位にありましたが、家の継承という点からは別家初代とみなして、歴代当主には含めていません。

若き日の直孝 ― 才覚を示す逸話 ―

直孝の家督継承後まもなく、将軍・重臣一同が列座する機会がありました。その時直孝は、当然のように当時筆頭重臣であった本多正信(ほんだまさのぶ)より上座に着席し、将軍退出後、正信に「今日の振る舞いをいぶかしく思われたでしょうが、直政の跡を継いだ上はご了承下さい」と述べました。正信は、若年ながら堂々とした直孝の振る舞いに、さすがは将軍が抜擢(ばってき)しただけの人物と喜んだと伝わります。

これが史実かどうかという点では疑問が残りますが、若年であってものおじせず、自身の置かれた立場を正しく理解し、行動できる人物だったことがこの逸話になったのでしょう。

天下の先手

慶長二十年（一六一五）、徳川と豊臣の最終戦争となった大坂夏の陣でも、井伊直孝の部隊は活躍します。大坂城の堀を埋められた豊臣方は野戦に出るしかなく、五月六日、河(かわ)

内方面で先鋒隊が衝突します。井伊直孝隊は若江（東大阪市）で木村重成隊と戦い、勝利を得ました。さらに、大坂城総攻撃後、家康の最後の意向を大坂方に伝えに向かったのも直孝でした。最終的に、井伊隊が大筒を撃ち入れたことで豊臣秀頼らは自害を決意したといいます。

家康は元和二年（一六一六）に死去しますが、その遺言で、国家に大事があった時には、藤堂高虎と井伊直孝の二人を先手として戦うように述べたと伝わります。

豊臣家の滅亡後も、幕府は諸大名や朝廷・寺社らの勢力と安定した関係を築く努力を続けました。彦根は京都や西国に向けた徳川方の軍事拠点でしたが、直孝はこの軍事力と直政譲りの交渉力をもって、京都周辺の勢力との調整に努めました。

元和七年（一六二一）、将軍秀忠の娘である和子（のちの東福門院）が後水尾天皇のもとに入内しました。これは幕府にとって朝廷との最大の融和策といえるものです。入内の際には、直孝は内裏まで御供しており、事前の調整にも奔走したと思われます。その後も、直孝は彦根にいる限り、年始にはいつも挨拶に出向いており、東福門院にとって、常に京都に目を配っている直孝の存在は心強かったことでしょう。

将軍の後見役

このようにして幕府と諸勢力との良好な関係が築かれると、次に幕府の主要課題となったのは、全国統治のしくみの確立でした。これに伴い、直孝の役割も変化します。

寛永九年（一六三二）、二代将軍秀忠は死の直前、直孝と松平忠明（家康の外孫）を枕元に呼び、三代将軍家光の政務を後見して幕政に参与するよう遺言しました。その役割は、老中らの進める政務を大局的に判断し、将軍の決断を補佐するものといえます。確定した役職名はないものの、のちに井伊家から輩出した大老職の起源となったものです。

その他、直孝に固有の役割として、将軍本人の代理や次期将軍の後見がありました。将軍名代として家康を祀る日光東照宮に参詣したり、家光の跡継ぎとして生まれた家綱（のちの四代将軍）の元服式では加冠役（烏帽子親）を務めています。

政務参与を拝命して以来、直孝が彦根に戻ったのは、将軍の上洛後に四ヶ月程滞在した一度だけで、それ以降、終生江戸から離れず、常に将軍の側にいました。将軍家光・家綱から全幅の信頼を受け、筆頭家臣の立場から将軍の威光を支えたのでした。

「泰平の世」のくにづくり

直孝は幕政の方針に大きな影響力を行使しています。この頃は、武力を背景とした時代に終わりを告げ、平和で安定的な「泰平の世」を築こうとした時代です。

このような方針のもと、清に滅ぼされた明の遺臣から出兵の要請があった際には、出兵に積極的な意見も出る中、直孝の「何も得るものは無く、無益な出兵だ」との一言で援軍見送りが決定しました。

　また、亡くなる直前には、家臣を枕元に呼んで殉死（じゅんし）を禁じ、次の当主にも引き続き仕えるよう指示しています。この頃、主君の死を追う殉死の風潮が戦国の遺風としてピークを迎えていましたが、これは主君個人に仕えるという意識につながる行為です。直孝は、職や立場が次世代へ安定的に継続される社会を築くため、戦国以来の意識を改革する必要があると考えたのです。殉死の禁は直孝の死の四年後に「武家諸法度」に取り入れられ、直孝の提示した意識改革は世に浸透していきました。

　直孝は戦国の世を知る最後の世代です。だからこそ軍事に依らない「泰平の世」を築くことの重みを誰よりも知っており、次世代へその指針を示すことに尽力しました。


（学芸員　野田浩子）

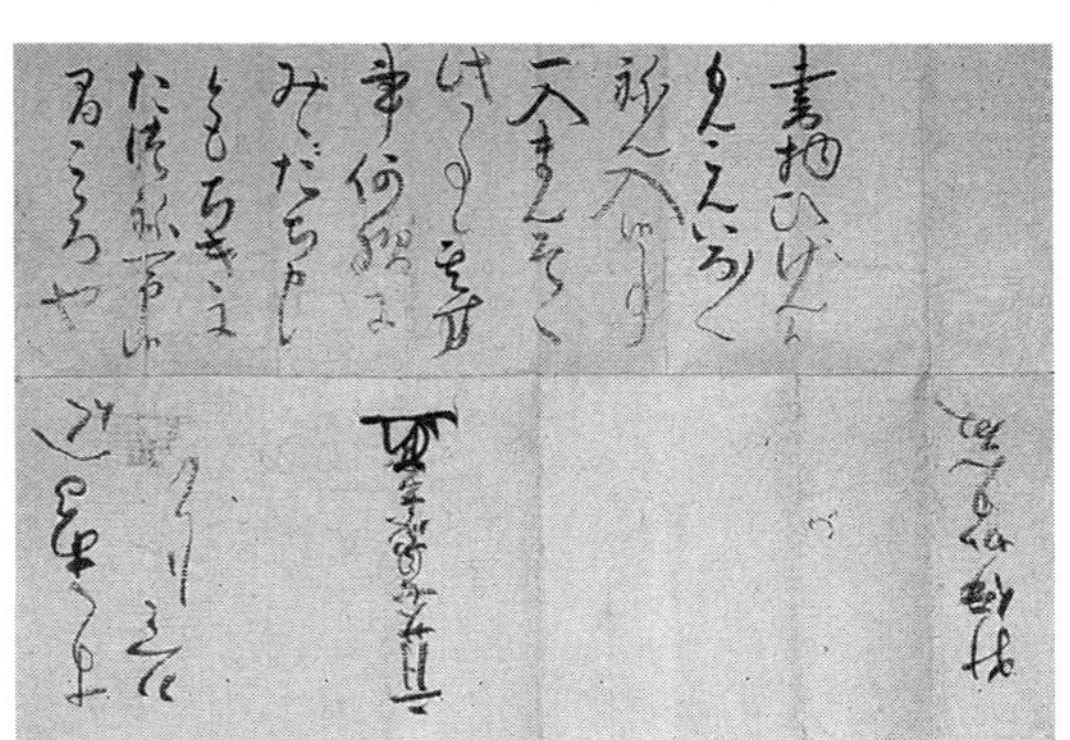

▶徳川家光自筆書状　井伊直孝宛て
直孝に対する絶大な信頼を寄せていたことがわかる一通です
（彦根城博物館所所蔵）

戦功の証 ― 大名物(おおめいぶつ) 宮王肩衝茶入(みやおうかたつきちゃいれ) ―

井伊家随一の家宝としてとりわけ大切にされてきた茶道具があります。二代直孝が、大坂の陣での活躍の褒賞として徳川家康から拝領した、「宮王肩衝茶入」と呼ばれる茶入です。直孝はこの茶入を非常に大切にし、取り出す時には袴を着用して手を清めて臨んだと伝えられています。

茶入は、茶の湯で用いる抹茶の粉を入れる小壺です。その用途の重要性と、端正な造形美から、茶道具の中でも特に尊重されてきました。その名品は、一国一城にも代わる存在とみなされ、軍功の褒賞として用いられることも多くあったのです。

この茶入は「大名物(おおめいぶつ)」と呼ばれるものの一つです。大名物とは、古くから名品として世に広く知られてきた茶道具の中でも、とりわけ優れたものの総称であり、その多くは、室町時代の茶の湯文化の中心を担った足利将軍家の旧蔵品として名高い茶道具でした。茶の湯の世界で最も尊重されてきた茶道具、それが大名物と言えます。

宮王肩衝茶入は、足利将軍家八代義政(よしまさ)の旧蔵品と伝えられ、後に、千利休の謡の師であった宮王三郎鑑氏（?〜一五五三）が所持しました。「宮王」の名は、この人物に因んで付けられました。

この茶入は大ぶりで、肩の張った堂々とした姿に強い存在感があります。釉の色も変化に富み、魅力ある風情を湛えています。大名物の名に恥じぬ威風に満ちた姿は、まさに、直孝の戦功の輝かしさを表しているように感じられます。

（学芸員　奥田晶子）

▶宮王肩衝茶入（彦根城博物館所蔵）

井伊直孝年表

和暦	西暦	年齢	できごと
天正十八年	（一五九〇）	一	井伊直政の次男として駿河国中里で生まれる。
慶長八年	（一六〇三）	十四	徳川秀忠付きの家臣となる。
慶長十九年	（一六一四）	二十五	大坂冬の陣に際し、井伊家の大将として出陣する。陣後、父直政の家督を相続。近江に十五万石を領する。
慶長二十年	（一六一五）	二十六	大坂夏の陣。若江合戦などで井伊家の部隊は活躍し、陣後、二十万石に加増。
元和八年	（一六二二）	三十三	彦根城の築城工事がほぼ完了する。
寛永九年	（一六三二）	四十三	二代将軍徳川秀忠の遺言により、将軍家光の政務を後見する。
寛永十年	（一六三三）	四十四	数度の加増を経て、近江と武蔵国世田谷・下野国佐野に合計三十万石を領する。
寛永十九年	（一六四二）	五十三	将軍世継ぎの家綱（のちの四代将軍）が宮参りの帰りに井伊家江戸屋敷で休息をとる。
万治二年	（一六五九）	七十	江戸にて死去。

井伊直孝花押
井伊直孝書状（大沢家文書・個人所蔵）より

▶井伊直澄画像（彦根　清凉寺所蔵）

三代　井伊直澄（一六二五〜一六七六）

直孝の息子たち

井伊直孝には四人の男子がいました（早世した一人を除く）。その中で最終的に跡を継いだのは、末子の直澄でした。

嫡男の直滋は、若年の頃より幕府に出仕しており、直孝が将軍の政務参与として幕政に重きをなすと、世子ながら大名並の役割を勤めました。江戸を離れられない直孝の名代として、しばしば彦根へ帰国しています。また、四代将軍家綱の時代には、江戸城内で将軍が諸大名らと対面する時にはその脇に詰めましたが、これを一緒に勤めたのが松平定行（松山藩主、十五万石）であり、十五万石以上の有力譜代大名並に処遇されていたことがわかります。

そのような直滋が藩主に就かなかったのは、万治元年（一六五八）、突然寺に入り、武士身分を捨ててしまったからです。詳細は不詳ですが、直滋が願ったことが直孝に認められず、かえって直孝の立腹が甚だしく、親子間の亀裂が修復不可能となったようです。直孝は家臣らに厳しく、何ごとも自分で判断しないと気が済まない人物であり、四十歳を過ぎても世子のままで父の指示を仰がなければならなかった直滋の心情も察することができます。表向きには「病気により蟄居（ちっきょ）」とされ、当初江戸の寛永寺に入った後、百済寺（ひゃくさいじ）（東近江市）に入り、直孝に遅れること二年、寛文元年（一六六一）に死去しました。

二男直寛（なおひろ）は、病身のため幕府に出仕せず、彦根で暮らしました。そのため、三男直時（なおとき）が二男の扱いを受け、幕府に出仕していました。しかし、万治元年、父直孝や兄直滋に先だって死去しました。

このように、直澄が生まれた時、すでに兄三人がいたためか、父直孝にとって直澄は思い入れの薄い存在だったようです。彦根城中で誕生しましたが、直孝から名前も付けてもらえず、七夜の祝いもなく、誕生から百日後に重臣の中野助太夫に下され、その養子とされました。助太夫の幼名である亀之介と名付けられ、九歳まで中野宅で養育されます。その後江戸に行き、井伊家の子息として処遇されました。

万治元年に直時の死去と直滋の蟄居が相次いだため、思いがけず直澄が直孝の跡継ぎとなりました。

直孝の遺訓

直孝は、急遽井伊家の跡継ぎとなった直澄へ遺訓を残しています。当主としての心得を示した他、跡継ぎについても言及しています。まず、直澄の次の当主には、直時の男子である直興（なおおき）を指名しました。その上で、直澄は正室を娶ることを禁じ、実子が生まれても家臣とするようにとしています。直澄に子どもが生まれ、井伊家一族として成長した場合、跡継ぎ候補が二人となり、御家騒動の要因となりかねないと考えたのでしょう。

実際、直澄には二人の男子が生まれましたが、二人とも臣下に下っています。特に藩主就任まもなくの寛文二年に生まれた本平は、直澄に幼少期から仕えた武藤加左衛門の実子として養育させ、百石取の藩士となりました。一方、晩年に生まれた宣明は、直澄存命中はその屋敷で暮らし、直澄の没後、当主直興の計らいで千石が与えられ、中野助太夫の甥の扱いで臣下に下りました。その息子に直興の息女が縁組するなど、直興は宣明を一族とみなしていたことがわかります。

直澄は直孝の遺訓を忠実に守った一方で、直興は自分が井伊家当主に就く陰での従弟への処遇に思うところがあった様子がうかがえます。

直孝の立場の継承

藩主となった直澄は、直孝が果たしてきた譜代大名筆頭としての役割を継承していきます。

家督相続後まもなくより、儀礼の際には将軍の傍に詰め、将軍家の遠忌の際には将軍の名代（みょうだい）として日光へ向かいましたが、寛文八年には、直澄は将軍徳川家綱の面前に召し出され、「父直孝の通り、榊原忠次（さかきばらただつぐ）跡役を仰せ付ける」と命じられました。ここで拝命した役は、井伊直孝が長らく勤めていた将軍後見の政務のことで、直孝以降、保科正之（ほしなまさゆき）（会津藩主）、榊原忠次（館林藩主）がこの役割を継承していました。既に忠次は死去していたことから、直澄が保科正之に加えてこの役を勤めることになったです。この役が直興にも継承され、大老職へと展開します。

父直孝の通称であった掃部頭（かもんのかみ）も、藩主を継いで六年後の寛文五年に受け継ぎました。なお、直澄の若い時からの通称である玄蕃頭（げんばのかみ）は、それ以降の井伊家世子の通称として使われることになります。

「中継ぎ」の人生

直澄の時代になると、直孝のように政務上の大きな判断を求められることは少なくなりましたが、紛争の解決に力を発揮することもありました。

寛文十二年、江戸城下で「浄瑠璃坂（じょうるりざか）の仇討（あだうち）」と呼ばれた大規模な仇討事件がありました。宇都宮藩奥平家の家老奥平内蔵允（くらのじょう）と奥平隼人（はやと）の争いが元で、内蔵允は自害し、その息子の源八らが四年かけて隼人を討ったものです。仇討を遂げた源八らは井伊家屋敷に出頭します。江戸城下で騒ぎを起こした彼らは罪を問われることになりますが、幕府内で発言力のある井伊家に頼ったのです。直澄は事情を聞いて温情を示し、彼らの身柄を彦根で預かろうとしましたが、結局、幕府の裁定で伊豆大島への遠島（おんとう）となります。流される前夜、直澄は彼らに対面し、折を見て戻れるように訴えるので、それまで体を大切にするようにと言い、島での暮らしのため衣類や米などを準備し、源八の母や祖母のことも気に掛けたということです。彼らは延宝六年（一六七八）、四代直興の代に流罪（るざい）が許され、井伊家に召し抱えられ、彦根藩士として代々続きました。

延宝四年、直澄は江戸で死去します。その遺骸は彦根へ運ばれ、清涼寺へ葬られました。父直孝の遺訓を守り、中継ぎの立場に徹した直澄でした。大名家によっては、偉大な当主の次世代になり、御家騒動により家勢が傾くこともある中、井伊家代々の役割を次世代に継承した直澄の功績は評価されるべきでしょう。

（学芸員　野田浩子）

関係系図　○数字は当主の代数を示す

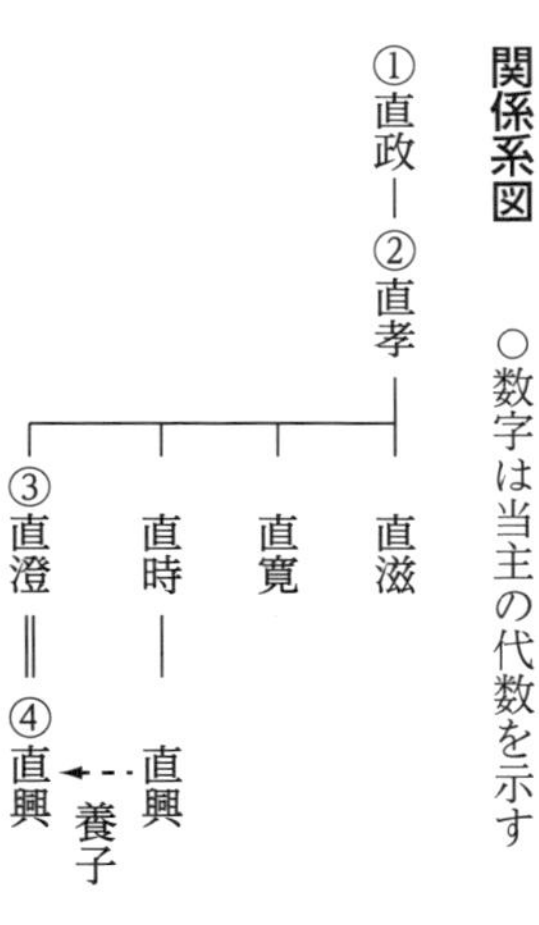

継承された刀 ― 直澄の指料 ―

江戸時代の武士は、打刀と脇指の大小二口の刀を腰に指すのが通例でした。直垂などの礼装の際は、大小刀は用いず、脇指ほどの長さの小さ刀を指しました。武士が腰に指したこれらの刀を指料と言います。

直澄は、どのような刀を指料にしていたのでしょうか。

井伊家伝来の古文書には、直澄が備前国倫光の刀と繁慶の脇指、信国の小さ刀の三口を指料にしていたと記します。現在、直澄の指料として伝わるのは、銘のない一口です。この刀を写した押形が、文政十一年（一八二八）に編まれた『埋忠銘鑑』に載っています。押形の添え書きには、この刀が井伊家の指料で、磨り上げた際に「備州長船倫光」の銘が消えたとあります。つまりこの無銘の一口は、古文書にみる直澄の備前国倫光の刀ということになります。実際に刀の形や刃文を見ても、倫光の作と判断して差し支えありません。

制作者の倫光は、南北朝時代に活躍した備前国長船派正系の名工です。

この刀が収められている刀箱の蓋には、「直政公御指料／直孝公ヨリ／直澄公へ御譲リ」という墨書があり、初代直政の指料であったものを、二代直孝から直澄に譲ったという来歴がうかがえます。直澄が中継ぎの当主という立場であったことを考えると、彼があえてこの刀を指料に選んだのは、直政以来の「家」を守り継ぐという意志の表れだったのかもしれません。

（学芸員　古幡昇子）

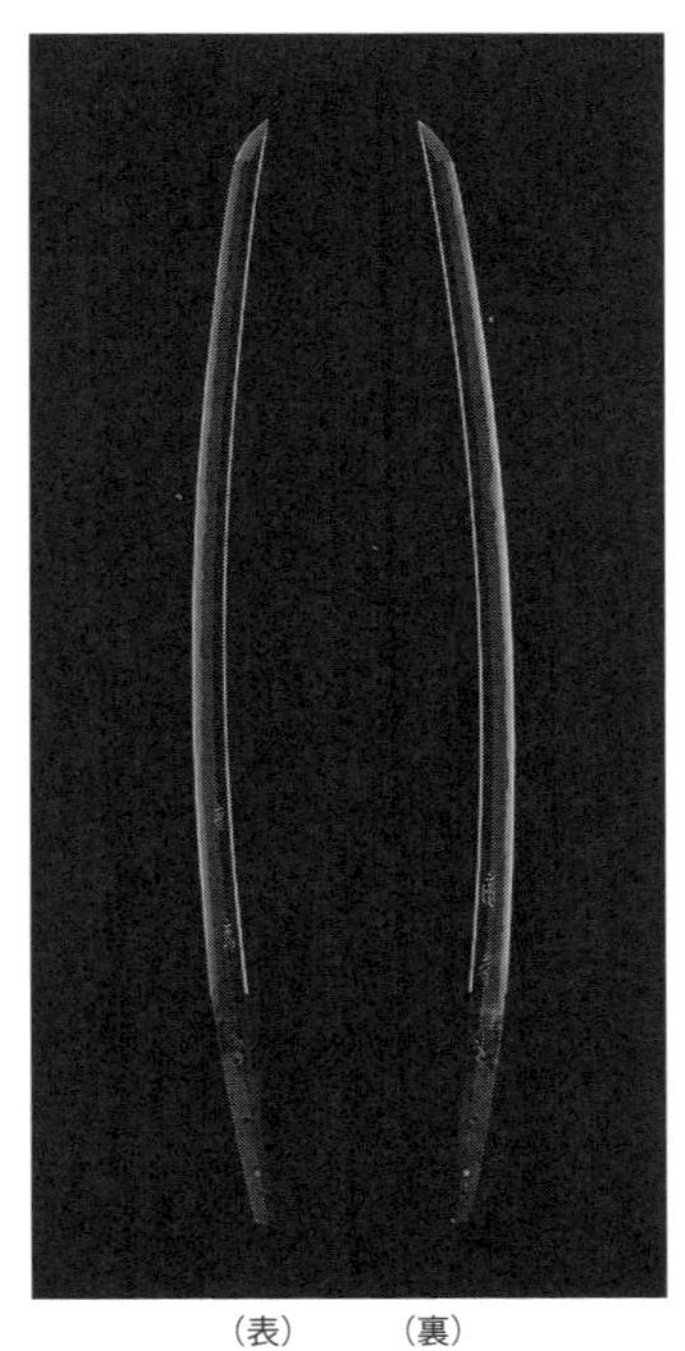

（表）　（裏）

▶刀　無銘　伝長船倫光（彦根城博物館所蔵）

井伊直澄年表

和暦	西暦	年齢	できごと
寛永二年	（一六二五）	一	井伊直孝の四男として彦根で生まれる。生誕百日後、中野助太夫に養育される。
寛永十一年	（一六三四）	十	将軍徳川家光に初御目見する。
正保元年	（一六四四）	二十	玄蕃頭と称し、従五位下の位を得る。
万治元年	（一六五八）	三十四	兄直滋が遁世する。
万治二年	（一六五九）	三十五	直澄が井伊家の跡継ぎとなる。 父直孝の死去により、井伊家の家督を相続する（三代当主）。
寛文五年	（一六六五）	四十一	父の通称である掃部頭を称する。 徳川家康五十回忌法会で将軍の名代として日光に遣わされる。
寛文八年	（一六六八）	四十四	直孝以来の幕政参与に就く。
寛文十二年	（一六七二）	四十八	浄瑠璃坂の仇討事件。首謀者を井伊家で庇護する。
延宝四年	（一六七六）	五十二	江戸にて死去。

井伊直澄花押
井伊直澄書状（大沢家文書・個人所蔵）より

▶井伊直興画像（彦根　清凉寺所蔵）

四代　井伊直興（一六五六〜一七一七）

「生まれながら」の藩主

井伊直興（なおおき）は、井伊直時（なおとき）（直孝（なおたか）三男）の子どもとして生まれましたが、幼い頃に祖父直孝から井伊家の跡継ぎに指名され、ゆくゆくは井伊家当主を継ぐ者として育てられました。三代井伊直澄（なおすみ）の死去により、延宝四年（一六七六）、二十一歳で井伊家当主の座に就きました。

七十六人一統追放

直興の藩主就任早々、大きな事件が起こります。

延宝六年、藩士七十六人がまとまって、借財返済のために藩からの拝借金を願ったのです。これに対し直興は、このような徒党を組むということは藩法で禁止した行為にあたるとみなし、七十六人全員を藩から追放する改易（かいえき）処分としました。その内実を探ると、彼らは浪費して借財が増えたわけではなかったようです。そのメンバーを見ると、藩政の実務を担う中堅藩士で江戸屋敷に詰めたり、藩主の側向きに仕えた者が多く、これらの勤務は彦根城下に居住する藩士一般よりも経費負担が多かったことから、負担差の改善を求めた可能性があります。彼らの中には、世継ぎ時代の直興の屋敷に仕えていた者も含まれることから、新藩主へ温情を求めたのでしょう。しかし直興は、強い姿勢で対処し、藩主の権力を示そうとしました。

七十六人は、その後、他大名や公家に仕えたり、親族などを頼って暮らしていましたが、二十年後の元禄十年（一六九七）、直興は彼らを呼び戻すことを決めます。改易から二十年が経過し、直興四十二歳の厄年にあたることなどが理由とされました。

その背景には、社会が安定し、先代から受け継いだ立場・役職をつつがなく次世代に継承することを重視する社会となっていったことが影響していると考えられます。直興も藩士たちも、先祖の功績、特に戦場での武功があったからこそ今の立場・役職に就くことができているのです。直興は、そのことを考えたとき、初代直政・二代直孝とともに井伊家のいしずえを築いた藩士の子孫を召し放った自身の判断を悔い改めるようになったのではないでしょうか。

時代にあわせた藩政

江戸時代当初は、いまだ戦国の遺風が残っていましたが、直興の時代になると、社会全体が平和と安定の時代を迎えます。実戦の可能性は限りなく低くなり、藩士たちは軍備を求められながら、実際には行政にたずさわる役人として働くことになります。自然と主君に奉公する意識も戦国の世とは変わってきました。そのような中、直興は家臣の由緒書をまとめさせました。元禄四年、藩士それぞれに家の由緒を提出させて編纂した「侍中由緒帳（さむらいじゅうゆいしょちょう）」です。そこには、藩士に井伊家への奉公の歴史を認識させ、家臣としての自覚を促すねらいがあったと考えられます。

このほか、行政組織がこの頃までに整えられます。各役職の職制が定められたり、領民統治を管轄する町奉行や筋奉行の体制強化がはかられたことで、直興の頃に彦根藩の基本的な制度が形作られました。

また、下屋敷の槻御殿（けやきごてん）（現在の玄宮楽々園）は、直興の藩主就任直後の延宝五年から七年にかけて造営されたものです。広い庭園をもつ遊興の場が築かれたのも、平和な時代となった証しでしょう。

将軍綱吉との関係

直興の時代は、五代将軍綱吉（つなよし）の治世と重なります。

直興は、綱吉の将軍就任に際し、その御礼を天皇に述べる使者として京都に遣わされました。この京都上使（じょうし）役は、将軍の名代として参内（さんだい）し、天皇に対面するもので、譜代上層の大名が勤めた御用です。

また、直興は将軍綱吉と個人的な信頼関係も築いていました。元禄元年、直興は綱吉から日光東照宮修復普請の惣奉行を命じられました。徳川家康を祀る日光東照宮の修復工事は、その子孫である歴代将軍にとって重要な事業です。直興は三度にわたり日光に滞在し、工事を指揮しました。この事業の成功により、綱吉から直興への信頼が篤くなっていったようです。

その後、元禄八年、江戸城内の儀礼で老中とともに行動する「御用部屋入り」を経て、元禄十年、直興は大老職に就きました。祖父直孝や先代直澄は将軍の政務後見の任に就いていましたが、その役割が時代にあわせて変質したものと考えられます。江戸城内では老中と共に行動し、その上座に列しました。

大老職設置の背景には、当時の権力構造との関係が指摘できます。当時は柳沢吉保の側用人政治の時期にあたり、将軍と老中の関係が前将軍の時代とは異なる中で、老中・側用人とは別の「第三極」が期待されて大老職が置かれたと考えられます。そこで求められたのは政治的役割ではなく、儀礼の場で譜代門閥の権威を表現することでした。

なお、一旦隠居した後、後を継いだ息子たちが相次いで死去する中、直興は藩主に再任し、大老職にも再度就きました。大老職を二度勤めたのは直興だけです。

仏道への帰依

元禄九年、直興は佐和山山麓で彦根城の鬼門に位置する大洞の地に、弁財天堂を建立しました。直興は病気に悩まされていたこともあり、仏教を深く信仰しており、弁財天を祀る寺院を造ったのです。その建立に際しては、領内の藩士・庶民から一人一文ずつの寄進を受けました。また、戦国時代に彦根藩領周辺を治めていた古城主や大坂の陣の戦没者の名札を掲げて供養しています。このような、領民も一体となって、現在の彦根藩の繁栄のいしずえとなった先人たちを供養するという方式は、他には見られない独特のものです。

なお、大洞弁財天の現在の正式名称は「長寿院」ですが、これは直興の院号に由来しています。

また、直興は永源寺（東近江市）住持の南嶺慧詢に深く帰依し、永源寺をみずからの墓所と定めます。井伊家歴代の中で直興のみが他の歴代とは異なる場所に墓所を築いたのでした。そのため、その後の歴代当主は、帰国のたびに一昼夜をかけて永源寺まで参詣に向かうのを例としました。

（学芸員　野田浩子）

▶大洞弁財天祠堂金寄進帳
大洞弁財天堂建立のための寄進者名簿。家臣・領民の名前が列記されており、当時の人名や家族構成がわかる貴重な資料（彦根城博物館所蔵）

改易された元大名を預かる井伊家

江戸時代、政治的理由などにより、大名がその身分を剥奪されることがありました。このような改易された元大名の身柄が他大名に預けられることがあり、井伊家でも徳川家康の側近だった大久保忠隣(おおくぼただちか)などを預かっています。

直興の時代には、駿河国田中藩主であった酒井忠能(さかいただよし)が預けられました。忠能の兄酒井忠清は四代将軍徳川家綱のもとで老中・大老として権勢をふるった人物で、忠能も幕府の重要な役職を勤めていました。しかし、忠清の失脚に連動して忠能も失脚し、天和元年(一六八一)に改易されてしまいました。

幕府は忠能を直興に預けるとともに、諸費用は幕府からの扶助米五百俵で賄わせること、忠能と共に彦根へ来る名のある家来五人も町へ出してはいけないことなどを命じました。井伊家では彼らを彦根城の山崎曲輪の中に新たに建てた住居に入れました。山崎曲輪は三方を堀に囲まれており、隔離するのに適した場所で、番人を付け置き、出入りを制限しました。忠能はいわば罪人であるので、このように幽閉したわけです。

幕府から預かった人物に不祥事があっては一大事です。そこで、例えば、忠能たちが刃物で警備の者を傷つけたり、自殺したりするのを防ぐために、直興は藩士に刃物の厳重な管理を命じています。それは、料理人の包丁や、髪を結うときのハサミまでも、使わないときは戸棚に入れ鍵をかけるという徹底したものでした。

ただ、表向きはこのような抑圧された環境にしていましたが、直興は、内々には忠能たちが不自由しないように配慮するよう、藩士たちに命じていきます。忠能に宇治のお茶を進上する気遣いもありました。忠能は元禄三年（一六九〇）に恩赦を受け、彦根を去り、江戸へ帰っていきました。

（学芸員　早川駿治）

井伊直興年表

和暦	西暦	年齢	できごと
明暦二年	（一六五六）	一	井伊直時（井伊直孝三男）の男子として生まれる。
万治二年	（一六五九）	四	直孝の遺言で井伊家の跡継ぎとされる。
延宝四年	（一六七六）	二十一	彦根藩主となる（井伊家四代）。
延宝六年	（一六七八）	二十三	藩士七十六人を改易にする。
延宝八年	（一六八〇）	二十五	掃部頭を称する。 京都上使として上洛、参内する。
元禄元年	（一六八八）	三十三	日光山御宮修復普請惣奉行を拝命。
元禄四年	（一六九一）	三十六	侍中由緒帳を編纂する。
元禄八年	（一六九五）	四十	御用部屋入り。
元禄九年	（一六九六）	四十一	大洞弁財天堂（長寿院）を建立。
元禄十年	（一六九七）	四十二	大老職。
元禄十三年	（一七〇〇）	四十五	大老職辞任。
元禄十四年	（一七〇一）	四十六	隠居。五代直通が家督相続。直治と改名。
宝永七年	（一七一〇）	五十五	六代直恒の死去により、再勤。

正徳元年（一七一一）五十六　大老職。直該（なおもり）と改名。
正徳四年（一七一四）五十九　再致仕。
享保二年（一七一七）六十二　彦根で死去。

井伊直興花押
井伊直興書状（大沢家文書・個人所蔵）より

▶井伊直通画像（彦根　清凉寺所蔵）

▶井伊直恒画像（彦根　清凉寺所蔵）

五代　井伊直通（一六八九〜一七一〇）
六代　井伊直恒（一六九三〜一七一〇）

井伊直通の家督相続と死去

井伊直通（なおみち）は、元禄二年（一六八九）、井伊家四代当主・直興（なおおき）の八男として江戸で生まれました。幼名は亀十郎で、のち兵助（介）と改めました。

元禄十四年三月五日、直興（のち直治（なおはる）、直該（なおもり）と改名）が四十六歳で病気を理由に隠居します。兄達はすでに夭折（ようせつ）していたことから、八男の直通が十三歳の若さで井伊家の家督を相続します。直通は二十代になると、宝永六年（一七〇九）五〜六月には京都上使役、翌宝永七年三月には日光名代と、井伊家が行ってきた幕府の重要な職務を立て続けに勤めました。しかし若年ゆえか、彦根への帰国は、京都城使役の際に一時的に立ち寄った以外は認められませんでした。

宝永七年六月、初めて藩主として正式に彦根へ国入りしたものの、七月二十五日、彦根で死去してしまいます。藩主としては約九年の在職でしたが、死去時二十二歳の若さでした。死後、井伊家菩提寺の清凉寺（彦根市）に葬られました。

井伊直恒の相続と急逝

井伊直恒は、元禄六年、直興の十男として生まれました。幼名は松之助・安之助（介）と名乗っています。また詳細は不明ですが、四歳の頃から一時期、家老・木俣家の苗字を名乗っていました。

宝永七年七月、彦根で病気となった五代当主・直通は、以前より仮の養子としていた直恒を養子とするよう、幕府へ願い出ています。その後、直通が国元で死去したことで、閏八月十二日、直恒が十八歳で家督を相続しました。しかし、九月頃には病気で体調が勝れなかったようで、十月四日、井伊家当主となって五十日足らずで死去してしまいました。享年十八。死後、江戸の菩提寺である豪徳寺（現東京都世田谷区）に埋葬されました。

四代直興の再勤

宝永七年十月、直恒が死去したことにより、隠居し彦根に戻っていた直興は江戸への参府を幕府より命じられます。

同年十一月十三日、江戸で幕府から次の通り命じられています。それは、井伊家は代々徳川家へ格別の奉公を勤めてきたので、子ども達の内誰かが成長し、井伊家を相続し奉公できるようになるまでは、隠居していた直興が束髪し、井伊家当主として勤めるように、との内容でした。

ここで述べられているのは、井伊家としての役目は、先述した京都上使役、日光名代役、そして大老として幕府を支えるなど、他大名家とは異なるものである、ということです。

この背景には、前年の宝永六年五月に徳川家宣が六代将軍に就任していたこともあると思われます。井伊家を継ぐ可能性のあった直惟は当時十一歳であり、徳川家を支える井伊家の当主が幼年では、就任間もない将軍を支えるのには力不足であるとの判断が幕府側にあったのかもしれません。

相次ぐ当主の死去で、井伊家に若年の相続者しか居ない状況に対し、隠居した当主の再登板という異例の対応がとられました。これにより直興は、五十五歳で当主として再び勤めることになりました。ただしこの時、直興は病身であるので、幕府への公務については免除し、体の状態が良いときは出仕をするよう、幕府より配慮が加えられています。また、足腰が不自由となっていたためか、江戸城中での杖の使用も許されています。

直興の井伊家存続戦略

正徳四年（一七一四）二月、直興は約八年の当主再勤期間を経て、再び隠居することとなります。

先述したように直興は、井伊家の家督を継いだ二人の息子（直通、直恒）に先立たれ、当主に復帰していました。この苦い経験があってか、直興は家督相続に一計を講じ、三人の息子（直興十一男の直矩、十三男の直惟、十四男の直定）に井伊家の将来を託します。

　直矩は宝永二年に分家筋に当たる越後国与板藩井伊家を継いでおり、彦根藩井伊家の家督は直惟（七代）へ譲る事となりました。それと同時に、彦根藩から一万石を分知し、直定を初代藩主とする彦根新田藩を創設しています。これには、分家創設により当主候補を増やし、血統の断絶を避ける狙いがあったものと思われます。

　正徳四年三月二十九日、彦根新田藩を創設するに当たり、直興が直定へ宛てた証文があります。この中で直興は、三人の兄弟（与板藩主・直矩、彦根藩主・直惟、彦根新田藩主・直定）の間では、分家（与板・彦根新田）は本家（彦根）を立て、兄弟仲良く礼儀を守り、将軍家へ忠義を尽くすよう、直定へ命じています。

　正徳四年当時、五十九歳の直興に対し、直矩二十一歳・直惟十五歳・直定十三歳と、息子達はいまだ若年でした。兄弟が力を合わせることで、不安定化していた井伊家の家督相続を何とかして安定化させようとする直興の願いは、井伊家七代以降へと引き継がれることとなります。


（学芸員　青木俊郎）

関係系図

○数字は当主の代数を示す

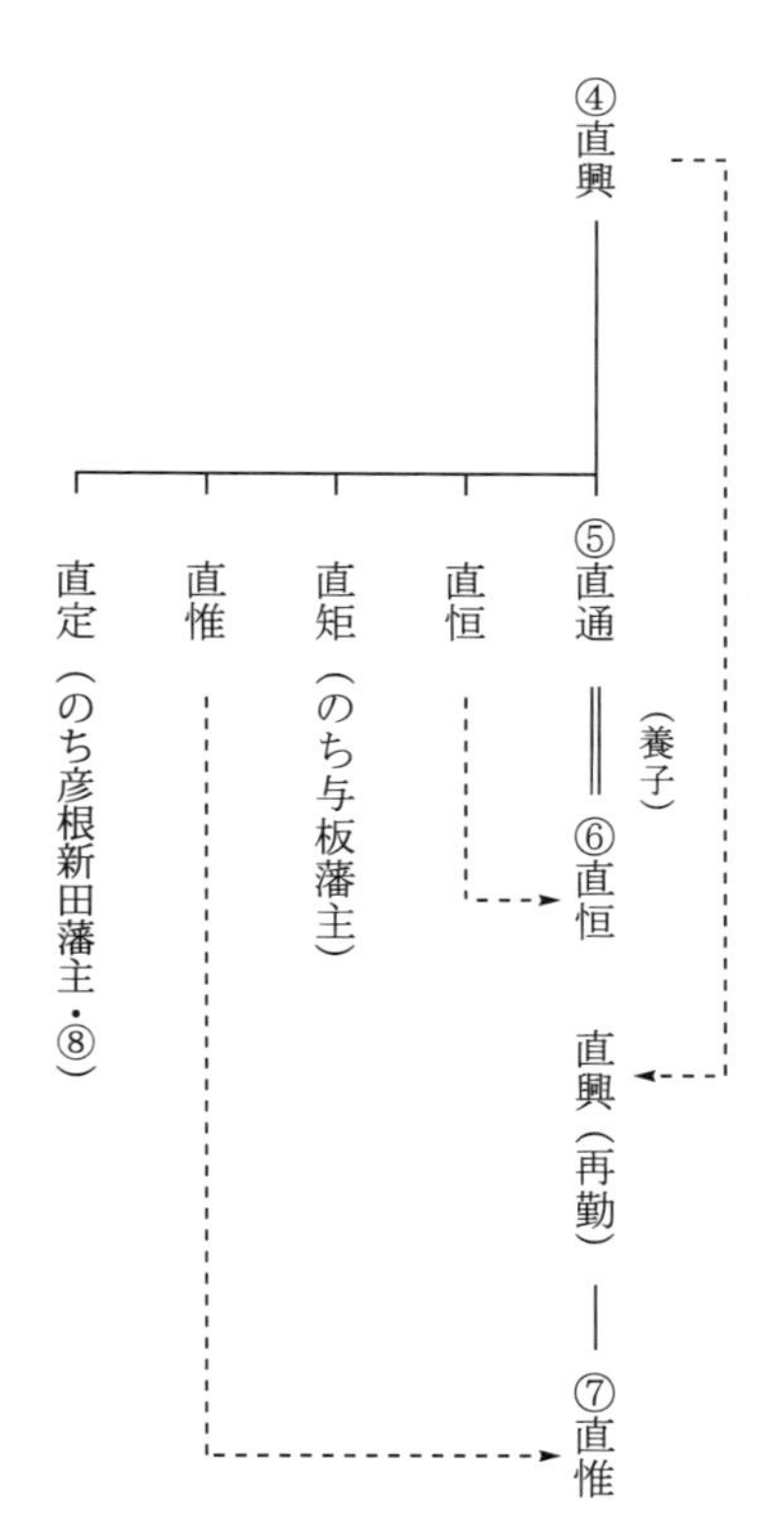

寿老人図 ― 直恒の生きた証 ―

井伊家歴代当主は、藩主としての教養として、能や茶の湯、漢詩、武芸などを嗜んでいたと考えられますが、当主の趣味趣向や時代の流行などもあり、意欲的に取り組んだことはそれぞれです。例えば、十一代直中は能や馬術、蹴鞠、十二代直亮は雅楽や馬術、弓術、十三代直弼は茶の湯や和歌といった具合です。ただ、当主全員について明らかになっているわけではありません。古文書等、資料の残り具合に差があるためです。

井伊家六代の直恒（一六九三～一七一〇）は、数え年十八歳で当主となり、そのわずか二ヶ月後に没しているため、資料もかなり限られているわけですが、幸いにも、その限られた資料の中でも嗜好の一端が判明します。

資料の一つは、井伊家歴代の菩提寺である清凉寺に伝来した直恒の肖像画です。これは、没後一〇〇年を経た文化六年（一八〇九）に作成されたもので、当時の清凉寺の住職である漢三道一が賛文を記しています。その中に、「頗嗜丹青」とあります。直恒は、丹青すなわち画を大変よく嗜んだ、と言うのです。

それを裏付けるかのように、同じく清凉寺伝来品の中に、直恒自身が描いた掛軸があります。長寿をつかさどる寿老人の画で、衣の輪郭線は、太さに変化をつけた肥痩線を用い、薄く差した絵具も濃淡を自然にあらわすなど、中々の腕前です。ゆったりとした柔らかい線と色彩、優しげな寿老人の表情に、霧の中にある作者の直恒を見出したくなってしまいます。

（学芸員　髙木文恵）

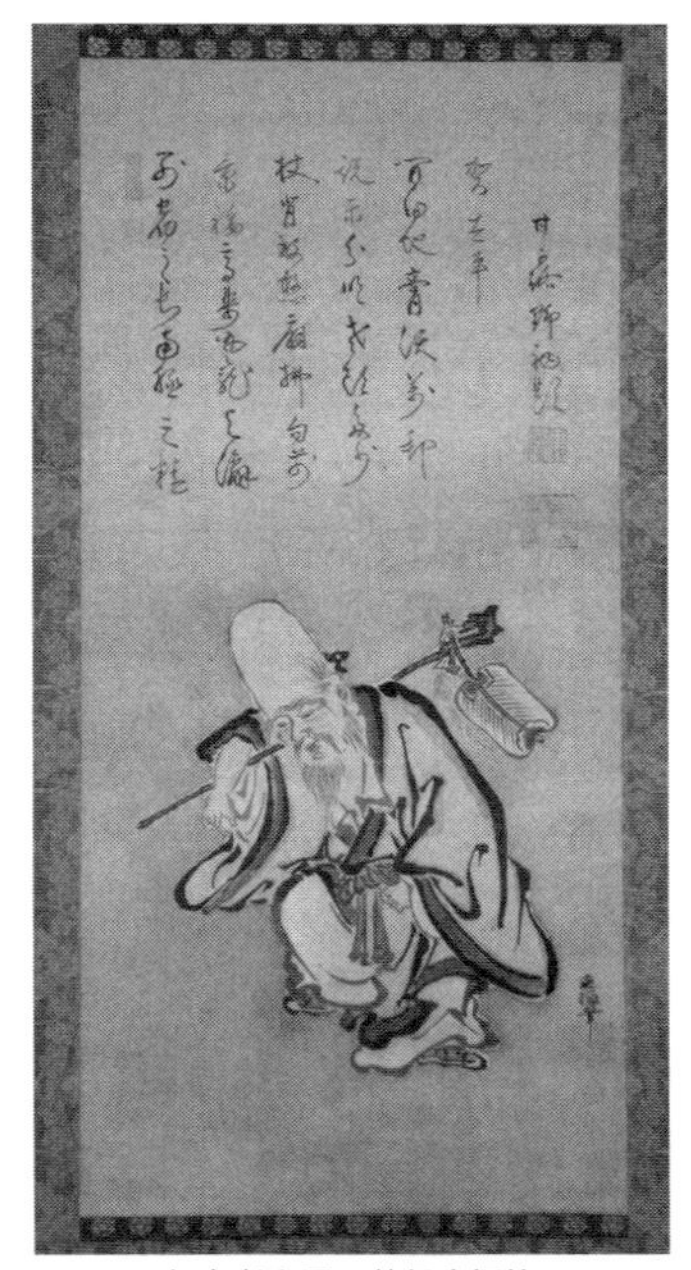

▶寿老人図　井伊直恒筆
（彦根　清涼寺所蔵）

井伊直通・直恒・直興（再勤）年表

和暦	西暦		できごと
元禄二年	（一六八九）	八月	直通、直興息男として誕生（一歳）。
元禄六年	（一六九三）	三月	直恒、直興息男として誕生（一歳）。
元禄十一年	（一六九八）	五月	直通、彦根藩世子となる（十歳）。
元禄十四年	（一七〇一）	三月	直興、隠居（四十六歳）。
		三月	直通、家督相続（十三歳）。
宝永六年	（一七〇九）	五～六月	直通、京都上使役を勤める（二十一歳）。
宝永七年	（一七一〇）	三月	直通、日光名代を勤める（二十二歳）。
		七月	直通、彦根で死去。
		閏八月	直恒、家督相続。
		十月	直恒、江戸で死去。
		十一月	直興、再勤（五十五歳）。
正徳元年	（一七一一）	二月	直興、大老職（五十六歳）。
正徳四年	（一七一四）	二月	直興、再隠居（五十九歳）。

▶井伊直惟画像（彦根　清凉寺所蔵）

七代　井伊直惟（一七〇〇～一七三六）

井伊直惟の出生と家督相続

井伊直惟は、元禄十三年（一七〇〇）、井伊家四代当主・直興の十三男として生まれました。幼名は金蔵でした。

宝永七年（一七一〇）十月、兄である六代当主・直恒が死去したことにより、直惟が彦根藩井伊家を相続する可能性がでてきました。しかしこの時、幕府からの命令により隠居していた直興が再び藩主として勤めることになりました。この背景には、前年の宝永六年五月に徳川家宣が六代将軍に就任していたことも関係すると思われます。直惟は当時十一歳であり、徳川家を支える井伊家の当主が幼年では、就任間もない将軍を支えるには力不足であるとの判断が幕府側にあったと推測されます。直惟はこの時、井伊家の家督は継がなかったものの、正徳元年（一七一一）十月、備中守と名乗るようになり、同年十一月からは溜詰入りし、若年ながらも彦根藩の次期藩主として江戸幕府への勤めを果たすようになります。正徳四年二月、直興は約三年の当主再勤期間を経て、再び隠居することとなります。これにより、直惟は十五歳で家督相続をします。

幕府御用と直惟の隠居

直惟が井伊家当主を勤めていた時期（一七一四〜一七三五）の大部分は、八代将軍徳川吉宗の治世でした（将軍在職は一七一六〜一七四五）。吉宗は鷹狩を得意としており、たびたび鷹狩を行っていました。吉宗に倣ったものか、直惟も鷹狩を好んで行っていたようで、彦根で鷹狩を行う際に家臣に指示を出した古文書が残されています。

当主となった直惟は、幕府への勤めとして井伊家歴代が行ってきた職務を勤めるようになります。

正徳五年に徳川家康百回忌にかかる日光代参（将軍徳川家継の名代）、享保四年（一七一九）には朝鮮通信使の御用を、享保十年四月には徳川家重の元服式において加冠役を、享保十三年四月には徳川吉宗の日光参詣への供奉など、幕府御用を勤めています。

このように順調に御用を勤めていたものの、享保十九年、病気を理由に弟の直定（直興十四男）を養子とし、翌享保二十年五月、三十六歳の若さで隠居します。

直惟には直禔（当時九歳、のち九代当主）、直章（当時五歳、のち十代直幸）などの子供がいましたが、いずれも幼少だったため、三十四歳の直定に家督を譲ったのです。

当時直定は、彦根藩から一万石を分知され成立した彦根新田藩の藩主となっていましたが、直惟の養子となったことで、その領知を彦根藩へ戻しています。

隠居した直惟は彦根へ戻りますが、病気の影響か元文元年（一七三六）、死去してしまいます。享年三十七。死後、井伊家菩提寺の清凉寺（彦根市）に埋葬されました。

彦根藩財政の悪化

十八世紀前半から、幕府そして諸藩において財政が窮乏していきます。一般に、商品経済の進展により物価の上昇で歳出が増加したのに対し、年貢収入の伸びが少なかったことが理由とされています。

彦根藩においても、直惟が当主を勤めていた時代、財政が悪化していきます。

彦根藩は寛永十年（一六三三）に五万石の加増を受け、領知三十万石となりました。譜代大名としては最大の領知を有する大名となりましたが、彦根藩の収入は、万治二年（一六五九）をピークに減少傾向へと転じます。享保三年、彦根藩は幕府へ「勝手不如意（かってふにょい）」（財政悪化）の旨を届けています。その中で、「元米」の不足があり、ついで借銀・買い掛け（代金後払いでの購入）が返済不能に陥らんとする状況であることが述べられています。このような状況の中、様々な対策がとられることとなります。

この時期、将軍・吉宗は享保の改革と呼ばれる改革を行ったことで知られています。その中で吉宗はぜいたくを禁じ倹約を命じていましたが、彦根藩においても幕府と同様、倹約を命じる法令がしばしば出されました。また彦根藩は、「上米（あげまい）」・「差上米（さしあげまい）」・「差出米（さしだしまい）」などの名目で家臣の給与を削減していきます。これらの施策により削減できたのは、享保十六年段階で三万三千俵にまでのぼりました。

しかし、それでも財政状況は好転しなかったためか、彦根藩はさらなる財源確保策として「米札（こめふだ）」を発行します。

享保十五年、彦根藩は幕府の許可を得て藩内で流通する米札の発行を開始します。米札とは藩札（藩領内でのみ通用する紙幣）の一種で、藩財政を健全化する狙いがありました。当初は金・銀などの通貨と混じって使用されていましたが、のちに彦根藩領内での通貨取引はこの米札に限定されることとなります。

これに加え彦根藩は、御用金の名目で領内にたびたび上納を命じることとなります。享保十六年、彦根藩では御用金が賦課されています。これは彦根藩で確認できる最初の事例で、この時は類焼した江戸上屋敷の再建費用として課されました。その後も同十七年、十八年と三年連続で金の上納を命じています。御用金の徴発は、その後も将軍若君の彦根藩邸への御成、日光社参など様々な名目で課されていくこととなります。

このような対策をとられたものの、彦根藩の財政は容易に健全化せず、むしろ悪化していきます。彦根藩財政の転換点となったこの時期、これらの課題は次代へ引き継がれることとなります。

（学芸員　青木俊郎）

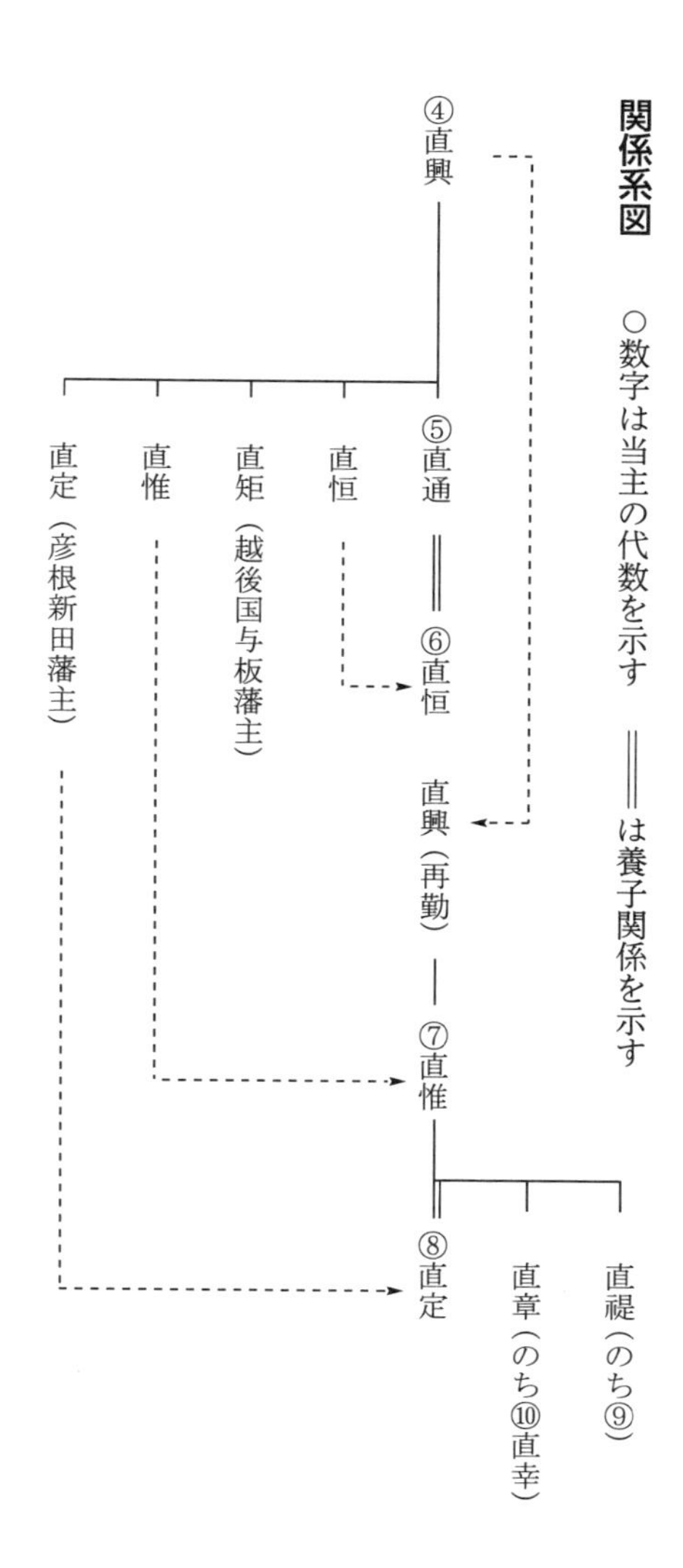
関係系図
○数字は当主の代数を示す
＝は養子関係を示す
④直興
⑤直通
⑥直恒
直興（再勤）
⑦直惟
⑧直定
直禔（のち⑨）
直章（のち⑩直幸）
直恒
直矩（越後国与板藩主）
直惟
直定（彦根新田藩主）

井伊家の勤めと「御城使寄合留帳」

江戸時代、彦根藩井伊家は溜詰と呼ばれる家格でした。溜詰とは、江戸城黒書院溜之間という部屋に詰めることに由来するもので、井伊家の他には会津藩松平家、高松藩松平家などが溜詰の家格でした。

溜詰の大名とその世子は、①将軍が諸大名と面会する際に脇に着座、②定期的（月二回程度）に江戸城に登城し、将軍の様子を伺う、③火事・地震等の際、江戸城に登城し、将軍の様子を伺う、④将軍が菩提寺を参詣する際の先立（先導）などの勤めを果たしていました。これに加え井伊家では、①将軍世子の元服式における加冠役、②徳川家康がまつられている日光東照宮（現・栃木県）へ将軍参詣の際の供奉（または将軍名代としての参詣）など、他大名にはない独自の勤めがありました。

このような井伊家の勤めについて、「御城使寄合留帳」（以下、「留帳」と略す）の中に、ある内容が記載されています。「留帳」は、江戸の彦根藩邸において、幕府や他藩との公務の連絡や情報収集を行う「城使役」の職務日誌で、井伊直惟の当主時代に作成され始めたものです。享保元年（一七一六）の「留帳」には、井伊家当主が彦根に在国中、城使役が使者として江戸城へ赴く頻度・目的などがこの年に規定されたことが記されています。登城して将軍の様子を伺うのは通常は二日ほどの間隔で、その他将軍が外出から戻った時などに行い、その内容を国元の井伊家当主へ伝える、というものです。このような明文化された先例が積み重なり、のちに各役職において職務マニュアルが整備されてくることになります。

この背景には、当時幕府においても法の整備や儀式・儀礼の先例の蓄積がされ始めたことがあったと推測されます。直惟が当主の時代、井伊家が幕府へ果たす役割が明確になってくる中で、城使役も自身の業務内容を書き残し始めるのです。

（学芸員　青木俊郎）

井伊直惟年表

和暦	西暦	年齢	できごと
元禄十三年	（一七〇〇）	一	井伊直興（井伊家四代当主）の十三男として生まれる。
宝永七年	（一七一〇）	十一	井伊直恒（井伊家六代当主）、死去、井伊直興再勤。
正徳四年	（一七一四）	十五	井伊直興再隠居。直惟、井伊家の家督を相続（井伊家七代当主）。
正徳五年	（一七一五）	十六	掃部頭を称する。日光名代を勤める。
享保四年	（一七一九）	二十	朝鮮通信使御用を勤める。
享保十年	（一七二五）	二十六	徳川家重元服の加冠役を勤める。
享保十三年	（一七二八）	二十九	徳川吉宗の日光参詣供奉。
享保十九年	（一七三四）	三十五	井伊直定を養子とする。
享保二十年	（一七三五）	三十六	隠居。井伊直定、家督相続（井伊家八代当主）。
元文元年	（一七三六）	三十七	彦根で死去。

▶井伊直定画像（彦根　清凉寺所蔵）

▶井伊直禔画像（彦根　清凉寺所蔵）

八代　井伊直定（一七〇二～一七六〇）
九代　井伊直禔（一七二七～一七五四）

井伊直定と彦根新田藩

井伊直定（なおさだ）は、元禄十五年（一七〇二）、井伊家四代当主・直興（なおおき）の十四男として生まれました。幼名は又五郎でした。宝永七年（一七一〇）十月、兄である六代当主・直恒（なおつね）が死去したことで直興が藩主として再勤することになり、これにより直定は、直惟（なおのぶ）に次ぐ当主候補になったのです。

正徳四年（一七一四）二月、直興は約四年の当主再勤期間を経て、再び隠居することとなります。この時、井伊家三十万石の家督は兄の直惟が相続し、直定へは、彦根藩の石高は維持したまま新たに生み出した一万石が与えられ、直定を藩主とする彦根新田藩が新たに創設されました。

新田藩主となった直定は、享保十七年（一七三二）より二年間、幕府で奏者番を勤めました。奏者番は、江戸城での儀式の際、将軍と諸大名との仲介をする役職で、儀式に参加する者へ立ち居振る舞いを指導しました。直定自身も、職務を通じて儀式における振る舞い方を習得したものと思われます。この奏者番は、譜代大名が勤める役職ですが、譜代の中でも別格である彦根藩井伊家では勤めることはありません。直定は、彦根藩井伊家の分家の一大名として幕府へ奉公していたのです。

井伊直定の彦根藩相続

分家の当主であった直定の状況が大きく変わるのは、享保十九年（一七三四）十月の事です。この時、彦根藩井伊家七代の直惟は病気を理由に直定を養子とし、彦根藩の世子とします。当時直惟には直禔（なおよし）（八歳）、直章（のち直英（なおひで）・直幸（なおひで）、五歳）などの子供がいましたが、いずれも幼少だったため、三十三歳の直定に白羽の矢が立ったのです。直定が世子となった時、彦根新田藩の領知一万石は彦根藩へ戻され、彦根新田藩は約二十年で消滅しました。

翌年五月、直惟が隠居し、直定が井伊家の家督を相続します（八代）。当主となった直定は、京都上使・徳川家治（のち十代将軍）元服加冠役・日光名代など、幕府の重要な御用を勤めました。

元文二年（一七三七）、息子直賢が当時六歳と幼かったため、兄直惟の子直禔（十一歳）を世子としました。そして宝暦四年（一七五四）、十九年間当主を勤めた直定は、病気のため五十三歳で隠居し、直禔に家督を譲りました。

直政百五十回忌における祝賀行事

直定は、井伊家当主の五十年ごとの忌日に、藩を挙げての祝賀行事を初めて開催しました。直定は、初代直政の百五十回忌を、関ヶ原の戦い（一六〇〇）から百五十年に合わせるため二年前倒しとし、寛延二年（一七四九）二月に行いました。この時彦根藩では、菩提寺の清凉寺において三日間の法事の後、藩士達へ酒・吸物の下賜(かし)が執り行われました。

十八世紀前半は、彦根藩では井伊家の歴史書である「井伊年譜」が編纂(へんさん)されるなど、祖先の顕彰が行われていた時期です。直定も、彦根藩の歴史を振り返り、現在の彦根藩の繁栄は直政の関ヶ原での活躍のおかげであると考えます。そこで、関ヶ原百五十年と直政百五十回忌を名目に、藩士達も参加する祝賀行事を開催することで、直政の武功を藩士たちに再確認させようとしていたと考えられます。

これ以降、当主忌日に開催される祝賀行事は、藩の基礎を築いた初代直政・二代直孝を中心に、他の当主についても催されていくこととなります。

井伊直禔の相続と急死

井伊直禔は、享保十二年（一七二七）、江戸で生まれました。

宝暦四年六月十九日、二十八歳で家督を相続した直禔は、同月二十七日、国許の彦根藩士へ向けて施政方針を示しました（「直禔公御書附写」彦根市立図書館所蔵）。この中で直禔は、自身は「文盲愚昧（もんもうぐまい）」（無学で愚か）であるため間違った行いがあれば意見するように、そして直禔のためを思って意見する時、また直禔からの質問に対し返答する時は遠慮なく意見するように、とも述べています。ここからは、謙虚な姿勢で藩士の意見を積極的に受け入れ、藩政を行っていこうとする直禔の意気込みが読み取れます。

しかし直禔は病気を患い、同年八月には病状が悪化、同月二十九日、意気込みむなしく相続後わずか七十日で死去してしまいました。死後、江戸の菩提寺である豪徳寺（東京都世田谷区）に葬られました。

直定の再勤

直禔が相続後まもなく死去したことにより、井伊家は存続の危機を迎えます。彦根藩では、跡継ぎとして宇和島藩伊達家より養子を迎えたいと幕府へ申し出ましたが、幕府は直定に井伊家当主に復帰することを命じます。あくまで井伊家の血統での相続を命じたのです。

これにより直定は、九月四日、再び井伊家当主として勤めることとなりますが、これは一時的なものでした。十一月十三日、直禔の弟である直英（のち直幸と改名、二十四歳）を世子としました。そして翌五年七月二十五日、直定は再び隠居し、直英に家督を譲りました（井伊家十代当主）。

隠居した直定は、彦根に戻り槻御殿（現玄宮楽々園）で暮らしていましたが、宝暦十年一月二十八日、死去しました。享年五十九。死後、清涼寺に葬られました。
幕府に対して様々な役目を果たす井伊家においては、幼少当主の相続は許されず、あくまで即戦力としての当主が求められていました。直定は、父である四代直興と同様、井伊家の相続に苦慮しましたが、病身をおして当主に再登板することで、どうにか苦境を乗り越えることができました。そして時代は十代直幸の治世へと移っていきます。

（学芸員　青木俊郎）

関係系図

○数字は当主の代数を示す　‖は養子関係を示す

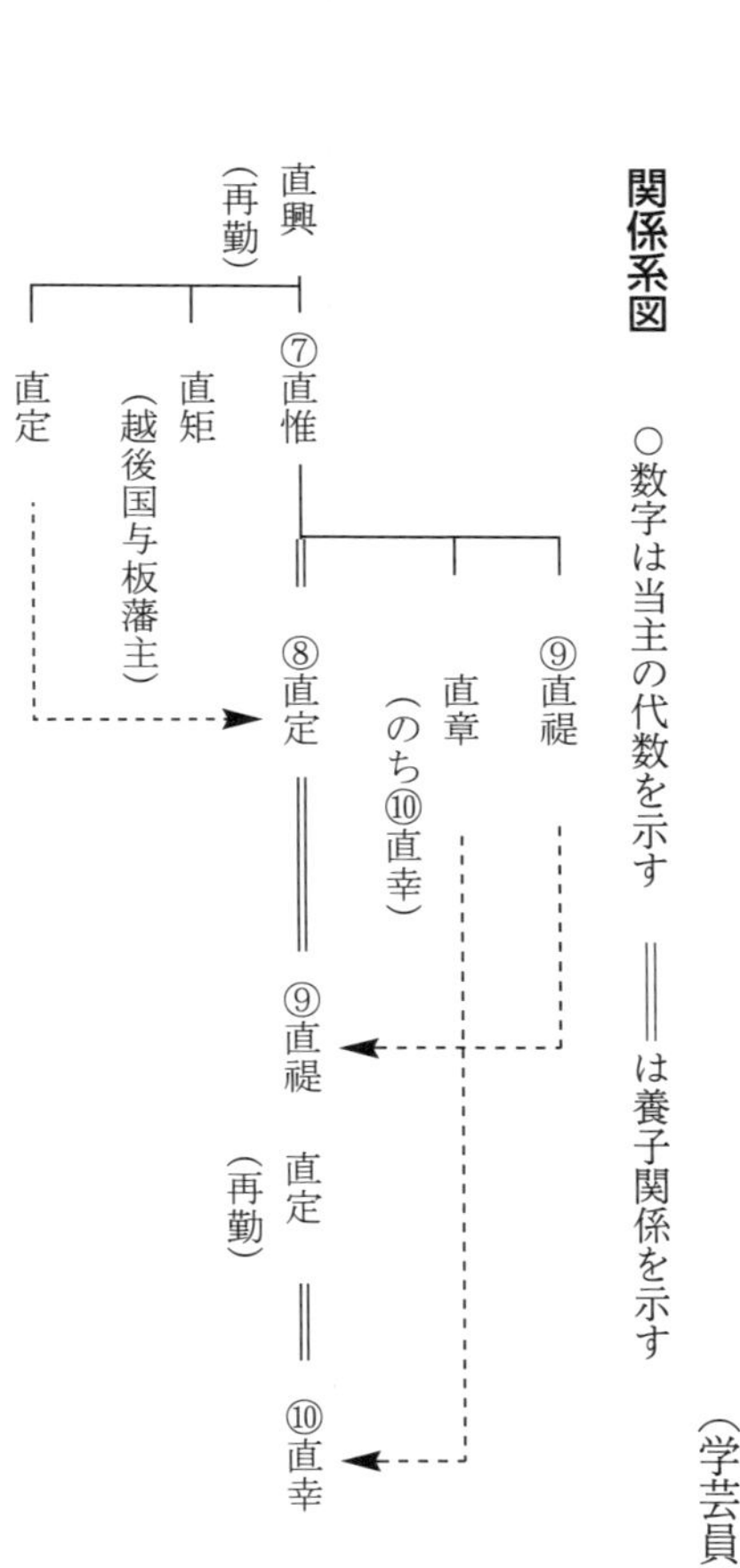

泰平の世の甲冑

「井伊の赤備え」と言われるように、彦根藩井伊家の軍装は赤で統一されていました。歴代当主の甲冑は全体を朱漆で仕上げ、そのほとんどが兜の側面に金の大天衝を立てています。

写真は、八代当主直定（一七〇二〜一七六〇）の所用と伝える甲冑です。兜には大天衝に加え、菖蒲の葉を象った装飾を立てており、胴には中世の甲冑に由来する大袖や飾り結びである総角を備えます。さらに、腿を守る佩楯には家紋の橘形の金具を用い、籠手や佩楯の絹織物は、紺地に花文をあしらうなど、歴代随一の華やかな甲冑です。

この甲冑に関する記録には、「古法之通」に紅房を付けるとあり、本作が古来の形式を意識したものであることが分かります。

戦国時代、甲冑は性能や利便性の向上、需要の増加に伴って多様化しました。しかし、大坂の陣以後、戦場に赴くことがなくなると、甲冑は防具から武家の象徴的な道具としての性格が強まり、装飾性やデザイン性を重視したものが作られていきました。

こうした流れの中で、近世以前の甲冑の形態美が見直され、大袖や総角、杏葉（ぎょうよう）などを取り入れた復古調のものが登場します。直定が当主となった十八世紀中頃は、復古調の甲冑が盛んに制作された時代でした。

菖蒲の装飾や花文で加飾し、復古的な趣を併せ持つ直定の甲冑は、そうした時代の特徴を反映した一領と言えます。

（学芸員　古幡昇子）

▶朱漆塗紺糸威縫延腰取二枚胴具足
（彦根城博物館所蔵）

井伊直定・直禔年表

和暦	西暦		できごと
元禄十五年	（一七〇二）	二月	直定、直興十四男として誕生（一歳）。
正徳四年	（一七一四）	二月	直定、彦根新田藩主となる（十三歳）。
享保十二年	（一七二七）	九月	直禔、直惟息男として誕生（一歳）。
享保十九年	（一七三四）	十月	直定、直惟（井伊家七代）の世子となる（三十三歳）。
享保二十年	（一七三五）	五月	直定、直惟隠居により家督相続（井伊家八代、三十四歳）。
元文二年	（一七三七）	八月	直禔、直定の養子となり彦根藩世子となる（十一歳）。
宝暦四年	（一七五四）	六月	直定、隠居（五十三歳）。
		六月	直禔、家督相続（井伊家九代、二十八歳）。
		八月	直禔、死去。
		九月	直定、再勤。
		十一月	直定、直英を世子とする。
宝暦五年	（一七五五）	七月	直定、再隠居（五十四歳）・直英、家督相続（井伊家十代）。
宝暦十年	（一七六〇）	一月	直定、彦根で死去（五十九歳）。

▶井伊直幸画像（彦根　清凉寺所蔵）

十代　井伊直幸（一七三一～一七八九）

直幸の生きた十八世紀の日本

井伊直幸（なおひで）が生きた十八世紀、江戸時代中期は、列島規模で都市と農村の貨幣経済が拡大し、民間の社会・文化が成熟を遂げるとともに、百姓一揆や飢饉など社会矛盾が噴出した時代でした。徳川幕府や各藩は、新たな社会状況に対応した政策を模索し、実施しました。徳川吉宗の享保改革から田沼意次（おきつぐ）の政治、松平定信の寛政改革へと続く政治は、その試みでした。民間経済に依拠した新たな社会の仕組が形成され、この社会秩序の変化のなか、井伊家も譜代名門の地位を自力で保持してゆかねばなりませんでした。

出生から家督相続まで

直幸は、享保十六年（一七三一）七月二十一日に七代当主直惟（なおのぶ）の三男として彦根で誕生しました。兄には四歳年上の直禔（なおよし）（のち九代当主）がいました。三歳の時、総持寺（そうじじ）（長浜市）の弟子となり、のち多賀社の不動院白川尊勝院の弟子となりました。出家の事情はよくわかりません。

当時の井伊家は、享保二十一年に直惟が死去し、八代当主直定の下、嫡子（養子）直禔と二男直賢が将軍への御目見を果たし、それぞれ従四位下侍従と従五位下の官位を得ていました。これは家を安定的に継承していくために井伊家が採った方策であったと考えられます。ところが寛保二年（一七四二）に直賢が死去。翌三年正月、直幸は還俗し、井伊家に戻りました。直幸の還俗は、直賢の死を補うためのものであったと推測されます。

還俗後の直幸は彦根城内の尾末町御屋敷に暮らしました。宝暦四年（一七五四）に、九代当主となった兄直禔がわずか二ヶ月で死去。幕府から直定に再勤が命じられ、直幸を養子としました。翌五年、直定が再隠居し、直幸が十代当主となりました。

藩政初期の改革

直幸が当主となった時、藩の財政再建が課題でした。直定は宝暦十年に亡くなるまで彦根にあって直幸とともに政治を行いました。直幸は家老の木俣守将を「御勝手方御倹約頭取」に任じ、藩士に三ヶ年にわたる上納米を負担させ、家臣および領内の町・村に対し、徹底した倹約を命じました。また、緩んでいた藩の「法式」の再構築に取り組み、領民の意見提出を求め目安箱を設置するなど、積極的な政治改革を実行しました。さらには、同十一年には、大坂の商人の立案を採用し、藩領内で流通させる米札の裏付け金を領内の町・村から「積銀」として積み立てさせる経済政策を実施しました。しかし、これに反対した藩領南部の百姓による大規模な打ち壊し（柳川騒動）が発生し、この政策は頓挫しました。

官位昇進と家格の復興

一方で、直幸は、早くから井伊家の家格の復興に強い意欲を持っていたようです。当時、官位は、江戸城の席次、大名の序列を決定する重要なものでした。大老職を勤めた四代直興(なおおき)を最後に、その後の当主の地位が井伊家の家格に見合っていないとの認識があったのでしょう。

直幸は、井伊家と同じ溜詰(たまりづめ)大名である会津藩松平容頌(かたのぶ)と官位昇進競争を繰り広げました。両者が幕府に働きかけ、追いつ追われつの競争の結果、安永七年（一七七八）に直幸は正(しょう)四位上左近衛権中将(しいじょうさこのえごんのちゅうじょう)という井伊家が到達しうる最高の官位に昇進しました。幕府での地位上昇はさらに続き、天明三年（一七八三）には、江戸城の老中の御用部屋(ごようべや)入りを命じられ、翌四年には大老となりました。文字どおり、四代直興以来の家格の復興を果たしたのです。

田沼意次との関係

直幸が当主であった期間は、田沼意次が幕府の実権を握っていた田沼時代（一七六七〜一七八六）と重なります。田沼時代には、江戸時代中期の経済構造の変化に対応した利益追求型の革新的な政策が大胆に行われる一方で、賄賂や利益誘導が社会に蔓延しました。

直幸の御用部屋入りと大老職就任に際しても、田沼への働きかけが行われました。御用部屋入りの翌日に江戸詰の彦根藩目付役の田中藤十郎が国元に送った手紙では、諸大名が欲深くなり田沼への賄賂が夥しいこと、直幸も田沼に過分な贈答をしていることを述べ、「江戸の金捨て場に君候（＝直幸）を右の三人（＝「あほう」、「柔弱」、「欲深」と田中が評した側近家臣）付けて追い放しに仕置く事は、何ほど君は聖人にはあらぬものとあきらめても堪えかね申し候」と激烈な批判を加えています。同じ頃、彦根では直幸の名で度々倹約令が出され、上納米が徴収されていました。国元から絞り出した金銀が、江戸の金権政治（「金捨て場」）に注ぎ込まれていたのです。輝かしい地位上昇の裏に、このような影の部分が存在しました。

嫡子井伊直富の死

直幸の家格復興の思いは、その嫡子直富を通じても実現されていきました。直富は安永四年には将軍徳川家治に初御目見し、従四位下侍従に叙任されました。この時、幕府へ十六歳と届け出ましたが、実は十三歳。年齢詐称によるいち早いデビューでした。同六年には溜詰入、同九年には十八歳で京都上使を勤め天皇に拝謁し、左近衛権少将に任官されました。直富は期待を担い、次代への家格継承は、着々と進んでいました。ところが天明七年七月、直富が病死しました。息子を失うとともに、直幸が周到に進めてきたプランが崩れ去りました。直幸の落胆は大きかったことでしょう。二ヶ月後の九月、願い出て大老職を辞任しました。この後、息男の直中（なおなか）を世継とし、寛政元年（一七八九）二月、直幸は、当主の地位のまま、江戸にてその五十九年の生涯を終えました。

（学芸員　渡辺恒一）

関係系図

○数字は当主の代数を示す　‖は養子関係を示す

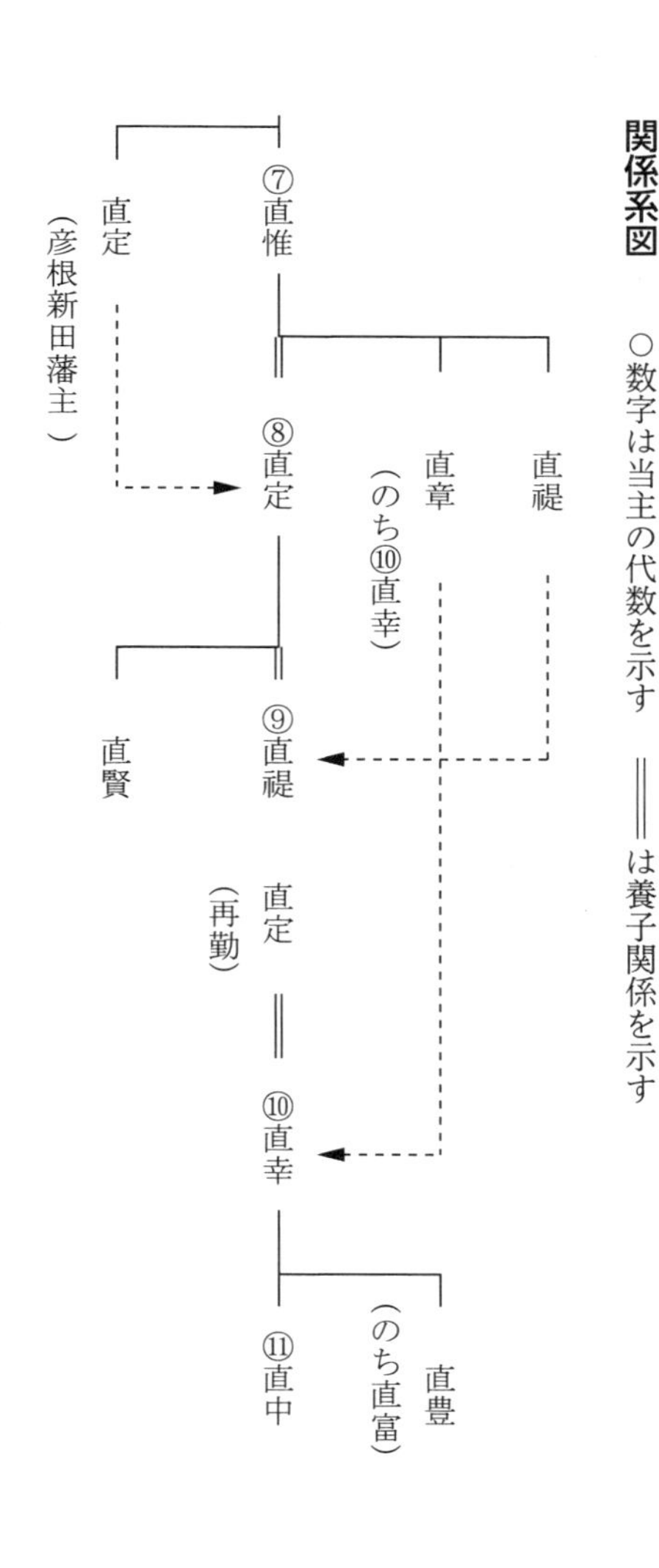

部屋住み時代の直幸の暮らし

彦根藩井伊家文書（重要文化財）に、井伊直幸が還俗し、世継となるまで暮らした尾末町御屋敷の賄役が記した役方日記が伝わっています（写真）。同御屋敷は現在の埋木舎の場所にありました。

日記は、直幸が同屋敷に入った延享元年（一七四四）五月十九日から起筆し、彼が江戸に発つ宝暦四年（一七五四）十月に終えています。すなわち、十一年間十一冊の帳面であり、直幸十四歳から二十四歳まで同屋敷で暮らした全時期の記録が残っています。

彦根藩では、藩主の世継の男子は江戸で暮らし、二男以下の庶子は、彦根に独立の屋敷を与えられ暮らしました。屋敷には士身分の付人の他、歩行身分の賄役、奥向の老女、中間らが仕えていました。独自の家政機関を有し、独立した家計を持つ、一個の家でした。

この賄役の日記には、家計の収支管理や、生活用品の調達内容、使用人の出入のほか、直幸の外出記録や、屋敷での年中行事、乗馬の稽古の様子、直幸と家族との間の贈答などが詳細に記されています。若き日の直幸の様子を知るうえで貴重な資料です。
当主になって以降の直幸については、彼の日々の行動を側役が記した日記がいくつかの年で伝存しています。直幸は歴代の当主のなかでも、もっともその行動が判明する人物なのです。

（学芸員　渡辺恒一）

▶民部様御賄御用日記（彦根城博物館所蔵）

井伊直幸年表

和暦	西暦	年齢	できごと
享保十六年	（一七三一）	一	井伊直惟（井伊家七代）の三男として生まれる。
享保十八年	（一七三三）	三	出家。惣持寺の弟子となる。僧名は真全。
寛保三年	（一七四三）	十三	還俗。井伊民部直章と名乗る。
この間			直英と改名。
宝暦四年	（一七五四）	二十四	直定（井伊家八代、再勤）の養子となり、世子となる。
宝暦五年	（一七五五）	二十五	直定隠居により彦根藩主となる（井伊家十代）。
宝暦十年	（一七六〇）	三十	直幸と改名。
宝暦十一年	（一七六一）	三十一	藩領南部農民が積銀政策に反対し蜂起する（柳川騒動）。
安永七年	（一七七八）	四十八	正四位上に叙位。
天明三年	（一七八三）	五十三	御用部屋入り。
天明四年	（一七八四）	五十四	大老職。
天明七年	（一七八七）	五十七	世子直富（二十五歳）、死去。 大老職辞任。
寛政元年	（一七八九）	五十九	江戸で死去。

井伊直幸花押
井伊直幸書状（大沢家文書・個人所蔵）より

▶井伊直中画像（彦根　清凉寺所蔵）

十一代　井伊直中（一七六六～一八三一）

江戸から彦根へ

井伊直中は、明和三年（一七六六）、十代直幸の七男として江戸で誕生しました。幼少時は江戸で過ごし、安永三年（一七七四）、九歳の時、兄仙之丞（十歳）、弟又介（七歳）とともに彦根に引っ越し、城下の広小路御屋敷（現在の彦根東高校敷地内）で暮らすこととなりました。これは、直幸が庶子として尾末町御屋敷で暮らした自らの経験を踏まえ、世子以外の男子を彦根で養育する方針をとったことによります。

広小路御屋敷での文武修養

この広小路御屋敷の三兄弟には、御附役や御伽役、奥女中、賄役、櫛役、番人、料理人ら、三十人ほどが付けられました。そのほか、直中らに武芸や学問を教授する師範（藩士）や、定期診察をする医師らが出入りをしました。定例の稽古として剣術、鎗術、弓術、鉄砲、手習い、漢文書籍の読書が定期的に行われ、不定期に儒学の講釈が行われました。家庭教師が屋敷にやってくるスタイルでした。直中は鉄砲の稽古を好み、当主となった後も変わることはありませんでした。学問では、当時、徂徠学派の代表的儒学者であった野村公台から教えを受けました。公台は、安永十年に「広小路御子様方学事御用」を命じられ、この時、十六歳となっていた直中は、公台から人材登用の重要性など、国家の政治論を学びました。この時の学問修得は、のちの直中の藩政に大きな影響を与えることとなります。

思いがけず藩主となる

直中が二十二歳となった天明七年（一七八七）七月、世子として将来を嘱望されていた兄直富が江戸で死去しました。直中は急遽江戸に呼ばれ、世子となり、当時十六歳の将軍徳川家斉に御目見しました。この年の五月は、江戸・大坂など全国の都市で打ち壊しが起こり、六月に松平定信が老中に就任、寛政改革が始まった時期でした。十一月には、直中は江戸城溜詰を命じられ、従四位下侍従に叙任されました。寛政元年（一七八九）、世子として彦根に帰国中、父直幸が重病となったため、江戸に向かいましたが、道中で逝去の知らせを受けました。幕府の命令によりそのまま江戸に赴いた直中は、家督を相続し、十一代当主となりました。

直中がおこなった財政政策

代替わり後の直中は、直幸時代後期の支出増大により生じた財政悪化に対処すべく、特徴的な財政政策を実施しました。江戸での年間経常費の制限や、年貢米の早期納入制度、また、年を限った倹約令などです。寛政六年には、直中は徳川将軍家若君様（徳川家慶）の宮参り後の御成御用により左近衛権少将、同八年には家慶の元服式の加冠役拝命時に左近衛権中将に昇進しました。これらの御用は膨大な支出を伴いましたが、米価の上昇もあり、寛政八・九年頃には一旦財政状況は好転しました。同十一年には、国産方を設け、長浜縮緬などの国産品の専売を強化し、藩領外から金銀貨を獲得する政策を推進し、さらに町人身分の代官の廃止など藩政機構の合理化・効率化により費用軽減を図ろうとしました。

藩校設立と能舞台建設

直中が三十四歳となった寛政十一年からの三ヶ年は、彼にとって実り多い時期となりました。五月には、徳川家康から井伊家が拝領したと伝わる近江国一国の御鷹場の巡見を「再興」しました。七月には藩校の稽古館を設立（のち弘道館と改称）。当時、幕府が寛政異学の禁を発して以降、朱子学が正統学派とされていた中、彦根藩の儒学の主流であり、かつ直中自身が野村公台から学んだ徂徠学派を藩校で採用しました。

また、少年時代から父直幸のもとで能を嗜んでいた直中は、能にも力を注ぎました。寛政十一年、七人の能役者を藩の御抱えとし、翌十二年末に彦根城表御殿に能舞台が新設されました。十三年二月には、この能舞台で初代井伊直政の二百回遠忌祝儀能が催されました。

神仏への厚い信仰

文化元年（一八〇四）、江戸の豪徳寺の住持漢三道一を清涼寺に迎え、以降、堂宇の整備や法具の整備などの復興事業が進められました。同四年には、清涼寺境内に護国殿の建設を始め、四年余りかけて完成しました。護国殿は権現造りで、そこには東照大権現（徳川家康）の「神牌」（位牌）および初代直政と二代直孝の彫像が祀られました。彦根藩を築いた直政と直孝の霊を祀り、「護国」すなわち国（＝彦根藩）を守護してもらうことを願ったものと考えられます。また、文化三年には、四代直興の庶子弁慧の遺志を継いだ僧侶を援助し、佐和山山麓に天台宗仙琳寺が建設されました。同寺には、四代直興の「御神像」と直中自身の寿像が安置されました。同寺の建設は、公的な清涼寺復興とは異なり、直中の個人的な思いにより実現されたものでした。隠居後に造営した天寧寺も同様の性格を持ちました。

隠居、大殿様となる

直中は、文化六年に、光格天皇の皇子恵仁親王が皇太子となった祝いのため、朝廷への使いを勤め、正四位上に昇進しました。この時、直中は四十四歳。二代直孝、四代直興、十代直幸よりも若い年齢で井伊家の最高位に昇り詰めました。この後、直中の意志によっては、父直幸と同様に大老への道が開けていたように思われます。しかし直中はその道に向かいませんでした。文化九年二月、直中は病気を理由に隠居し、江戸から彦根に帰国し、大殿様として彦根城下の槻御殿（けやきごてん）に住居を定めました。

槻御殿での生活は、華やかなものだったようです。御殿の増築が進められ、能舞台も設けられました。この時期、同御殿は最大の規模に達しています。また、御殿に隣接する御庭である玄宮園（げんきゅうえん）の整備も進められました。文化十二年の五十歳の祝いでは、表御殿と槻御殿双方の能舞台で祝儀能が催されるとともに、長浜町から舟で曳山を槻御殿に運ばせ、「山の芸」を観覧しています。息男直弼を儲けたのも槻御殿に隠居してからのことでした。隠居生活が二十年目をむかえた天保二年（一八三一）、直中は六十六歳で逝きました。

（学芸員　渡辺恒一）

関係系図　○数字は当主の代数を示す

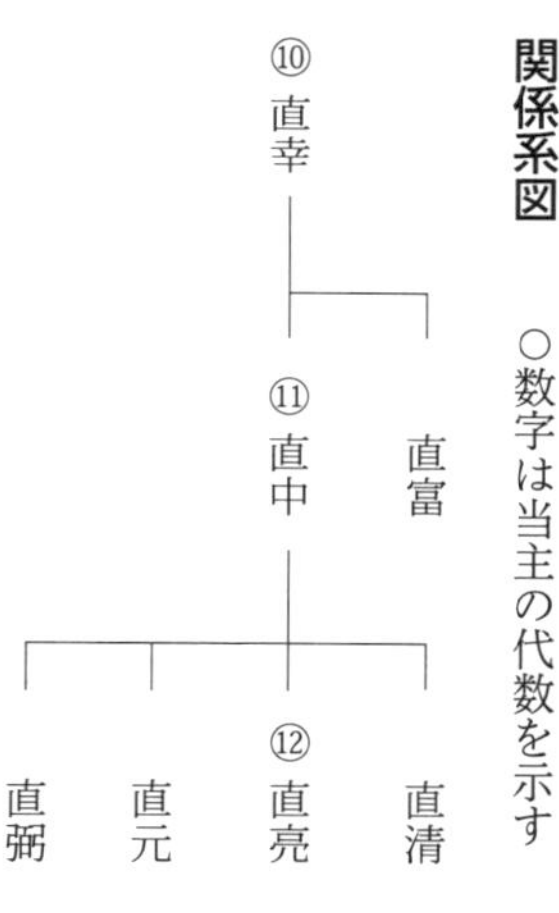

天寧寺造営と仏教を信仰する思い

文政二年（一八一九）、直中は彦根城下にあった宗徳寺を里根山中（彦根市里根町）に移し、清涼寺住持であった寂室堅光を入れ、堂宇を新たに建設し、同五年に天寧寺と寺名を改めました。直中が六十歳をむかえた同八年には境内に観徳殿を建て、自らの寿像を彦根城天守に正対する形で安置しました。この時、直中は「城に直対し、国がめでたく栄えている様子に接しよう」と述べています。ここには、自身の死後、その霊が像に留まり、仏法の栄える彦根藩井伊家の居城彦根城とその藩領を見守りたいという直中の願いが込められていました。翌九年には五百羅漢を安置する羅漢堂が落成しました。

後年、井伊直弼自らが記した「仏道発心の弁」（彦根藩井伊家文書）と呼ばれる文章のなかで、人から密かに聞いた話として、直中が天寧寺の羅漢堂を造営した時の経緯を次のように記しています。

「ある朝、直中が五百羅漢を造営しようと思い、家来を清涼寺の寂室堅光に遣わし相談したところ、堅光が驚き、『何のためでしょうか、長寿をお祈りになるのか、身の栄えをお考えなのでしょうか』と述べた。それを聞いて直中は、『寿命はおのれの望みでない、栄えはわが身をこえている。ただ、過去の罪多きを恥じ、多くの子というものが皆長久あらんことを思って』と答えた。それを聞き堅光は大変喜んだ」

直中が具体的に何の罪を恥じたのかは今は特定できませんが、罪滅ぼしとして、多くの子どもの無事を願い、五百羅漢造立を始めたというのです。わたしたちから見れば、直中は十分にわが身の栄達を遂げたように思います。しかし、その心中には深い贖罪の念が宿り、仏に救いを求めていたのです。直中が大老になれる可能性のある地位にまで達しながら、後半生を仏教に尽くし、早々に隠居した理由は、この思いにあったのかもしれません。

（学芸員　渡辺恒一）

井伊直中年表

和暦	西暦	年齢	できごと
明和三年	（一七六六）	一	井伊直幸（井伊家十代）の七男として生まれる。
安永三年	（一七七四）	九	江戸から彦根の広小路御屋敷に引っ越す。
安永十年	（一七八一）	十六	儒学者野村公台が御学事御用を命じられる。公台に学ぶ。
天明七年	（一七八七）	二十二	直幸の世子となる。
寛政元年	（一七八九）	二十四	直幸死去により彦根藩主となる（井伊家十一代）。
寛政八年	（一七九六）	三十一	徳川家慶元服加冠役を拝命し、左近衛権中将に昇進。
寛政十一年	（一七九九）	三十四	国産方を設置・藩校稽古館を創設。
寛政十二年	（一八〇〇）	三十五	彦根城表御殿能舞台完成。
文化六年	（一八〇九）	四十四	京都上使を勤め、正四位上に叙位。
文化八年	（一八一一）	四十六	清凉寺境内に護国殿完成。
文化九年	（一八一二）	四十七	隠居、槻御殿に居住。
文政八年	（一八二五）	六十	天寧寺境内に観徳殿を造営。
天保二年	（一八三一）	六十六	彦根で死去。

井伊直中花押
井伊直中書状（大沢家文書・個人所蔵）より

▶井伊直亮画像（彦根　清凉寺所蔵）

十二代　井伊直亮（一七九四〜一八五〇）

海防の時代

井伊直亮は十九世紀前半に三十九年間、藩主の地位にありました。この時期の日本は「海防の時代」でした。前世紀末から日本列島近海にあらわれたロシア・イギリス・アメリカなどの欧米諸国の船の活動がさらに活発化してきました。この動きの原因は、オホーツクやアラスカなど北太平洋で取得したラッコなどの毛皮の中国での販売、その後の捕鯨場としての開発により、北太平洋地域が富を生み出す源泉として欧米諸国から注目されたことによります。外国船による日本列島沿岸の測量や、日本人漂流民の返還をきっかけとして外国が江戸幕府に通商関係を求める事態がおこってきます。幕府は、蝦夷地（北海道）周辺でのロシアの動きに警戒感を強め蝦夷地を直轄地とし、かつ諸国の海岸線の海防体制を敷くなど、対外関係が幕府政治の主要な課題となったのです。

江戸育ちの殿様

直亮は、寛政六年（一七九四）に、十一代当主直中の三男として江戸で誕生しました。母は、盛岡藩南部家から迎えた正室でした。異母兄として四つ年上の直清がいました。直清は、直亮が生まれる前年に世子となっていましたが、正室の子である直亮を世子に据えようとする動きがあったのでしょうか、文化二年（一八〇五）に「虚弱」を理由として世子の座を退き、代わって十二歳の直亮が世子となりました。その後、直亮は十三歳で江戸城の溜詰（たまりづめ）入りとなり、十代後半で幕府儀礼の経験を積み、同九年に、父直中の隠居により、十九歳で十二代当主に就任したのです。江戸育ちの殿様の誕生でした。

関係系図　○数字は当主の代数を示す　＝は養子関係を示す

⑪直中
- 直清
- ⑫直亮
  - ＝⑬直弼
  - ＝直元
- 直元 ┈┈▶ 直元
- 直弼 ┈┈▶ ⑬直弼

彦根への国入り

井伊家の当主は、参勤交代で一年ごとに彦根と江戸を往き来するのを常としました。文化九年六月に国入りした直亮は、初めての彦根の冬を過ごしました。この時の直亮の外出記録である「御出留（おいでどめ）」によれば、活発に行動し、鷹狩りなどで頻繁に城を出て、村方を訪れています。直亮は後年にも騎射（うまゆみ）を藩士に奨励するなど、自らが外で体を動かす乗馬や武芸を好みました。都会育ちの青年が、琵琶湖をはじめとする雄大な自然に囲まれた彦根の暮らしを満喫していた様子が想像されます。

順調な官位昇進から大老へ

直亮が当主であった時代、十九世紀前半の幕府では、十一代将軍徳川家斉とその実父一橋治済を中心とする政治が行われ、家斉の将軍辞職後の大御所政治を経て、家斉没後に水野忠邦による天保改革が実行されました。直亮は当主となって二年後の文化十一年、将軍家斉の若君竹千代による宮参り帰途の井伊家屋敷立ち寄りを拝命し、左近衛権少将に任官され、同十五年には仁孝天皇の女御入内を祝う京都上使を勤め左近衛権中将となり、さらに三十四歳となった文政十年（一八二七）に将軍家斉の太政大臣任官の御礼の使者として、二度目の京都上使役を勤め、正四位上に叙位されました。このように家斉の治世で順調な官位昇進を果たし、天保四年（一八三三）には、江戸城本丸御殿の老中の執務場所である「御用部屋」入りを命じられ、同六年に大老職に就任しました。大塩の乱が起こった天保八年には家斉が将軍を辞職し、大御所政治を開始しましたが、その体制下でも、引き続き大老職を勤めています。同十二年正月、家斉が死去し、四月に家斉側近が罷免され、五月十五日に十二代将軍徳川家慶のもとで老中水野忠邦が天保改革を開始しました。直亮はこの五月十三日に大老職を免じられています。新たな政治体制発足に伴う人事により罷免されたのでした。

父直中との関係

直亮の父である十一代直中が若くして当主の地位を退き、長い隠居期間を過ごしたことは前述したところです。この父と直亮との関係は微妙な関係だったようです。直亮の治世下においても藩の財政は切迫しており、文政三年には、直亮からの度重なる依頼を受け、直中が藩財政再建の「御世話」を行いました。実は、直中はこれ以前に一度直亮の依頼を断っており、直亮に対して何か思うところがあったようです。一方の直亮も多くの手元金を自身で持ちつつも、財政状況が悪いなか豪奢な隠居生活を送る直中に対して、批判的な視線を向けていたと思われます。天保二年に直中が死去した後も、倹約令が度々発令され、窮乏した藩士に対する貸付金政策、また、筋奉行（すじぶぎょう）への権限集中などの村方支配機構の強化策が実施されるなど、直亮治世下でも藩財政再建に向けた取り組みは続けられました。

文物の収集

直亮は、刀剣や雅楽器、絵画、古典籍など、さまざまな文物に深い関心を示しました。井伊家に伝わる諸道具の目録を作成したり、藩士の家に伝わる武器武具や古文書の調査もおこなっています。その他、雅楽器や洋学書などの文物も購入しました。彼の主要なコレクションである雅楽器の場合、入手した楽器の目録「楽器類留（がっきるいとめ）」を自ら書き留めています。その内容は、楽器の仕様にとどまらず、入手経路や購入価格まで詳細を究めています。直亮は世子時代にはすでに雅楽に関心を持っていたことがわかっていますが、楽器の収集に関しては、大老職就任後に多く見られるようになり、同職辞任以降に圧倒的に入手件数が増えています。政治の一線を退き、文物の収集意欲が加熱したのかもしれません。

相州警衛の拝命

直亮が五十四歳となった弘化四年（一八四七）二月、彦根藩は幕府から相模国三浦半島の海岸警衛を命じられました（相州警衛（そうしゅうけいえい））。川越・忍（おし）・会津の諸藩と分担して外国船の江戸湾進入から江戸を守るためのものでした。彦根藩は、海岸の砲台場を幕府から預かり、三浦半島に領地を与えられ、二千人から三千人規模の人員を派遣しました。相州警衛は、新たな西洋砲の入手・配備なども含め膨大な出費を伴うものであり、大きな負担を強いられました。藩の内外からこの警衛に対する批判的な声があがり、直亮の気儘な性格も災いして、藩士たちの士気を保つことも困難な状況でした。直亮は、この困難な状況のなか、嘉永三年（一八五〇）九月に死去しました。アメリカ海軍東インド艦隊司令長官マシュー・ペリーが黒船で彦根藩兵の眼前を通過し、浦賀に来航する事態はその三年後に迫っていました。

（学芸員　渡辺恒一）

直亮と御用絵師佐竹永海

江戸を舞台に活躍していた佐竹永海（一八〇三～一八七四）が彦根藩の御用絵師として召し抱えられたのは、天保九年（一八三八）正月、三十六歳の時でした。明治に入ってからの記録ではありますが、このきっかけを作ったのは直亮自身だといいます。永海が師の谷文晁の供で寛永寺を訪れた際、偶然遭った直亮が、文晁に対して絵師を周旋してほしいと要望し、文晁は永海を推挙したというのです。谷文晁は、当時関東画壇を席捲していた絵師で、その塾には多くの弟子が名を連ねており、永海はその中でも著名な弟子の一人でした。

御用絵師としての永海は、御殿の襖絵や衝立の画の制作等、藩の公的な御用をつとめる一方で、直亮がコレクションした雅楽器を納める保存箱の蒔絵の下絵を描いたり、直亮の書画収集の斡旋や鑑定をするなど、直亮の私的な要請に応える御用もつとめています。永海は、御用絵師になって後も活動の拠点は江戸でしたが、直亮が国元に帰る時に同行することもありました。

井伊家歴代の菩提寺である清凉寺に伝わる直亮の肖像画（２９４頁の写真）

は、作者の落款はありませんが、その画風から、永海が描いたと判断されるものです。理想化は一切せず、神経質な人柄までも表現し得たこの作品は、直亮と永海との密接な関係を浮き彫りにします。

（学芸員　髙木文恵）

▶摺針暁景図　佐竹永海筆（彦根城博物館所蔵）

井伊直亮年表

和暦	西暦	年齢	できごと
寛政六年	（一七九四）	一	井伊直中（井伊家十一代）の三男として生まれる。
文化二年	（一八〇五）	十二	直中の世子となる。
文化九年	（一八一二）	十九	直中隠居により彦根藩主となる（井伊家十二代）。
文化十五年	（一八一八）	二十五	京都上使を勤め、左近衛権中将に昇進。
文政三年	（一八二〇）	二十七	藩財政悪化し、父直中の支援を受ける。
文政十年	（一八二七）	三十四	二度目の京都上使を勤め、正四位上に叙位。
天保四年	（一八三三）	四十	御用部屋入り。
天保六年	（一八三五）	四十二	大老職。
天保十二年	（一八四一）	四十八	大老職辞任。
弘化二年	（一八四五）	五十二	彦根にて井伊八幡宮竣工。
弘化四年	（一八四七）	五十四	幕府から相州警衛を命じられる。
嘉永三年	（一八五〇）	五十七	彦根で死去。

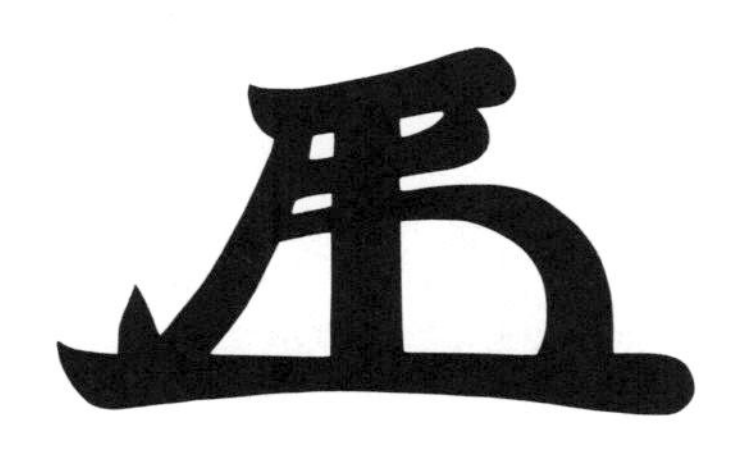

井伊直亮花押
井伊直亮書状（大沢家文書・個人所蔵）より

▶井伊直弼画像（彦根　清凉寺所蔵）

十三代　井伊直弼（一八一五〜一八六〇）

生い立ち

井伊直弼は、文化十二年（一八一五）十月二十九日、井伊家十一代直中の十四男として、彦根で誕生しました。当時五十歳の直中は、すでに家督を直亮（直弼の兄）に譲り、彦根の槻御殿で隠居生活を送っていました。直弼も、直中や兄の直元・弟の直恭らとともに、槻御殿で幼少期を過ごしました。

埋木舎での暮らし

天保二年（一八三一）、父の直中が死去します。これを機に、直弼は槻御殿を出て尾末町屋敷に移り住みました。この屋敷が「埋木舎」として知られている屋敷です。

埋木舎という名前は、直弼が自ら名づけたものです。直弼は、井伊家を継ぐことも、他の大名家に養子に出されることもない自身の境遇を、地中深くに埋もれて顧みられなくなった「埋もれ木」にたとえました。そして、世に出ることのない生涯であったとしても、世間の雑事から離れて、自分のなすべきことに取り組もうという決意のもとに、この名前をつけたのです。

直弼がこの時期に取り組んでいたのは、茶の湯・国学・和歌・居合など、多岐にわたる文武の修養でした。埋木舎での修養の日々は、およそ十五年に及びました。

政治の舞台へ

弘化三年（一八四六）一月、直弼は急遽江戸に呼び寄せられます。彦根藩の世子であった直元が死去し、そのかわりに直弼を世子とするためです。江戸に移った直弼は、二月二十八日に江戸城に登城して将軍徳川家慶との対面を果たし、将軍と正式な主従関係を結びました。このとき直弼はすでに三十二歳。彦根での長い雌伏の時を経て訪れた、大きな転機でした。

世子となった直弼は、徐々に政治への意識を高めていきます。この頃の直弼は、信頼する家臣に宛てた書状の中で、繰り返し直亮を批判しています。直亮の気ままな振る舞いが、藩政を停滞させていると考えていたのです。現状に対する批判的な考えを抱きつつ、自らが井伊家を継ぐときのことを考えていたのでしょう。

彦根藩主就任とペリー来航

嘉永三年（一八五〇）に直亮が死去し、直弼は彦根藩主の座に就きます。直亮の治世に批判的な考えを持っていた直弼は、「仁政」（思いやりある政治）を掲げ、藩政の改善に取りかかりました。九度に分けて領内をくまなく巡見し、領民の様子を見てまわったのは、その最たる例といえるでしょう。

藩主就任から三年を経た嘉永六年、幕府を震撼させる事件が発生します。アメリカのペリーが軍艦四隻を率いて浦賀(うらが)沖に来航し、交易を行うように要求してきたのです。幕府は、どう対応すべきか、溜詰(たまりづめ)という幕政について諮問する大名からいち早く意見を聴取しました。井伊家は、溜詰大名の一員で、ペリー来航時に沿岸の警備を担っていた家でもありました。

幕府の求めに対し、直弼は二度にわたり意見書を提出します。その二通目では、まずアメリカとの軍事力の差を認め、交易を進めるべきだと主張しています。同時に、欧米諸国に対して「年月を経て必勝万全を得る」だけの力を蓄え、いずれは「鎖国」に戻すことも想定しています。単なる開国論ではなく、長期的な視野に立ち、欧米諸国と対等に渡り合おうとする姿勢を読み取ることができます。

翌嘉永七年、幕府はアメリカとの間に日米和親条約を結びます。長きにわたって特定の国としか関係を持たなかった幕府の外交は、大きな転換期を迎えていました。

大老就任

和親条約を締結したアメリカは、通商関係を樹立すべく、総領事ハリスを日本に派遣します。安政三年（一八五六）に来日したハリスは通商条約締結を要求し、条約調印問題が重要な政治課題として浮上してきました。幕府の中では調印もやむなしという意見が有力でしたが、老中堀田正睦は、反対意見を抑えるため、勅許（天皇の許し）を得ようとして、自ら京都に赴きました。しかし、朝廷内部では強硬な反対意見が多く、交渉は失敗します。国内の意見をまとめようとした堀田の策は、裏目に出てしまいました。

同じ時期、幕府は内部にも課題を抱えていました。十三代将軍家定の跡継ぎをめぐって、紀州藩主徳川慶福と一橋慶喜という二人の候補がおり、それぞれを推す勢力（南紀派と一橋派）が対立していたのです。国の内外に難題を抱えた状況で、直弼は将軍自らの指名を受け、大老に就任することになりました。

安政五年四月二十三日に大老に就任した直弼は、堀田が失敗した条約調印の勅許を再度得ようとします。ところが、ハリスと交渉していた役人は、勅許が得られるまで調印を

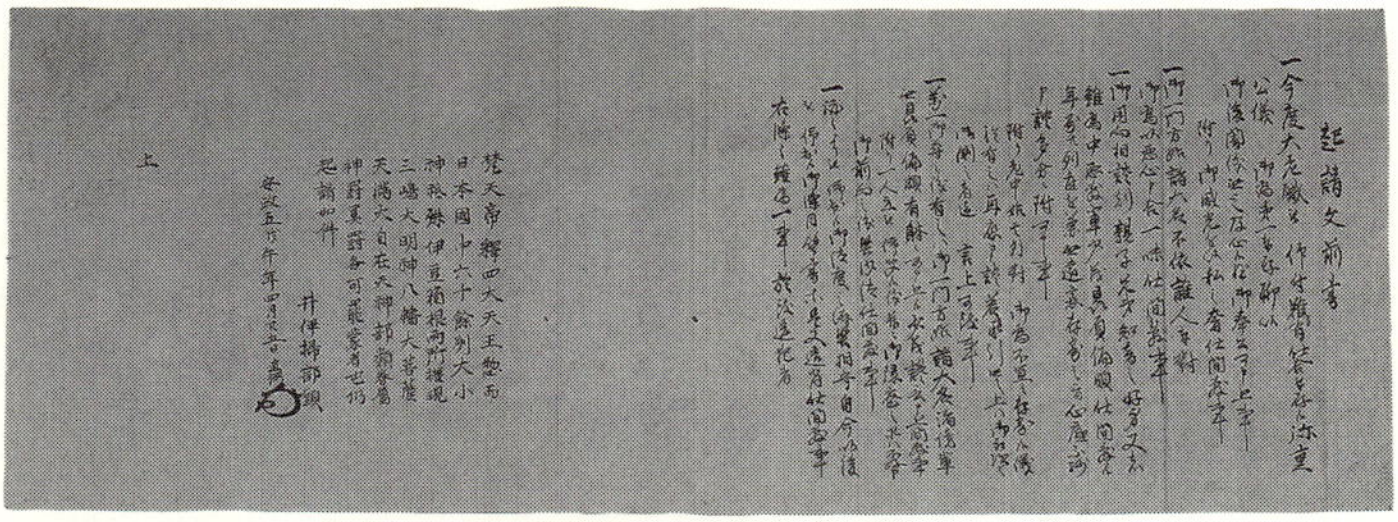

▶井伊直弼大老就任誓詞控（彦根城博物館所蔵）
大老就任時に提出した自筆の誓詞の控。幕府を重んじ、将軍のために奉公することを誓っている

引き延ばすよう直弼から命じられていたにもかかわらず、通商条約に調印してしまいます。直弼は、幕政の最高責任者として、非難を浴びる立場に立たされてしまいました。

安政の大獄から桜田門外の変

直弼と対立していた一橋派の人々は、勅許を得ずに条約に調印したとして、朝廷に向けて幕府批判を展開します。その結果、八月八日に孝明（こうめい）天皇から、幕政を批判する勅諚（ちょくじょう）（戊午（ぼご）の密勅（みっちょく））が出されます。幕府を批判したことに加え、勅諚が水戸藩に下されたことが問題になりました。天皇が一大名に直接命令を下すことは、幕府の支配原則に反するもので、直弼としては放置できない問題でした。幕府は、勅諚降下に関与した人物を処罰します。この捜査の過程で、吉田松陰（よしだしょういん）の老中襲撃計画が発覚するなどしたため、多数の人々に処罰が及びました。これが「安政の大獄」として知られている事件です。直弼にとっては、幕府の統治体制を維持するためにとった、やむをえない処置でした。

安政六年十二月、幕府の働きかけが実って、密勅を返納するように、水戸藩に勅命が下されます。これに反発した一部の水戸藩士は、脱藩して江戸に向かいました。

安政七年三月三日、直弼は江戸城に向かう途中、水戸・薩摩脱藩浪士十八名に襲撃され、殺害されてしまいました（桜田門外（さくらだもんがい）の変）。当時直弼は四十六歳で、大老就任から二年足らずでの事件でした。

（学芸員　松浦智博）

茶人井伊直弼と楽焼（らくやき）

十三代直弼は、江戸時代後期を代表する大名茶人として知られています。埋木舎で過ごした青年時代の頃から先人の茶書などをひもといて研鑽を積み、世継や藩主となってからも、茶会の開催や茶書の執筆、茶道具の制作などに熱心に取り組みました。

写真の作品は、直弼が自ら制作し、兄の十二代直亮（なおあき）に献上した楽焼（らくやき）の向付（むこうづけ）です。井伊家の家紋である橘（たちばな）をデザインしたもので、釉（うわぐすり）や土の扱いには素人らしい拙さが見られますが、黄味の強い朱と濃い緑が響き合い、楽焼らしい鮮やかな色味の作品に仕上がっています。

直弼は、二十八歳の頃から楽焼の制作を始めました。その作品は、記録に残るものを含めると一〇〇点以上も確認され、種類は茶碗や茶入（ちゃいれ）、香合、蓋置（ふたおき）など多岐に渡ります。その多くは、茶の湯の弟子でもあった家臣たちに贈られました。直弼は、自作の茶道具を通して、自らの茶の湯のあるべき形や美意識を弟子たちに伝えていたと考えられます。

この向付は五枚揃いの作品で、釉の掛け方はそれぞれ異なりますが、形はほぼ同形に作られており、成形用の型を特別にあつらえて、その型を用いて制作したと考えられます。五枚揃った形になるように、生真面目に取り組む直弼の姿が思い浮かんでくるような作品です。

（学芸員　奥田晶子）

▶楽焼橘紋形向付　井伊直弼作（彦根城博物館所蔵）

井伊直弼年表

和暦	西暦	年齢	できごと
文化十二年	（一八一五）	一	井伊直中（井伊家十一代）の十四男として生まれる。
天保二年	（一八三一）	十七	父直中死去。槻御殿から尾末町屋敷（埋木舎）に移る。
弘化三年	（一八四六）	三十二	江戸に呼ばれ、彦根藩の世子となる。
嘉永三年	（一八五〇）	三十六	直亮（井伊家十二代）の死去により彦根藩主となる（井伊家十三代）。
嘉永六年	（一八五三）	三十九	ペリー来航をうけて、二度にわたり意見書を提出する。
嘉永七年	（一八五四）	四十	幕府、日米和親条約を締結。
安政三年	（一八五六）	四十二	ハリスが来日し、通商条約締結を求める。
安政五年	（一八五八）	四十四	江戸幕府大老に就任。 幕府、日米修好通商条約に調印。 孝明天皇、幕府を非難する勅諚を幕府と水戸藩に下す。
安政五年～六年	（一八五八～五九）	四十四～四十五	戊午の密勅に関わった人物たちを処罰（安政の大獄）。
安政七年	（一八六〇）	四十六	江戸城登城の途中に襲われ、落命。

井伊直弼花押
茶湯一会集（彦根城博物館所蔵）より

▶井伊直憲写真（彦根城博物館所蔵）

十四代　井伊直憲（一八四八〜一九〇二）

生い立ち

井伊直憲は、嘉永元年（一八四八）四月二十日、彦根藩の世子で、のちに井伊家十三代当主となる直弼の子として生まれました。直弼には、これ以前に一人男子がいましたが、生まれてすぐに亡くなっていたため、実質的には直憲が嫡男でした。

突然の相続

安政七年（一八六〇）三月三日、幕府の大老を務めていた直弼が、江戸城登城途中に水戸・薩摩脱藩浪士に襲われ、殺害されてしまいます（桜田門外の変）。突然の死は、幕府や彦根藩を揺るがす大事件で、まだ十三歳だった直憲にとっても衝撃的なできごとでした。

当時の彦根藩は、まだ幕府に世子を届け出ていませんでした。世子を決めずに当主が死去した場合、その家は断絶となるのが幕府の定めでした。藩の存続のためには、直弼の跡を直憲が継承する手続きを整えるまで、直弼が死去したことにはできませんでした。そのため、直弼は登城途中に負傷したこととして処理され、その死が公表されたのは閏三月晦日のことでした。そして、直憲は四月二十八日に彦根藩主に就任しました。

直弼死後も幕府は、朝廷との融和という直弼がとった政治路線を継承します。その帰結が、文久二年（一八六二）に実現した将軍徳川家茂と孝明天皇の妹和宮との縁組でした。この縁組は、直弼の側近だった長野義言（主膳）と宇津木景福（六之丞）による働きもあって実現したものでした。特に長野は、京都で関白九条家などへの工作に奔走しました。婚礼が済んだのち、直憲は将軍から天皇への御礼の使者を務めています。

一方、直弼の死によって藩内は大きく動揺しましたが、家老の岡本宣迪（半介）がこれを鎮めました。藩士たちが恨みを晴らそうと軽率な行動に出れば、彦根藩は断絶の危機に立たされることから、藩士たちの怒りを抑えることに努めたのです。この岡本が、幕末の彦根藩政を主導していく人物になります。

苦境

直弼死後も幕府内部での地位を保っていた彦根藩でしたが、こうした状況は長くは続きませんでした。文久二年四月、薩摩藩の島津久光が兵を率いて上京し、さらに勅使を擁して江戸へ向かって幕政改革を訴えたことが、その契機となりました。これにより、徳川慶喜が将軍後見職、松平慶永（春嶽）が政事総裁職に就任します。彼らはいずれも、直弼と対立していた一橋派の中心人物でした。幕政の実権が一橋派の手に渡り、彦根藩の立場も暗転します。

岡本らは、この状況変化を察知し、長野・宇津木の二人を斬首します。直弼路線からの転換を示したのです。しかし、これで問題が解決することはなく、同年の十一月には、京都守護の役割を外されたうえに、藩領三十万石のうち十万石を上知されるという、厳しい処分を科されました。直弼政権のとった政策が天皇の心を悩ませたというのが、処罰の理由でした。彦根藩を取り巻く情勢は一変し、苦境に立たされることになりました。

度重なる出兵

京都守護罷免と十万石上知は、彦根藩にとって屈辱的な処分でした。以後の彦根藩は、幕府から課された軍役を遂行することで、汚名返上を図ります。堺や大津などの警衛を勤めたほか、大和天誅組の乱や禁門の変にも出兵しています。

その禁門の変で朝敵となった長州藩に向けて出兵するよう、幕府は各藩に命じます。これを旧領回復の機会とみた彦根藩は、先鋒を勤めることを願い出ます。そして慶応元年（一八六五）十一月、直憲は藩兵とともに長州へ向かいました。

翌慶応二年、幕府軍と長州藩との間に戦闘が始まります。彦根藩は、越後高田藩榊原家とともに、激戦地となった芸州口（広島県大竹市周辺）の先鋒を勤めました。しかし、当時最新式の鉄砲を配備し、西洋式の軍制に改めていた長州藩に対し、軍制改革が不十分なまま戦いを挑んだ彦根藩は、敗戦を繰り返すのみでした。幕府を支える譜代筆頭の威信をかけた戦いで、かえって屈辱を重ねる結果になってしまったのです。

戊辰戦争

慶応三年十月八日、十五代将軍慶喜は、大政を朝廷に奉還しました。これをうけて、朝廷は諸大名に上京を命じます。多くの大名は情勢を見極めるため、上京を見送りましたが、直憲はこれに応じました。これ以降、直憲は京都周辺の情勢変化を、間近で見届けることになります。十二月九日、王政復古のクーデターによって新政府が誕生すると、同月末に彦根藩は新政府を支持する意向を固めました。新政府側も、譜代筆頭だった井伊家の利用価値を重く見ていました。

翌慶応四年（明治元年）、薩摩・長州を中心とする新政府軍と旧幕府軍との間に、戊辰戦争が勃発します。彦根藩は、戦争の発端となった鳥羽・伏見の戦いには参戦しなかったものの、同時期に大津の警備や桑名城への進軍に新政府軍の一員として出兵しています。さらに、東山道から江戸へ向かった部隊の先鋒を命じられ、関東から東北を転戦しました。譜代筆頭の彦根藩が新政府側についた理由は、文久二年以降幕政から遠ざけられていたことと、直憲が京都に滞在しており、朝廷周辺の動きを見極めやすかったことにあると考えられます。

明治維新後の直憲

明治政府により統治体制が改められ、明治四年（一八七一）の廃藩置県で彦根藩が廃されたことにより、初代直政以来、代々続いた井伊家による彦根統治は終わりを告げました。直憲は彦根から東京に移ることになります。大名たちは新たに設けられた華族という地位を与えられ、地域の近代化や新しい国家の発展に尽くしました。

直憲の場合、明治に入っても旧藩士や領民への影響力を持ち続けています。たとえば、明治十年に西郷隆盛が鹿児島で西南戦争を起こした際には、彦根に戻って士族の動揺を鎮めています。また、学校や銀行の設立を支援するなど、近代の彦根において直憲の働きを見逃すことはできません。

明治二十三年には貴族院議員に選出され、同三十年まで議員を務めました。そして、最後の彦根藩主として幕末から明治を生きた直憲は、明治三十五年一月九日、病のため五十五歳で死去しました。亡骸は世田谷豪徳寺に葬られました。

（学芸員　松浦智博）

井伊直憲の西洋遊学

明治初期、政府は文明開化を進めるため、海外留学・洋行を奨励しました。中でも旧大名ら華族に対しては、国民の中でも重要な地位にある者として、率先して西洋文明を学ぶことを期待していました。海外に渡った華族は数十名にのぼり、その中に井伊直憲もいました。直憲は、実弟で越後国与板藩の最後の藩主・井伊直安、随行した旧彦根藩士の西村捨三・橋本正人・河上房申とともに、明治五年から約一年間、欧米各地を巡っています。十月二十四日に横浜を出帆してから、ニューヨーク、ロンドンに数ヶ月ずつ滞在しながら、各地の見学や英語学習に取り組んでいました。

見学では、例えばワシントンの「議事院（上院）」「大蔵省」「郵便局」、フィラデルフィアの「政治庁」「造幣局」などの諸施設や、グラント大統領の就任式を見学しています。また、ナイアガラの滝などの観光地や、宿近くで発生した火事現場へも足を運んでいます。西洋の消火活動も直憲にとっては目を驚かすことでした。英語学習は、ニューヨークではグリーンという学校教師に家庭教師を依頼し、一日に二時間ほど読み書きを教わっていました。

見学・学習のみならず、「日曜日」などといった外国の習慣にも触れました。また、シカゴの宿では直憲と河上が同室になりました。江戸時代に主従が同室で休むということはあり得ず、初めての経験であったと思われます。

直憲はこの洋行によって、西洋の政治制度、社会の仕組みから日常生活まで、西洋文明について学びました。帰国後、直憲を含め洋行をした人々が、産業振興や学校の設立などをし、彦根の近代化につながっていきました。その源泉はこの遊学にあったと思われます。

（学芸員　早川駿治）

井伊直憲年表

和暦	西暦	年齢	できごと
嘉永元年	（一八四八）	一	井伊直弼（井伊家十三代）の二男として生まれる。
安政七年	（一八六〇）	十三	父直弼、桜田門外の変で死去。 直弼の跡を継ぎ、彦根藩主となる（井伊家十四代）。
文久二年	（一八六二）	十五	将軍徳川家茂と皇女和宮との婚儀が成立し、天皇への御礼の使者を務める。 島津久光の率兵上京を機に、一橋派が幕政の実権を握る。 長野義言・宇津木景福を斬首。 彦根藩、十万石を上知される。
元治元年	（一八六四）	十七	禁門の変。幕府軍の一員として長州藩と戦う。
慶応二年	（一八六六）	十九	第二次幕長戦争で、幕府軍の先鋒として長州藩と戦う。
慶応三年	（一八六七）	二十	将軍徳川慶喜、大政奉還。
明治元年	（一八六八）	二十一	戊辰戦争。彦根藩は新政府軍につき、関東・東北を転戦。
明治四年	（一八七一）	二十四	廃藩置県。彦根藩知事を免ぜられ、籍を東京に移す。
明治五年	（一八七二）	二十五	欧米に一年遊学する。

明治十年　（一八七七）三十　西南戦争の際、彦根に戻って士族の動揺を鎮める。
明治二十三（一八九〇）四十三　貴族院議員に選出される。
明治三十五（一九〇二）五十五　死去。

井伊直憲花押
井伊直憲書状（大沢家文書・個人所蔵）より

近江の戦国時代と直虎　年表

井伊氏の発祥　平安・鎌倉時代。寛弘七年（一〇一〇）、元祖 井伊共保出生。
保元物語に井ノ八郎、吾妻鏡に井伊介が登場する。

永正年間（一五〇四～一五二〇）　六角定頼、京極高延（高広）・浅井亮政を攻めて佐和山城を勢力下に置く。

永正十年（一五一三）　**井伊氏斯波方に組みし、今川勢と戦い敗れる。（永正の戦い）**

大永元年（一五二一）　九月、六角定頼、荒神山に陣を構え、高宮城を攻める。高宮三河守（実宗ヵ）、佐和山城に逃げ込む。

天文四年（一五三五）　京極高慶、六角定頼とともに兵を挙げて佐和山山麓で京極高延と一戦を交える。この時、定頼の臣二階堂小四郎、若宮弥左衛門を討ち取り定頼より感状を得る。

天文五年（一五三六）　**井伊直親（直政の父、直虎の婚約者）生まれる。**
この頃 井伊直盛の娘直虎出生（？）。今川義元家督を継ぐ。

天文七年（一五三八）　六角定頼に通じていた重臣多賀貞隆、佐和山城を落として百々三河守を城代にする。京極高広、執権浅井氏の専横を怒り、これを除こうとする。浅井久政、六角定頼に援助を求める。定頼、家臣の進藤貞晴を佐和山城に遣わし久政と互いに謀って、人質をとる。この時、坂田・犬上両郡の人質は佐和山城に収容された。その後、高広と久政は和睦する。

天文八年（一五三九）　**井伊直平、今川氏と和睦。娘を人質として駿河へ送り、今川の旗本になる。**

天文十年（一五四一）　京極高広、佐和山城を攻撃。六角義賢、荒神山に本陣を置いて高広軍に対峙するが敗れ、高広方は佐和山城を占領する。

天文十一年（一五四二）　**井伊直宗（直平嫡男・直虎の祖父）戦死。**

天文十三年（一五四四）　**井伊直満（直宗の弟・直親の父）、家老小野和泉守の讒言により駿河で今川義元に誅殺される。このことにより直親も命を狙われ、信州市田に身を隠す。松源寺で十年間保護される。直虎出家し、次郎法師を名乗る。**

天文十八年（一五四九）　**松平竹千代（徳川家康）、駿府へ人質として入る。**

天文二十一年（一五五二）　浅井長政、家臣百々内蔵介に佐和山城の城代を命じる。

弘治元年（一五五五）　**信州より直親帰国。井伊直盛の養子となり奥山朝利の娘と結婚。**

永禄二年（一五五九）　六角義賢、伴中務少輔をたて佐和山城攻めを命ずるが果たせず。
六角義賢、浅井長政と通じた高野瀬秀隆に対し、「肥田城の水攻め」を行うが果たせず。
六月、六角義賢の攻撃により高宮城が落城。高宮三河守頼勝、佐和山城に逃げ込む。

永禄三年（一五六〇）　六角義賢、「野良田表の戦い」において、高野瀬秀隆や浅井軍と戦い敗れる。六角義賢、高宮城を再度攻撃するが落城せず。
桶狭間で井伊直盛（直虎の父）討死。直親（二十五歳）が井伊家当主を継ぐ。松平元康（徳川家康）、岡崎城に入る。

永禄四年（一五六一）　六角義賢、佐和山城を攻める。百々内蔵介戦死。浅井長政、佐和山城を奪い返し、磯野員昌を城主とする。

永禄五年（一五六二）　**二月九日、井伊虎松（直政）誕生。松平元康、織田信長と和睦。**
十二月、直親、家康と内通のかどで駿河に召喚され、途中掛川で誅殺される。虎松、新野左馬助に保護される。

永禄六年（一五六三）　**直平、天野攻めの最中に急死（八十五歳）。**

永禄七年（一五六四）　**井伊城代中野信濃守・家老新野左馬助、引馬城攻めで戦死。**

永禄八年（一五六五）　**次郎法師、直虎と名乗り地頭職につく。虎松の後見人となる。直**

虎、南渓和尚に徳政令免除の黒印状を与える。

永禄十年（一五六七）　織田信長、浅井長政と同盟関係を結び、足利義昭を擁して上洛のため佐和山城に入る。

永禄十一年（一五六八）　九月、織田信長、上洛に際して高宮城に陣取り、浅井長政と会見する。

十一月、今川氏真が井伊谷に徳政令施行。直虎地頭職罷免。家老小野但馬守が井伊領を支配する。龍潭寺二世南渓和尚、直政を三河鳳来寺へ七年間預け戦乱を避けさす。

十二月十五日徳川家康、遠江進攻井伊領占拠。

永禄十二年（一五六九）　一月、織田信長、再び高宮城に陣取る。

徳川家康、懸川（掛川）城を開城。今川氏事実上滅亡。

元亀元年（一五七〇）　八月、浅井長政、同盟関係を破る。姉川の合戦。磯野員昌、佐和山城に籠城。

九月、高宮氏、石山本願寺に従って挙兵し、織田信長と戦う。

徳川家康、居城を岡崎城より浜松城に移す。

元亀二年（一五七一）　磯野員昌ら籠城衆、信長に降伏して佐和山城を開城する。丹羽長秀、佐和山城に入る。

元亀三年（一五七二）

九月、丹羽長秀らによって佐和山城に呼び出された高宮右京亮宗房、石山本願寺への加担を理由に謀殺される。**武田軍井伊谷に乱入。三方原の戦いで徳川家康が武田信玄に大敗する。**

天正元年（一五七三）

織田信長、犬上山中の材木を佐和山城山麓の松原に運ばせ、そこで大船を建造する。

八月、高宮宗光、織田信長の小谷城攻めで戦死。その子宗久、小谷城を脱出して高宮城に帰り、城に火を放って一族離散。

天正二年（一五七四）

武田信玄病没。

高野瀬秀隆、柴田勝家に仕え、越前の一揆討伐に加わり安居で子の隆景とともに自害。織田信長、配下の蜂屋頼隆を肥田城主に封じる。

天正三年（一五七五）

虎松（十四歳）。父井伊直親十三回忌法要のため鳳来寺より井伊谷に帰還。松下源太郎の養子となる。

直虎、虎松（十五歳・直政）を連れ浜松城外で家康に面会。家康、井伊万千代を名乗らせ家名再興。三百石を与え小姓に取り立てる。五月、長篠の戦。

天正四年（一五七六）　万千代（直政）、芝原の陣で夜中に家康の寝所に忍び入った敵を討ち取る手柄をあげ、三千石に加増。

天正六年（一五七八）　万千代、田中城攻めで手柄をあげ、一万石に加増。

直虎の母（直盛内室）没す。

天正七年（一五七九）　家康、信長の命で正室築山殿（直平の孫）、嫡男信康を殺す。

天正十年（一五八二）　三月、万千代家康に従って甲州攻略に出陣。武田氏滅亡。

四月、山崎山城の山崎堅家、甲州攻めを終えて岐阜より安土へ凱旋する織田信長を、山崎に茶屋を設けてもてなす。本能寺の変に乗じて、若狭の武田元明、佐和山城を攻め落とす。明智光秀、荒木氏綱父子を佐和山城に入城させる。清洲会議により、秀吉の将堀秀政、佐和山城主となる。一六万石。山崎堅家、秀吉に仕え、二万三九〇〇石を給されて摂津国三田に移る。

万千代、信長の招きで堺にいた徳川家康を守って伊賀越え。岡崎に帰着し、家康より孔雀の陣羽織を賜る。

八月二十六日、直虎、龍潭寺内松岳院で死去。

十一月、万千代、元服し井伊兵部少輔直政と名乗る。

天正十二年（一五八四）　小牧長久手の合戦。直政、赤備え隊を率いて活躍。

天正十三年（一五八五）

四国へ出兵中の堀秀政、留守居多賀源介に命じて、北国征伐の準備のために佐和山城を修築する。堀尾吉晴、佐和山城主となる。四万石。

羽柴秀吉、関白となる。

直政（二十五歳）井伊谷本地六万石に加増される。

※八月六日、直政の実母没。龍潭寺に葬る。法名「永護院蘭庭宗徳大姉」。直政は後に母の菩提を弔って彦根に宗徳寺を建立する。宗徳寺は寺が里根に移り天寧寺と改める。

天正十四年（一五八九）

井伊直政、岡崎にて大政所の接待役を務める。

徳川家康、浜松より駿府へ移る。

天正十七年（一五八九）

蜂屋頼隆死去。秀吉配下の長谷川秀一、肥田城主となり、越前東郷と併せて六万五千石を領す。

九月、南渓瑞聞示寂。

天正十八年（一五九〇）

堀尾吉晴、浜松城主に転封。

豊臣秀吉の小田原征伐。北条家滅亡。

井伊直政、三十歳。家康に従って関東に移り、上野国箕輪城主（現 群馬県高崎市）となり、十二万石の徳川筆頭家臣となる。

天正十九年（一五九一）　石田三成、代官として佐和山城に入る。

文禄二年（一五九三）　長谷川秀一、朝鮮出兵のため渡海し、病のため死去。肥田城は廃城となる。

文禄四年（一五九五）　八月、石田三成、湖北四郡一九万四千石を治める佐和山城主となる。

文禄五年（一五九六）　石田三成、領内に掟書を発布。佐和山城の大改修に着手する。

慶長三年（一五九八）　豊臣秀吉死去。

慶長四年（一五九九）　石田三成、佐和山に引退。

慶長五年（一六〇〇）　関ヶ原合戦
佐和山城落城。三成の父正継・兄正澄ら自刃して果てる。
徳川家康、家臣の内藤信正・石川康道・西郷正員に命じて佐和山を管理させる。また、城下の治安のため、彦坂光景を代官に任命する。

慶長六年（一六〇一）　井伊直政、佐和山城主となる。

慶長七年（一六〇二）　井伊直政、関ヶ原合戦で受けた鉄砲疵が再発して佐和山城内で死去。

慶長八年（一六〇三）　徳川家康、征夷大将軍となり江戸幕府をひらく。

慶長九年（一六〇四）　直政の子直継、佐和山普請・彦根新城築城を開始。

慶長十二年（一六〇七）　この頃、彦根城天守が完成し、直継、彦根城へ移る。佐和山城は廃城となる。

慶長十九年（一六一四）　井伊直孝、大坂冬の陣に出陣。

元和元年（一六一五）　直孝、彦根藩を継ぐ。

直孝、大坂夏の陣に出陣。

参考　井伊氏・龍潭寺関連年表

彦根ヒストリア講座 第2講テキスト『佐和山城と彦根』

彦根藩井伊家系譜

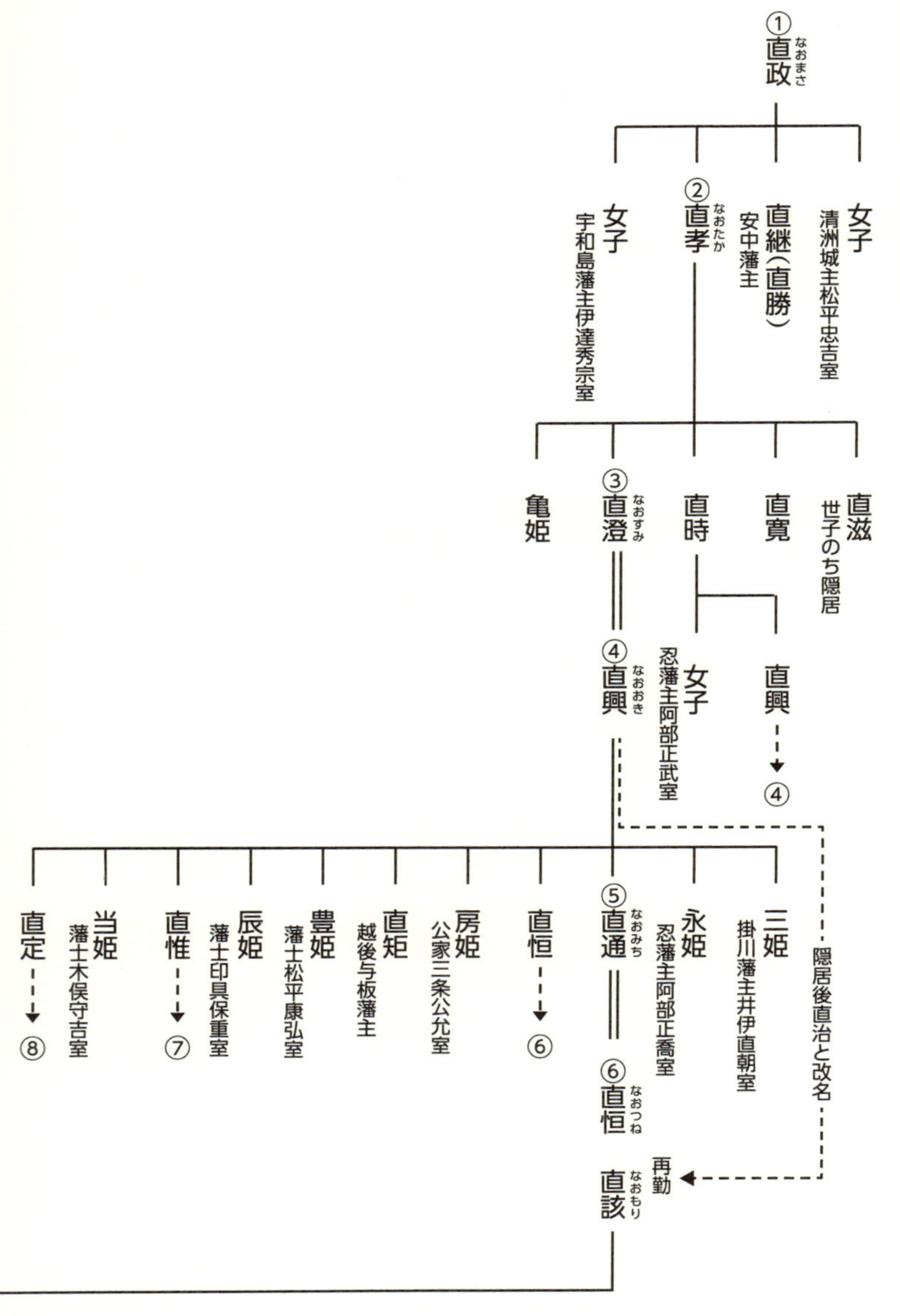
①直政（なおまさ）
女子
清洲城主松平忠吉室
直継（直勝）
安中藩主
②直孝（なおたか）
女子
宇和島藩主伊達秀宗室
直滋
世子のち隠居
直寛
直時
③直澄（なおすみ）
亀姫
直興
④
女子
忍藩主阿部正武室
④直興（なおおき）
隠居後直治と改名
三姫
掛川藩主井伊直朝室
永姫
忍藩主阿部正喬室
⑤直通（なおみち）
⑥直恒（なおつね）
再勤
直該（なおもり）
直恒
⑥
房姫
公家三条公允室
直矩
越後与板藩主
豊姫
藩士松平康弘室
辰姫
藩士印具保重室
直惟
⑦
当姫
藩士木俣守吉室
直定
⑧

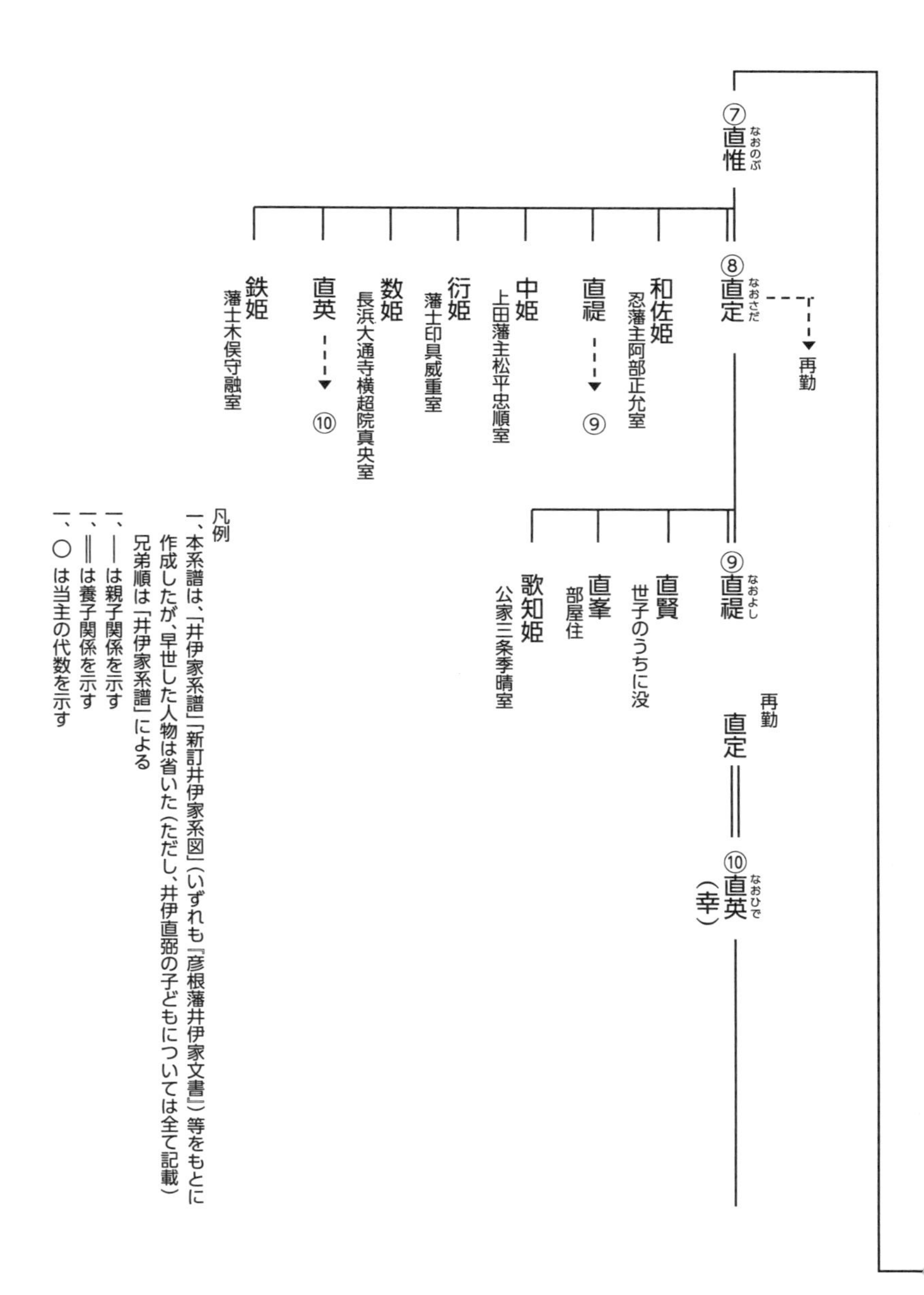

⑦直惟（なおのぶ）
⑧直定（なおさだ）
再勤
和佐姫
忍藩主阿部正允室
直禔
⑨
中姫
上田藩主松平忠順室
衍姫
藩士印具威重室
数姫
長浜大通寺横超院真央室
直英
⑩
鉄姫
藩士木俣守融室
⑨直禔（なおよし）
直賢
世子のうちに没
直峯
部屋住
歌知姫
公家三条季晴室
再勤
直定
⑩直英（なおひで）
（幸）
凡例
一、本系譜は、「井伊家系譜」「新訂井伊家系図」（いずれも『彦根藩井伊家文書』）等をもとに作成したが、早世した人物は省いた（ただし、井伊直弼の子どもについては全て記載）
兄弟順は「井伊家系譜」による
一、―は親子関係を示す
一、‖は養子関係を示す
一、○は当主の代数を示す

勢与姫　津山藩主松平康哉室

直尚　世子のうちに没

直寧　早世

美代姫　養女、公家三条実起室

祢恵姫　養女、山形藩主秋元永朝室

直豊（なおとよ）（直富）　世子のうちに没

斐姫　柳川藩立花鑑門室

⑪直中（なおなか）

俊姫　徳島藩主蜂須賀治昭室

宣姫　佐賀藩主鍋島治茂室

静姫　長浜大通寺養女

直在　長浜大通寺明達院乗徳

直広　与板藩主

直専　松代藩主真田幸専

□姫　姫路藩酒井忠道と許嫁のうちに没

鉄姫　養女、柳川藩立花鑑門後室

直軌　大野藩主土井利義

直明　部屋住（武之介）

皆姫　養女、新庄藩主戸沢正親室

盤姫　姫路藩主酒井忠道室

鐸姫　島原藩主松平忠馮室

直容　部屋住（勇吉）

□姫　仏光寺厚君室

謙姫　会津藩主松平容住室

直一　長沢福田寺輝玄

共雅　長沢福田寺摂有

琴姫　古河藩土井利広室

直致　部屋住（東之介）

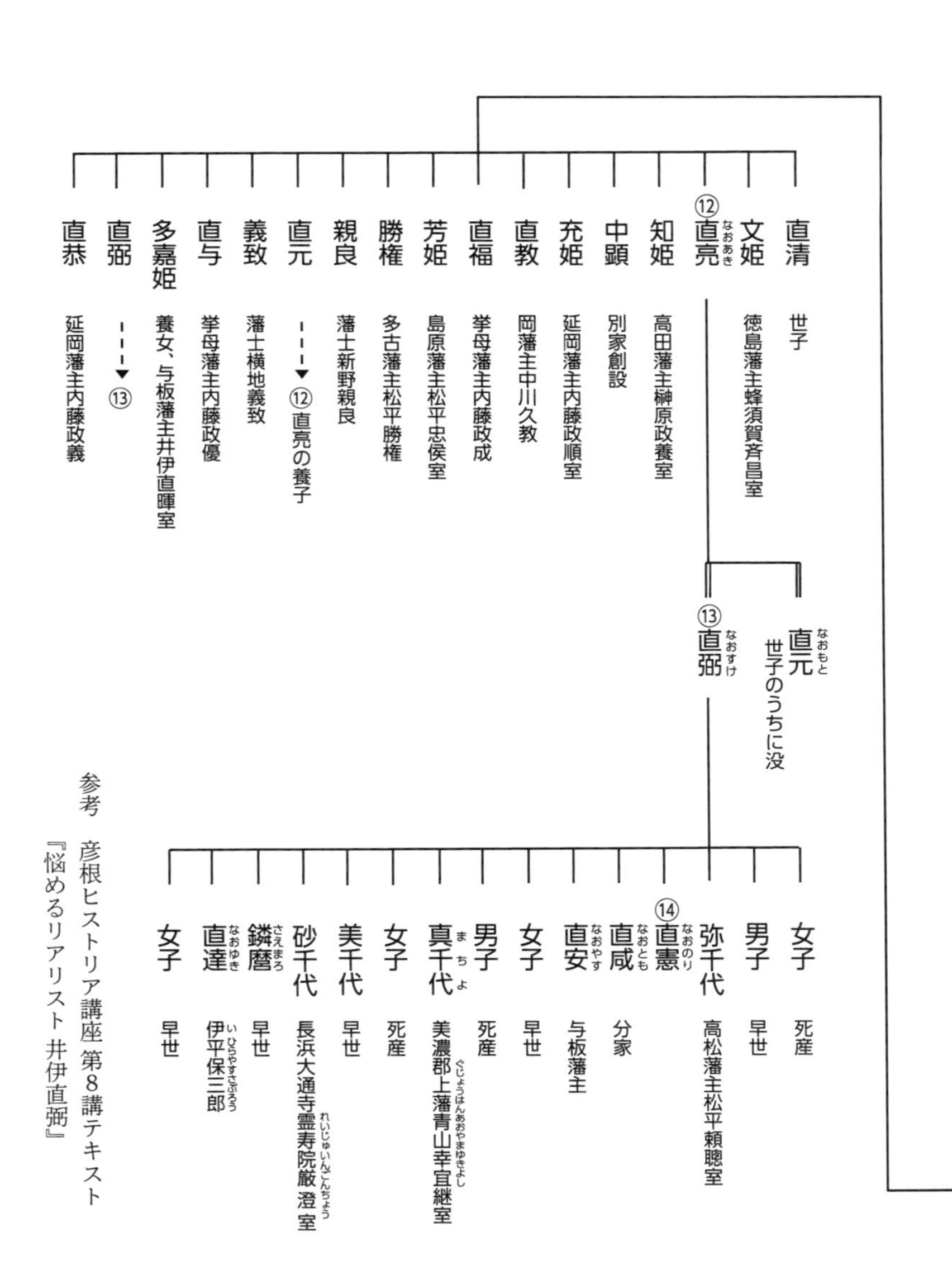

参考　彦根ヒストリア講座 第8講テキスト
『悩めるリアリスト 井伊直弼』

編集にあたって

彦根のブランドコンセプトは「歴史を愉しむ城下町、彦根」である。城下町には、過去の時間が重層的に降り積もり、歴史的・文化的価値が高い建造物やまちなみ、伝統文化によって醸し出される特有の空気がある。ブランディングは「誇り」を呼び覚まし、日本中、或いは世界中の人々が、一生に一度は訪れてみたいと思う「憧れのまち」リストに加えてもらえるよう努める営みでもある。井伊谷から繋がる歴史を各分野の専門家が切り取ったピースで構成した本書が多くの人々の手に届き、城下町彦根のニュアンスを味わっていただけたらと願うばかりである。

編集に協力することになり、まず彦根市近辺の直虎に関係する事跡や資料を探した。彦根の龍潭寺に新野左馬助親矩の墓がある以外、何もなかった。虎松に関係する伝承は二つあった。ひとつは、彦根市本町の福智山地福院（本尊は不動明王）である。近年まで「慶山」と呼ばれ親しまれ、彦根の七夕まつりの起源ともいわれている寺だ。開祖大蔵院順慶は元、今川氏の家臣だった。義元が桶狭間の戦いで敗れ、修験者となった順慶が、京都六角の住心院に居たときの話である。井伊直親が掛川で殺されたとき、虎松にも危険が及び、三河の鳳来寺に匿われてから後、母とともに住心院を訪れ、順慶の庇護で今川氏の追っ手を逃れて十二歳まで過ごしたというのだ。そして、徳川家康が関ヶ原合戦に勝利し、佐和山に封ぜられた直政が彦根藩初代となったとき、順慶の恩に報いるため彦根に招き宗安寺内に一庵を与えた。その後、本町に福智山地福院を開基した（『彦根史話・上』彦根史話刊行会）。

もうひとつは、『改訂近江国坂田郡史』第六巻に、永禄七年（一五六四）四月より六月に至る二ヶ月間、今川氏真の詮議を避けて、井伊萬千代（のちの直政）が、米原市上多良の眞廣寺にいたことがあると記してあった。

井伊谷へと導く記憶は三つあった。

直政の父直親は都田川の河原で荼毘に付されている。直政は慶長七年（一六〇二）、佐和山城で死去し、遺志により善利川の中洲（渡島）で荼毘に付された。故郷である井伊谷と父を思ってのことだったのかもしれない。

江国寺山門の扁額を揮毫したのは、明暦元年（一六五五）、第六回朝鮮通信使の写字官として彦根を訪れた雪峰（金義信）である。井伊谷の龍潭寺本堂と山門の扁額の揮毫もまた雪峰だ。天寧寺は井伊直中が建立した寺だが、前身は直政が母の菩提を弔うため彦根城下に建立した宗徳寺だった。寺の名は直政の母の戒名「永護院殿蘭庭宗徳大姉」からである。

次郎法師直虎へ繋がる記憶はかき消されたように彦根にはなかった。何故、直虎の痕跡が失われているのか、そのことにも大切な意味があるはずだと考え始めている。

最後に、お礼を。

お忙しいなかをリクエストに応えていただき執筆していただいた先生方に心より感謝いたします。ありがとうございました。本書の編集という機会を与えてくださった小出英樹彦根商工会議所会頭はじめ、『井伊家十四代と直虎』出版サポートチームの皆様、ありがとうございました。編集にご協力いただきました井伊谷龍潭寺様、題字を何度も揮毫していただいた前田鎌利様、彦根城博物館学芸員の皆様、そして、発行にご尽力をいただいたサンライズ出版の岩根順子様、スタッフの皆様に心より感謝を申し上げる次第です。ありがとうございました。

また、お出会いさせていただきました全ての皆様に感謝いたします。

尚、本書は執筆いただいた先生方の筆致が失われることがないよう、単語や文体の統一を避け、また、本来なら巻末に引用文献を掲載するところを本文中に記すのみとしたことを申し添えます。

杉原正樹

あとがき

彦根商工会議所会頭　小出英樹

彦根で生まれ現在も当地で事業を営んでいる私だが、井伊直虎については全く知識を持ち合わせていなかった。二〇一五年度の彦根商工会議所通信「不易流行」で彦根城博物館の学芸員の方に原稿執筆を依頼し、『井伊家十四代』を一年間連載した。それに新規に歴史研究家、歴史作家の方々に直虎および井伊家関連の原稿を執筆いただき構成したのが本書である。

多くの地方都市同様、人口維持および経済成長は商工業団体である彦根商工会議所の大きな課題である。その解決案として取り組んだ地方創生策の延長線上で生まれた途中経過が書籍となった。

二〇一四年、「ひこねブランド開発委員会」を設置し検討。「歴史を愉しむ城下町、彦根」をブランドコンセプトとし、全国・世界から集客交流産業を成長ドライバーとすることと、市民の「誇り」を呼び起こし郷土愛を高揚させることを戦略として決定した。

二〇一五年、誘客のためのＤＭＯ組織「近江インバウンド協議会」を近隣の二市四町で設立（その後法人化し、現在は一般社団法人近江ツーリズムボードに名称変更）。歴史都市の魅力を磨き上げ、全国世界に発信する事業への取り組みをスタートさせた。

二〇一六年、政府地方創生本部や県・市町の支援を受けて、歴史遺産のライトアップと文化イベントによる集客事業を行っている。

そして、二〇一七年の一年間ＮＨＫ大河ドラマ『おんな城主 直虎』の放映決定の情報を得て、本書の出版を決断した次第である。井伊家は江戸期を通して彦根藩を十四代にわたり藩主として治めただけでなく、直弼をはじめ徳川幕府の大老という重責を担った。そのストーリーを浜松井伊谷の直虎（次郎法師）の伝承から始めることで、近江地域の歴史文化的な厚みがさらに増したと思う。

出版に際し、時間の無いなか執筆をお引き受けいただいた多くの先生方に心より感謝するとともに、資金面でサポートいただいた彦根商工会議所会員有志の皆様、さらに編集していただいた北風寫眞舘杉原正樹様、発行に尽力いただいたサンライズ出版の皆様にお礼を申し上げます。深謝。

中井 均 (なかい・ひとし)

滋賀県立大学人間文化学部教授。専門は日本考古学、特に中・近世城郭の研究。小学5年生から中・近世の城跡探検をはじめ、現在は日本各地の中世・近世城郭の発掘調査・整備の委員を務める。NPO 法人城郭遺産による街づくり協議会理事長。織豊期城郭研究会代表。大名墓研究会代表。著書は『近江の城 －城が語る湖国の戦国史－』(サンライズ出版)、『カラー徹底図解 日本の城』(新星出版社)、『日本の城』(山川出版社)など多数。

谷口 徹 (たにぐち・とおる)

柏原宿歴史館館長。元彦根市教育委員会文化財部長。専門分野を越えて、彦根の古代から現代に至る彦根の歴史を俯瞰できる唯一の人物。共著に『幻の名窯湖東焼』『近江戦国の道』『近江中山道』(以上、サンライズ出版)、『井伊直弼の茶の湯』(国書刊行会)、『たねや美濠美術館図録 湖東焼』(たねや近江文庫)など多数。

中島 誠一 (なかじま・せいいち)

長浜市曳山博物館館長。元長浜市長浜城歴史博物館館長。近江をはじめとする西日本のオコナイや滋賀県の民俗芸能、祭礼に関する企画展や論文、講演など多岐にわたり、滋賀県を中心に祭礼や年中行事の調査を行っている。著書『川道のオコナイ－湖北に春を呼ぶ一俵鏡餅－』、共著書『近江の祭りを歩く』(以上、サンライズ出版)、『神々の酒肴 湖国の神饌』(思文閣出版)、『オコナイ 湖国・祭りのかたち 』(LIXIL 出版)など多数。

彦根城博物館

※彦根商工会議所通信「不易流行」(2015 年4月～ 2016 年3月)に連載した『井伊家十四代』を収録した。

執筆者紹介（掲載順）

小和田 哲男（おわだ・てつお）

戦国時代史研究の第一人者。歴史学者、文学博士。静岡大学名誉教授。主著『後北条氏研究』（吉川弘文館）、『近江浅井氏の研究』（清文堂出版）のほか、『小和田哲男著作集』（清文堂出版）などの研究書を刊行。また、NHK 総合テレビおよびNHK E テレの番組などにも出演、わかりやすい解説には定評がある。1996 年 NHK 大河ドラマの「秀吉」、2006 年の「功名が辻」、2009 年の「天地人」、2011 年の「江 ～ 姫たちの戦国 ～」、2014 年の「軍師官兵衛」で時代考証をつとめ、2017 年の「おんな城主 直虎」も担当。

梓澤 要（あずさわ・かなめ）

作家。『井伊直虎』（『女（おなご）にこそあれ次郎法師』改題、角川文庫）の著者。1993 年『喜娘』（新人物往来社）で第 18 回歴史文学賞を受賞し、デビュー。歴史に対する確かな目線と骨太のドラマを織り込んだ作風で着実な評価を得てきた。2007 年から東洋大学大学院で仏教学を学ぶ。主な著作に『阿修羅』『百枚の定家』『橘三千代』（以上、新人物往来社）、『夏草ケ原』『遊部』『枝豆そら豆』『唐衣』（以上、講談社）、『越前宰相秀康』『光の王国 秀衡と西行』（以上、文藝春秋）、『捨ててこそ 空也』『荒仏師運慶』（以上、新潮社）、『城主になった女 井伊直虎』（NHK 出版）など。

大石 学（おおいし・まなぶ）

東京学芸大学副学長。時代考証学会会長。日本近世史専攻。2004 年ＮＨＫ大河ドラマの「新選組！」、2008 年の「篤姫」、2010 年の「龍馬伝」、2013 年の「八重の桜」、2015 年の「花燃ゆ」、その他ＮＨＫ時代劇、映画、小説、漫画などの時代考証を担当。古い形の時代考証を脱却し、ドラマを製作者とともに作り上げる形での時代考証をめざす。主な編著書に、『近世日本の統治と改革』『時代劇の見方・楽しみ方—時代考証とリアリズム—』『新しい江戸時代が見えてくる』（以上、吉川弘文館）などがある。

河合 敦（かわい・あつし）

多摩大学客員教授。早稲田大学でも教鞭をとりながら、多数の日本史の本を執筆している。第 17 回郷土史研究賞優秀賞、第 6 回 NTTトーク大賞優秀賞を受賞。「世界一受けたい授業」（日本テレビ）、「クイズバラエティーQさま」（テレビ朝日）、「ぶっちゃけ寺」（テレビ朝日）など、テレビ出演も多数。著書に『早わかり日本史』（日本実業出版社）、『真田幸村　家康をもっとも追いつめた男』（小学館新書）、『日本人は世界をいかにみてきたか』（ベスト新書）など。

(有)杉本塗装
鈴木ヘルスケアサービス(株)
(株)千成亭
(株)太陽
(株)髙木造園
(株)田附工務店
(株)田中電機商会
(株)田中家石材
(株)田部不動産
谷庄建設(株)
ちゃんぽん亭総本家
東亜貨物(株)
鳥羽や旅館
トラヤ商事(株)
(株)ナイキ 彦根工場
(株)ナショナルメンテナンス
(株)ナツハラ
夏原工業(株)
(株)西村教材
野坂税理士事務所
早川工芸(株)
(株)パリヤ
彦根観光バス(株)
彦根カントリー倶楽部
彦根急送(株)
NPO法人ひこね文化デザインフォーラム
(株)びわこクリエイト
びわ湖放送(株)彦根支社
(株)ファイブスター
(株)フェバリット
(有)フジタモータース
(有)藤塚時計店
フジノ食品(株)
(有)双葉荘
古川工業(株)
(株)平和堂
(株)ボーンフリー
ホテルレイクランド彦根
松金工業(株)
丸三不動産商事(株)
(株)丸善 彦根店
マルホ(株)彦根工場
丸桝産業(株)
(株)ミヤジマ
宮部鉄工(株)
(株)森田電器工業所
(株)森原工務店
(株)やす井
ヤスザワ建築設計事務所
山甚開発(株)
医療法人 友仁会
(株)ユーコー
(株)りそな銀行 彦根支店

『井伊家十四代と直虎』出版サポートチーム

(株)清水合金製作所

木村水産(株)

一圓テクノス(株)
(株)伊藤組
(株)清水鐵工所
(株)昭和バルブ製作所
フジテック(株) Big Wing

(株)相川バルブ製作所
アクアシステム(株)
アクサ生命保険(株)彦根営業所
アケボノ特機(株)
アサヒ産業(株)
アパホテル〈彦根南〉
(株)イズミ
(株)伊勢幾
(有)with構造設計室
(株)永樂屋
近江鉄道(株)
大久保建設(株)
大辻税理士法人
(株)関西アーバン銀行 彦根支店
(有)北風寫眞舘
(株)北村セメント店
共同電気(株)
(株)共和産業
金城測量設計(株)
(有)銀水
(株)キントー
(株)グランドデュークホテル
(株)公益社
荒神山神社
滋賀イエローハット(株)
(株)滋賀銀行 彦根支店
(宗)滋賀縣護國神社
滋賀建設(株)
滋賀中央信用金庫
(株)シガドライ・ウィザース
(株)シバタ不動産
(株)商工組合中央金庫 彦根支店
(学)松風学園 彦根総合高等学校
(株)新栄管工業

協　　力　『井伊家十四代と直虎』出版サポートチーム（滋賀県彦根市中央町 3-8）
彦根市教育委員会文化財部彦根城博物館（滋賀県彦根市金亀町 1-1）
彦根市教育委員会文化財部文化財課（滋賀県彦根市元町 4-2）
彦根市立図書館（滋賀県彦根市尾末町 8-1）
奥浜名湖観光協会（静岡県浜松市北区細江町気賀 429-1）
浜松市立引佐図書館（静岡県浜松市北区引佐町井伊谷 610-2）
浜松市立中央図書館（静岡県浜松市中区松城町 214-2）
名古屋市博物館（愛知県名古屋市瑞穂区瑞穂通 1-27-1）
明治大学図書館（東京都千代田区神田駿河台 1-1）
公益財団法人毛利博物館（山口県防府市多々良 1-15-1）
株式会社 LIXIL　LIXIL ギャラリー（東京都中央区京橋 3-6-18）
龍潭寺（静岡県浜松市北区引佐町井伊谷 1989）
龍潭寺（滋賀県彦根市古沢町 1104）
清凉寺（滋賀県彦根市古沢町 1110）
大信寺（滋賀県彦根市本町 1-8-37）
長松院（滋賀県彦根市中央町 4-29）

編集協力　杉原正樹

井伊家十四代と直虎

（いいけじゅうよんだいとなおとら）

2017年1月1日　初版第一刷発行

編集・発行　彦根商工会議所

〒522-0063 滋賀県彦根市中央町3-8

TEL.0749-22-4551

発行人　小出英樹

発　売　サンライズ出版株式会社

〒522-0004 滋賀県彦根市鳥居本町655-1

TEL.0749-22-0627

　ISBN978-4-88325-607-5

日本海山潮陸圖（書題簽）（蘆田文庫 9-101）（明治大学図書館所蔵）